[明] 程敏政 著　阮東升 校點

程敏政文集

第二册

華東師範大學出版社

篁墩程先生文集卷十六

記

重修南山庵記

南山庵在休寧縣東南五里，其來最遠，其境最幽勝。蓋紋溪之水自斷石蜿蜒而來，繞庵之西，折南至古城巖，迤邐而去，芝山蔚然當其前，一支壠亘洑行出庵之東。其麓有塘，冬夏不竭，土人號南山，庵據其上，故因以名焉。考舊牘，庵始晉泰興二年釋天然者剏建，其後廢興不常。今庵中所藏田租，刻「唐咸通」字，又有小石表，刻「宋淳熙」字，皆不可得詳矣。然老木大且數圍，其高參天，其陰蔽畝，意非其來之遠，則烏有此數百年之物哉？

國初，庵燬于兵燹。景泰癸酉，釋誠誾者來住，里人張萬山助其財力，庵以復新。既又得石佛于塘之中，丁歲旱奉以禱雨，得雨而熟。里人益神之，凡有事即禱，而香火益嚴，非地之靈有以陰主之歟？成化庚子，先尚書襄毅公賜葬南山之原，距庵百餘步，而庵地多程氏業捐之庵者。賜葬之制，當有祠堂三間，因起于庵之東。會庵亦漸弊矣，閏與其徒惠靖復加葺焉，郡縣及鄉之尚義者争捐金濟之，庵以再新。庵中爲大雄之殿以事佛，左爲伽藍堂以奉漢壽亭侯關將軍，右爲真君堂以奉唐睢陽太守張中丞，後爲方丈，兩旁各爲僧寮。法所宜有者，次第以完。惟先公之神，實棲于是，而斯庵出於古跡，亦令甲所宜存者。修廢起墜之功固不可無紀也。

閏號性空，鮑氏子，僧行刻苦，人所弗堪。蓋非其力弗食，非其類弗友，用能一再新其佛宫，而積其所得，捨田爲常住若干畝。從之遊者服麤茹澹，亦相與共之，無外慕紛華、中藏矯僞之弊。年幾七十，體癯而氣堅，若蒼藤瘦竹，疑其爲有道者。予以是敬禮之，思異日得請而歸，占溪山之勝，結社以終老焉。而閏也遂將爲淨土之遠師、草堂之湊公矣。惜予之迂左，不能如淵明、樂天之曠達，而徒想其人于異代，可愧也哉。閏所捨田其畝數，及嘗有所施于此庵者，其主名悉附著于石陰。

新屯寺鐘樓并續置土田記

新屯寺在休寧邑南三十里黎陽鄉，相傳以爲唐寺也。肇跡于貞觀，賜額于天祐，歲久寖弊。當宋正和中，僧法本嘗一修之，又置田五十畝。寺瀕于溪，侵齧不時。迨元至正中，僧秀芳復徙剏雲蓋山麓。縣志云爾。

寺雖一再更新，而鐘樓獨久壞，無以謹天時、覺徒衆。自元季抵國初，兵燹之交，版籍之易，田之隸寺者亦蕩無餘焉。僧志遠，程氏子，所居曰程子塘，去雲蓋山五里而近。少入寺，禮碧雲上人者爲師，長益淳謹好學，思亢其宗，乃重作鐘樓于佛殿之東，岌立翬飛，綵繪相暎，追蠡在御，衆聽一新。蓋成化丙午九月九日也。既又以其餘力構禪房數十楹，而尤惓惓于土田爲常住之資，前後所得三十餘畝。由是過者發偉觀于蒼山老木之間，居者獲美茹于良疇嘉畛之上，新屯之寺，得遠公而一日焕然有加于舊焉。然獨懼夫來者不知夫成功之難也，託予族人志端請記其事。

予聞佛之爲説，自以爲堅忍而不變，淨潔而不污，雖天下之珍怪麗好，莫可與動其心者，固無藉于耳目之警；棄南面王之樂而自逃于困餒不給之鄉，至或捐軀以濟人之危急而莫之卹也，固無藉于口體之奉；天下之物，比之風燈泡影，一切皆幻，而付之苦空圓寂不可致詰之境，固無藉于身後之名。則夫鐘樓之設、土田之增、金石之刻，彷徨于斯世而爲其徒之計者，亦異乎佛之説矣。雖然，是或一道焉。無藉乎耳目之警、口體之奉、身世之名，佛已成者也。若其徒之學佛者，豈能無藉乎此而遽有得乎彼哉？宜遠公之有是舉，而記不可辭也。聞其聲而念戒我者之心，食其粟而感飽我者之惠，誦其文而德教我者之言，勇往精進，力於其説以求無負于遠公，雖於佛未可知，然祝蕃禧以酬國恩，禳豐歲以作民福田，固寺與僧之所恃而爲存焉者也，可不勉歟！

仙遊張氏遺像風木圖記

凡子孫於祖考之生而致孝也，承其顔，養其志，如斯而已。其殁也，顔則惡乎承？於是保其容之遺者于堂，不敢死其親也。志則惡乎養？于是謹其體之藏者于墓，不敢亡其親也。斯古之道也。而中世之人，不惜懸重購以求名繪、結生塋，爲娱目保身之計，於其先容、先墓漫不加省，何哉？予觀于張氏遺像風木之圖，不覺慨然曰：「是可以占孝矣！」

張氏出唐梁國公睦之後，曰團練招討副使濬，自光州固始遷閩之仙遊。招討再世曰宋奉議郎叡，三世曰泉州郡學教授弼，又十一世曰陽山處士子清，十二世曰元承事郎和，十三世曰興化路判禮。十四世曰臨江路判鉉，鉉之弟曰百川處士銓、鴻臚序班鐩，則入我朝矣。百川之子曰樂素君瀚，樂素之子曰慎庵君福，再世不仕。慎庵之子鄉貢進士炫始爲此圖，且請諸搢紳各爲之贊，以序爲屬。蓋炫之叔父雪梅君壽嘗有志爲之，弗竟，炫之兄煇乃重修譜牒，考其兆域而摹其遺像之存者付炫，俾竟其志，云將使爲子孫者，按圖而知某爲某祖之像、某爲某祖之兆，雖時有後先、地有遠邇，蔚乎粲然，如聞其謦欬于室堂，如奉其松楸于庭户，又因贊述而知其出處顯晦與其積善流澤之詳，俾知所感，且知所勵。若斯之爲圖，亦庶幾古之孝者歟！

然予竊進于張氏，夫孝有本有文，力其本而後文可稱也。升其堂覩其容之遺則思承生者之顔，撫其兆感其體之藏則思養生者之志，斯可謂之力本乎？未也。立身揚名，聖有明訓；虧體辱親，大禮是嚴。必也處而學，爲良儒，出而仕，爲良臣，使人稱之曰：此仙遊張氏之後，以似以續而不匱。則張氏之先，固有不待生而存，不隨死而亡者哉！然則斯圖之爲重，又豈獨以其文哉？

炫好學博雅，不伍于流俗，他日當有以亢其宗者。是爲記。

廣對鷗閣記

吏部侍郎鏡川楊公爲學士時嘗續其先志作對鷗之閣，蓋摘唐人詩中語也。然鷗之所以詠于詩者，則皆本諸列子，所謂「海鷗忘機」，蓋習談之。公自爲記甚詳，而又命予識之，故竊有進于公者。

夫機心之有所中也，豈獨鷗哉？狠鷙悍烈，雖石虎之射可以没羽，然有時而自中，則盤迴隱伏，雖弓蛇之飲可以戕身。豈若無機心者，可以優游委順，付悲喜於身外之爲樂哉？此公之先所以有取於鷗而思以貽後者也。今公出領銓曹，可以黜陟生者，入總史事，可以榮辱死者，固當無所容心其間。俾是非不昧，賢否不淆，爲鉅儒、爲宗臣，則天下後世，蓋將知公之承其先者，不徒取于對鷗之適而已。

予方被放，去歸其鄉，將漁釣以畢此生于江海之上，計盟鷗以自輔，而疎慵拙直，鷗固不予棄也。思公之閣，撫公之卷，輒廣公之意而識其後，亦因以見予之志焉。

重建觀音寺記

都城西南五里許曰玉河鄉池水村，中有古刹曰觀音寺，初莫知其所從起，傾圮荒穢，日甚一日。天順壬午歲，鄉之人曰權五合里之善士延釋恩祥重作之，爲祝釐禳禜之地，成佛殿六楹，將以次及兩廊，未就而祥逝。越十年矣，風朘雨削，殿復傾圮，住者取具，過者興嘆。迨成化丁酉歲，而祥之徒德顯始繼其師之志，盡出己貲，協以衆募，掄材鳩工，闢隣地百餘丈，狹者以廣，污者以新。佛殿之六楹者，巋然中起，高敞靚深，不替以隆。左爲伽藍堂，右爲祖師堂，天王殿峙其前，觀音殿掎其後。外爲山門殿，左右爲方丈。鐘鼓有樓，庖廚庫藏有所。建子屋數十楹居其衆，收民田二百餘畝贍其食。棟宇翬煥，像設莊嚴；丹堊藻繪，争耀競爽。經始于某年某月，訖工于某年某月。落成之日，遠邇畢集，蔚乎粲然，易傾圮爲堅緻，更荒穢爲精潔，可與名山福地勳戚貴近刱建者相長雄，不徒甲一鄉而以。顯高足恒裕懼其蹟久而或泯，命其弟善彬因予所善求記。

予因訪其興廢之故，蓋近得石刻于土中，謂金天會七年梁王統軍至杭，上謁天竺，禮觀音大士像及大藏經，異之，因徙而北，有比丘智完率其徒以從，殆斯寺之所由始也。石刻于大定十七年九月。考之史，梁王爲兀朮，實以天會七年己酉入臨安，是時爲宋建炎四年，高宗遜于海，凡玉帛圖籍盡航之，經像實與之俱。至大定十七年丁酉，幾五十年矣，而寺昉於此乎立，是爲宋淳熙四年，孝宗方勵志中興，世宗亦賢主，蓋嘗自儗漢、唐之盛，圖功臣于衍慶宫，兀朮預焉。殆本其志而爲此，以致夫褒勳悼往之意歟？其舉措不暇論，然撫時與事，則有不勝其感者矣。

自大定丁酉至皇明成化丁酉，三百六十年矣，而寺昉於此乎興。然予嘗至天竺，見所謂沉香大士像者，杭僧率指爲梁物。以金石刻證之，梁物已北徙，中失于兵燹久矣，而杭僧不知也。其廢興之故如此，則今寺之以觀音名，豈非稱情也哉！

嗚呼！自宋之南，金、元之入，幽、冀之間變亦極矣。我高廟龍興，天下始定于一。文皇繼之，而徙都焉，山川草木皆獲呈露以被中原聖人之澤，況斯寺近在郊畿，得人焉以起廢而爲祝釐禳禜之地，其德澤被于齊民猶甚，獨非幸歟？後之來者宜悉此意，以祥、顯二公之心爲心，嗣葺之，俾勿壞，則庶幾如國之幹臣、家之肖子，而斯蹟之可永也。

祥號瑞庵，仕爲僧録右覺義。顯號性天，仕爲右善世。裕方領祠部牒，爲住持，與彬惓惓思以文字昭其師，故予嘉其志而記之如此。

瀛州行樂圖記

河間之爲郡也，據滹沱、中堡二水之間，故因以名。城四面皆湖濼，一望渺然。魚鳥可食之物，茭蒲菱芡可薦之實，爲民利甚厚。其尤勝者，菡萏花相屬六七里，遊者乘小艇絶流以入，釃酒擊鮮，使人竟日樂而忘歸，故在前代又名郡爲瀛州。蓋擬之若仙境然，然爲郡者率急于簿書送迎，多不暇取而樂之。陳州馬君文奎自京官考成來判郡事，佐其長以惠利其民人，治益閒暇，遂得適其所謂樂者。於是鄉進士竇應陶君懋學爲作行樂圖，發其吏隱之趣。值予被放南還，得觀焉。其圖馬君坐磐石以瞰清流，不盈尺而妙得其真。修篁古松，交蔭其上，荷芰在下。蕩漾水雲，翛翛然若涼颸徐來，飄人巾裾，有不知六月之爲暑也。童子治茶竈其旁，或捧書挾琴，各極其態。一鶴遡風唳其前，長空泬寥，有川鳴谷應之勢。蓋河間郡誠佳勝，馬君政亦閒暇，斯圖足以發之，而予言則有不能盡其妙者乎。

予家江南，中世徙河間，有先壠在焉，亦將受一廛事漁釣以終老。顧出於病散淪落之餘，方挾妻孥走南北，而力未能也。輒因馬君之請記其事。君父憲僉公與先師南陽李文達公進士同年，君以庭訓入官，累有聲績，後此名位當益進，時一展卷，指其所經遊、所眺望，將無忘于河間而心語曰：「此吾宦鄉與人同樂之地也哉。」則其情之所寄、景之所觸，將悠然自得于塵𡏖之外，豈直感歲華、資翫好而已！

靜軒記

歙諸吴以居溪南者爲望，溪南諸吴以名仁字世美者爲望。世美君緣其名而以「靜」名軒，且求益于士君子，得靜之説甚富。君之子恕復以請于予。予以爲「靜」之義大矣，其見于經、出于聖賢之所教詔者，燁乎炳然，言之多則聽之厭，予將何以副成子哉？

雖然，吾之所謂靜者，不以跡而以心，則城市窅于山林；不以心而以跡，則終南巧于捷徑。蓋君子之所貴乎靜者，非跡也，心也。吴君之處于斯軒也，其有思乎？望溪南之山而愛其如玉之峙曰：「斯靜之體立于吾心者邪？」酌溪南之水而喜其如鑑之清曰：「斯靜之用涵于吾心者邪？」近取諸身，遠取諸物，日復日，歲復歲，而吾心之不克靜者寡矣。顧名思義，而吾之所謂求仁者亦不遠矣。使心失其所養，汩汩于名，擾擾于利，馳騖四出于黄塵赤日之下而不自知，乃謂人曰「吾之軒將以習靜」，其孰諒之哉？

予方蒙恩解組而南，將弛擔息肩于新安山中，且與吴君結淨社老友。朱槿之開落，可撫而觀焉，白鷗之出没，可狎而馴焉，高才疾足者將笑之，以爲迂且癖而莫與吾也。然靜中真樂，有不可以强人者。苟相悟以心，則無往而非安閒自適之境，又不可以形迹拘拘焉求乎一軒之中哉〔一〕？

淳安縣儒學重修記

予南歸抵淳安，值江漲不能去，乃取道入謁夫子廟于學宫。學宫皆經新飾，焕然于江渚之上，心甚異之。教諭許君仁、訓導黄君奎、王君普揖而進曰：「初，廟學久弗治，而櫺星門、泮池偏于西，非制之宜。今劉侯箎來知縣事之始，即慢然曰：『是豈可泛然不加之意哉？』乃卜吉鳩工，遷正櫺星門，俾泮池與戟門相值南向，而池之方廣視昔倍之。作泮池石表于西，改廩餼倉于東，建觀德亭于射圃，至于殿廡、齋舍，或易其棟梁，或加之丹堊，或益以磚甓，次第興修，無弗完者。皆劉侯之力也。」明日，燕尊經閣。又明日，燕魁星樓。坐客咸指其臨觀之美與其虔奉之嚴，嘖嘖嘆曰：「非劉侯則日加敝漏，而後來者益不可爲矣。」三君子因請記其成，諾之而未暇也。

予歸兩月，王君來休寧〔二〕，申其説。爲之檢舊志及諸先正之記而言曰：淳安本歙東鄉，自隋、唐以來隸新安，其後割以畀睦，而東西往來者，猶憮然有眷眷桑梓之意，況得賢侯以新茲學宮，與有遠耀，而可以無言哉？

淳安素稱佳山水，生其間者，秀而文，自宋抵今，嘗一再魁天下，其餘並芳趾美以出而建勳名于一時，可登史册、光仕籍，爲斯學之重者彬彬焉。予獨念夫「學以至聖人之道」，而道豈頓悟之可得、鈷研之足盡邪？蓋聞此邦有融堂錢氏，實得慈湖之傳，上宗陸子。其言淵以愨，其行碩以顓，真可謂百世士矣。然朱、陸之辨，學者持之至今，予嘗誦兩家之書，而竊懼夫人之不深考也。自艾于粗浮之習而追病夫支離之過，其言具在，炳若日星。今弗究其晚年之同，而取決于早歲之異，其流至於尊德性、道問學爲兩途，或淪于空虚，或溺于訓詁，卒無以得真是之歸，此道所以不明不行。而師之教、弟子之學，淵源所承，宜有據焉可也。矧今天子更化之初，學宫鼎新，適逢其會，則凡遊于斯者，豈可不敬以心學爲勉？勉之何如？以錢氏爲先容，上求聖門道一之説，而致夫體用之極功，以不負賢侯祇承德意作興學者之盛舉，豈非偉然烈丈夫之所爲哉？其所以重斯學者，不亦大哉？予不佞，生朱子之鄉，敢竊書其所聞爲記。

劉侯，永新人，文獻舊家，知所先務，而餘政及民尤多，屬郡吏治可當首選。廟學之修，肇工于成化丁未十一月，竣事于弘治己酉十一月。相其事者，縣丞黄福、主簿朱智、典史李景，董其役者，耆宿周甲、應乙、邵丙，皆能體侯之意，有功斯學，事得附書。

忠孝道院記

忠孝道院在休寧之商山，其先興廢不一，當宋南渡，有邕州安撫吴文肅公，其第與院相邇。文肅諸孫曰資淵，仕元爲建德路遂安尹。生子真常，不任昏宦，因寄跡歙之乾明觀，歷官提舉崇道明德弘教法師兼知觀事。以是院之久淪于兵燹也，至大己酉請于朝，得賜舊額，重建于村心，爲居人禱祈之地。至正乙酉，用堪輿家言，復移建于商山之賀里干，著于令甲，上隸乾明。水秀山環，靈氣攸萃，禱祈益驗，道院之名益顯。至我朝正統甲子，幾百年，院日就傾圮，禱祈者病焉。於是文肅裔孫曰士彬以語都紀沈懋清，懋清乃挾其徒許中玄一再修之，中玄以傳其徒胡玄静，玄静以傳其徒陳道明，間至京師，請予記以示來者。

予觀道家者流，率以爲出楊氏之爲我，儒者必詘之。然是院獨以忠孝名，豈固有感于儒者之説而爲是哉？亦其法有所謂忠孝而儒者偶未之察邪？是或一道也。三代而下，人臣之賢莫如留侯，人主之盛莫如文帝。留侯汲汲於君父之讎，進退從容，有儒者氣象。文帝奉藩極其恭謹，在位恭儉，號稱孝文。然皆喜黄、老之學，則世所謂道家者流，其法之臧否、説之醇駁，固宜有審所擇而慎所趨者哉。竇清静以爲治而謂佳兵爲不祥，奉遺體以周旋而以忘生爲深恥，亦忠孝之推也。夫忠孝，士之大節，顧其名乃署于深山長谷琳宫貝宇之間，孰不駭聞創見？而予則以爲不然。「歸斯受之」，孟有明訓；「麾諸門墻」，子雲是嚴。吾豈能外儒先以爲學，而靳一言爲是院之重哉？

道明，邑之仙源人，知讀書，能自立，且以「彝」名其軒，殆亦觀忠孝之名思嚮慕之，以求無愧于老氏之徒者，予故嘉其志，特書之。

休寧率口程氏世忠行祠記

世忠行祠者，我率口程氏所建以奉先世祖梁將軍忠壯公，而又上推其源，以及晉新安太守府君，下泝其流，以逮其始遷祖三三宣議府君者也。太守府君諱元譚，當永嘉之亂來爲郡，實有安集還定功，賜第郡之篁墩，子孫家焉。十二傳至忠壯公諱靈洗，值梁侯景之變，復起鄉兵捍賊，殁而爲神，歷代嚴祀之，號其廟曰世忠。胤系蕃昌，居他姓十九。其別居率口，則自宣議府君諱敦臨者始。

宣議上距忠壯二十有四世，自其先葉嘗一遷新屯，再遷充山，戾止靡常，衆心弗寧，乃卜宅于率水之上，居焉。當宋之季，業以復振，税之以石計者三百餘，爰立師以迪嗣人，植産以贍先墓，蔚然碩宗，與篁墩相高。其卒也，子孫相與割田置守，專祠于里之齊祈僧舍。蓋宣議四傳有孫二十二人，其爲教諭者曰一夔，舉鄉貢者曰夢麟、曰應龍，號經畲者曰一麟，中省元者曰一震。夢麟嘗本伊川家法立宗會，鄉先生弘齋曹公實序之，而祠事未啓也。

正統丁卯春，一夔五世孫道和、一震五世孫玩始倡族人立世忠行祠，爲正堂四楹，東西廡八楹，門屋四楹，前闞石溪，右臨水渠，妥靈合族，於是爲稱。然子孫日多，祠日隘。成化丙午冬，道和之弟春和、玩之子鈐復倡族人增刱寢堂四楹，廣厦迴廊，虹貫鉤連，周垣相繚，扃鑰惟謹。每歲正元日，奉三祖之像于堂，奠獻禮成，長幼叙拜，飲福而散。又以元夕前一日爲忠壯始生之辰，製花燈以樂神凡五日。其供祀也有田，其受成也有次，其散賑也有規，行之四十年而祠亦再新矣。春和從孫文傑與一麟八世孫祖瑗皆好學勇于義，始相與具其事請書之。

予於率口之程實同所自出，嘗伏拜祠下，會其族人不下六千指。蓋其處者多良士，歸者多貞媛，能不以富貴爲豐嗇，而以禮義爲盛衰，故其平居往往知敬先睦族，亢宗起廢之爲功有如此者。嗚呼！世之人，華其居室臺榭以示觀美，或罄力于老子、佛氏之宫以徼冥福，顧於身之所從出者，漫焉弗之省，則吾於率口之族嘉羡太息爲之執筆不能已者，豈獨水木本源之私哉？繼自今始，凡有事祠下者，仰祖烈之如在，撫先業之益充，思以繩武爲志，而大振其世風，俾有出於輪奐豆登之外，宗工鉅儒且將有不一之書擬其後矣。詩云：「豈無他人？不如我同姓。」故記之而竊有告焉。

婺源縣廟學重修記

婺源儒學在縣西山麓，凡起廢之功率有記，獨以泮池爲闕典，學者病之。成化丙午之歲，進士即墨藍君章受命來知縣事，蓋朞年而政成，乃以次修大成殿及兩廡，剏學門及藏修之居，飾明倫堂而新之。科第有表，舍奠有器，而於泮池用工倍焉。蓋學宮去水遠，無所從出，惟衡山有活水可取道而至，有識者雖竊計之，而力莫能遂也。君首捐俸鳩工，伐山通渠，渠凡數百丈，導其流自射圃北迤邐而左，經饌堂歷三賢祠，又演而南，始瀦爲池，作石欄以環之。告成之日，山增而秀，水闢而深，草木含輝，弦誦得所，稱古泮宮之制。蓋役不及民，費不勤官而成茲偉績，爲諸邑之冠焉。非君有過人才力，不足語此。於是訓導李君仁具其事，來休寧請予記。

於戲！君子愛人，小人易使，皆本於學道。泮宮者，道化所從出也。我文公先生實産是邦，闕里巋然，比于鄒、魯，而於祠閣有記，經子有跋，凡所以病吾人者，以爲溺心于程試之習、馳騖乎纂組之工而不專業于聖門思與學者，深究力行，庶其俗可以一變至道。蓋先生之訓，炳若日星如此，又何假于鄙陋不腆之詞哉？獨以泮宮既新，則聖澤益弘，道化益興，在上者益相期以子惠爲心，在下者益相戒以梗率爲恥，我文公先生所謂專業聖門、一變至道者，將見于盛世爲天下先，以上副聖天子建極弘治之意，又不獨輪奐之美、疏鑿之勤可以冠諸邑名一時而已。

藍君所以治婺源者，若廣儲峙、賑煢獨、造輿梁、禳虎患，其政孔多，且以其暇日重葺文公年譜、語録及編刻雲峰胡氏家集以傳，庶幾教養兼舉，不負于學道之君子，其名位與日俱升，所以利濟乎斯人者將有大焉，而婺源初政不可不書也。縣丞李君應鐘、主簿于君晟、典史陳君某及教諭廖君絅、訓導張君節皆能捐俸以助，生員孫普、程禄、陳俊、王道輔實董其役，而李君克相斯舉，尤惓惓焉。故記其成以告來者，使嗣其志而弗隳，則婺人之幸寧有既乎！

道一編目録後記

宇宙之間，道一而已。道之大原出於天，其在人則爲性而具于心。心豈有二哉？惟其蔽于形氣之私，而後有性非其性者。故孔門之教在於復性。復性之本，則不過「收其放心」焉爾。顔之「四勿」、曾之「三省」，與子思之「尊德性道問學」、孟子之「先立乎大者而小者不能奪」，其言鑿乎如出一口。誠以心不在焉，則無以爲窮理之地，而何望其盡性以至於命哉？

中古以來，去聖益遠。老、佛興而以忘言絶物爲高，訓詁行而以講析編綴爲工，辭章勝而以譁世取寵爲得。由是心學晦焉不明，尼焉不行，雖以董、韓大儒尚歉於此，而亦何覬其他哉！子周子生千載之下，始闡心性之微旨，推體用之極功，以上續孟氏之正傳。而程子實親承之，其言曰：「聖賢千言萬語，只是欲人將已放之心約之，使反復入身來，自能尋向上去，下學而上達也。」此其言之切要、意之誠懇，所望於後學者何如！而卒未有嗣其統者。於是朱、陸兩先生出于洛學銷蝕之後，並以其説講授於江之東西，天下之士靡然從之。然兩先生之説，不能不異於早年而卒同于晚歲，學者獨未之有考焉，至謂朱子偏於道問學，陸子偏於尊德性，蓋終身不能相一也。嗚呼！是豈善言德行者哉？夫朱子之道問學固以尊德性爲本，豈若後之講析編綴者畢力于陳言？陸子之尊德性固以道問學爲輔，豈若後之忘言絶物者悉心于塊坐？走誠懼夫心性之學將復晦且尼於世，而學者狃於道之不一也，考見其故，詳著于篇。

兗山汪氏重建祠堂記

新安汪氏多祖唐越國公，號最蕃。其居休寧兗山者自歙徙，族益盛。其彦曰世行君，自新昌謝政家居，諸務未遑，首倡其弟姪，本父兄之志，新其先祠爲六楹焉。其中專奉越國公，高、曾、祖、禰左右序列于上，諸旁親之主左右序列於旁。限以重門，繚以周垣，凡神厨祭器庫之類悉以如式。經始于成化丁未十二月，訖工於弘治戊申八月。告成之日，昭穆載嚴，宗黨咸喜，以爲四時祼享之儀有所據而行，五服袒免之親有所恃而萃，百世孝敬之風有所肇而興，不可無記以示我後人，於是汪君請于予，而予莫能副之甚久。

間叩其所以立祠之義，則曰：「竊聞吾鄉之先有陳定宇氏，一時鉅儒，其上世本唐鬲山府君之後，陳氏先祠寔中祀之。吾之所以主祀越公者，本定宇意也。又聞淛之浦江有義門鄭氏，累世同居，其先祠併祀伯叔群從男女之主，上之人嘗旌其門，下其家範以風四方。吾之所以建祀旁親者，用鄭氏例也。其餘一遵朱子家禮與國朝頒行之定式，並行而莫敢戾焉。吾之所以承先志致隆于祠事者，如此而已。」

予聞之愯然以嘆，曰：「嗚呼！先王報本追遠之禮，垂世作程而具于載籍，炳如也。中世以來，章縫之士心知之而力不及，公卿之家勢可爲而不暇。又其甚者，華寢室以奉妻孥，飾臺榭以樂燕私于賓友，大捐利于道宮佛刹以自媚于鬼神而覬冥福，其不知類至於若是，而欲民習之正、禮教之興、道化之洽，豈非吾人之所甚憂者哉！有志于復古如汪君，有志于正家憲後而因以風一鄉之人如汪君，豈非今之難得者哉！

君名道，字世行，起鄉進士，筮仕知湖廣醴陵〔三〕，再知江右新昌，率以德政聞。嘗有從學、築城之役，皆事之難集者，君優爲之。又建白行家禮、崇宗祀十條，多匡時善俗之見，朝議取而行之。誠哉，君子之學由身及家而施諸有政，不可誣也！記而傳焉，俾有事於陟降豆登之間者油然以興，惕然以思，謹禮文、崇孝敬而以流俗之漸是懼，將不有擴君之志而增輝于越公者乎！

君之父諱伯善，讀書好義，鄉稱長者。兄諱世寧，躬行孝弟以率其族、起其家，皆惓惓于是祠者，故并著之。

恭謙堂記

祁門善和程氏之老曰用亨，與其兄用仁極友愛。凡車馬衣服可相共者無爾汝。一飲食之嘉者，不集不食。用仁出，抵暮不返，必迎候，醉歸則扶掖還寢室乃退。或有疾，竟日夕不離側，疾瘥乃已。事酬酢、客過從與一切家政必議，議叶而後行。由是家人化之，娣姒之事其姒方也，若兄弟然，相好不二。子姪之勝讀者，必共業而無敢譁者焉。蓋用亨之父曰孔隆處士家範極嚴，識者占其兄弟之克成，有以也！

里人嘉之，爲題其堂曰恭謙，殆將以孔隆擬楊氏之播，以用亨兄弟擬楊氏之椿、津焉。其得之鄉評如此。前進士知黟縣事江侯聞之，爲大書其扁而未有記之者，今侍御侣公來爲郡，求逸民以佐政，用亨在焉。里人又爲之嘖嘖嘆曰：「孰有恭謙若程氏兄弟，而家之不淑、令聞之不翕然者邪？」其姻黨甥方英、林彥、方表大愳堂事弗白，始以記請，曰：「願無辭以詔來者！」

予觀弘農之楊與廣平之程，自魏、晉來同列右姓，以家法聞天下，譜副于有司。論其世故，等夷耳。椿、津皆年踰耳順，恭謙不衰，國史書之，而大賢君子有取焉。今用亨亦年六十，用仁年六十有二，老而篤行，亦將可以趾弘農、無愧于天顯者邪？然椿、津並登台鼎，赫然一時，而用亨兄弟以布衣處林壑之下，疑其有不可班者，殆非也。天之所以與我者，豈有所限于隱顯而爲之豐嗇哉？中世以還，固有居人上而鬩墻，攘臂無所不至者矣，顯而慝焉，顧豈若晦而淑焉者之爲泰哉？雖然，慢者恭之賊，傲者謙之反也。恭謙之爲德也和，和則吉，吉則壽，家以興；傲慢之爲德也戾，戾則凶，凶則菑，家以否。斯固君子之所慎，而尤莫切於兄弟之間也。用亨之友于恭謙若是，其播而爲一家之和，鍾而爲一身之吉，進而享耄耋期頤之壽，將不兆于斯歟！子孫承之，是則是效，家益興，族益茂，獲與椿、津之賢相望爲異代，則一堂雖小，而有繫倫理世教甚厚，記而傳之固宜。

用仁名恕保，號拙翁，學春秋，數不利于場屋而隱。用亨名玄佑，號朴庵，其先與予同出廣平，自晉新安太守元譚府君以請留居郡，至梁將軍忠壯公益顯，忠壯之後分居休、祁，昭穆具存，而予差有再世之長，詳見統宗譜云。

春風堂記

休寧北郭程氏有名萬鍾者，嘗構堂以「春風」名之，取大程夫子在汝陰事以爲重，謁記於予。

予愯然不敢當，曰：夫子從學於周子，以上續孔、孟之傳，道德淵宏，殆有未易名者。所謂「春風」，特出于門人朱公掞氏，後世味其言，追想其風采若天人燁然不可得而即焉，是豈可以易言哉！發吟風弄月之趣人莫與歸，適傍花隨柳之樂人莫與識，夫子之春風得諸師、見諸身者如此，後學烏足以知之？然驗之以其近似，則亦有可窺其萬一者。夫子嘗與伊川同遊佛舍，僧群然從夫子而伊川爲之獨行，蓋異端且馴於卒然之頃，而況士類？新法之行，不嫌於條例司官，而荆公目之以忠信，小人且格于閧然之餘，而況君子？平居端坐如泥塑，及接人則一團和氣，蓋寓公生客且歆仰于邈然之際，而況州閭族黨之人？朱氏所謂「春風」，雖若一時偶有所得之詞，實足以書夫子粹面盎背之妙，豈非善言德行者哉！

萬鍾受其説於季父友雲先生文通，揭之以名堂，豈非能自得師者哉？然師之而弗求所以踐焉，不可也。宅已以巽順，無暴慢之作；處家以雍睦，無乖刺之舉；濟事以温裕，無忿戾之形。夫如是，則庶乎不愧時雍太平之民，而斯堂可以顯矣。孰謂夫子之春風，人不可以隨分而有所承式哉？若徒以示重，謂大賢非所敢企，則將有事去名存，如昔所譏鐵爐步者，可不懼哉？

予於萬鐘有同里、同姓之歡，喜其謹愿好禮，不忘先訓。友雲又一鄉耆儒，所期於從子者甚遠，勉爲記之。而藐焉末裔，行毁業荒，不能爲役於夫子，蓋凛然望洋之歎，有不知其自失者矣。

校勘記

〔一〕乂不可以形迹拘拘焉求乎一軒之中哉　「不」，四庫本作「寧」。

〔二〕王君來休寧　「君」，原作「可」，據篁墩程先生文粹卷七改。

〔三〕筮仕知湖廣醴陵　「醴」，原作「體」，據本書卷二十一送醴陵縣令汪世行序改。

篁墩程先生文集卷十七

記

浙江湖州府新置孝豐縣記

湖州在前代號吴興郡，廢置不一，常領烏程、歸安、長興、安吉、德清、武康六縣。元季地入張士誠。我高皇帝龍興，拯生人于潰亂，首命將伐取其安吉、長興二縣，久之下士誠，湖州歸職方，復領縣六，蓋百三十年于今矣。

成化中，王君珣受簡命知府事，數年令行惠孚。每行部，輒進其縣之耆老以詢政焉。耆老言安吉縣轄十六鄉，爲里九十有五，地險遠，人習于不善，嘗有弄潢池之兵者，至勤王師。而太平、金石、廣苕、浮玉、天目、魚池、孝豐、零奕兹八鄉者，爲里四十餘，中有漢原鄉廢縣城，巋然存焉。長興縣轄十五鄉，爲里二百六十有四，而零順、晏子、荆溪兹三鄉者，爲里二十有七，去長興甚遠，去安吉甚近。如析安吉之八鄉置一縣轄之，而割長興之三鄉隸安吉，則地之遠近適宜，民之群不逞者易漸以變，殆永利哉。

王君聞其言，亟是之，且博詢輿情，考按圖牒，手疏以聞。詔下户部。户部請覈實上狀，而布政使張公敷華、按察使毛公驤皆以王公所奏便。狀上，得請，因其鄉名予縣額曰孝豐，降印除吏，置令、丞、簿、史各一人，仍領天目、松坑二巡檢司。事下，王君與分巡參議李公昊躬往相地，剏官府，立城郭，開衢巷，分市廛，營廟社儒宮，畫一而定，有若天啓，業恢計宏。落成之日，歡聲被野，力殫而不以勞，財費而不以困。蓋王君不貽艱于後人，以一身任興利起廢之責，藩臬之臣不以事非己出撓經野惠民之功，故議克合而足以有爲若此。於是王君使來，求記其成。

予嘗待罪史氏，竊窺高皇帝之疆理天下矣，蓋自戊申改元洪武以來，因革增損，不遺餘力，然於湖州屬邑猶或有不盡焉者，何哉？豈有憫于長興、安吉久戍且勞，故當僞吴之平也即以内屬，俾少遂其生養，不忍再釐正之，以勤其人于瘡痍未復之秋與？顧王君剏置一縣分隸三鄉之請，實在戊申今天子改元弘治之歲，歲律一再更矣，分符治理之臣，乃能補其遺規而成此鉅美，事豈偶然者哉？春秋之法：凡城某方、戍某處，皆謹識之，爲民也。而況肇永利于制定之餘，弭後艱于承平之日，事可不書之，使官于斯、學于斯、生長于斯者，相與心王君之心，保兹成蹟，伊始自今，以圖無替焉而爲望邑于天下哉！

王君曹縣人，成化己丑進士，歷知太康、信陽二縣，有治行，召擢監察御史于南京，至今官復以政蹟卓異被薦，得一賜誥進階，而後此名與位崇，實未艾云。

翕樂堂記

東南之人，雖大家巨室，以析産爲故常。然亦有析産而相睦者，要以爲難也。析産之餘，相鬬訟至於老而不相能者，亦往往有之。乃若同居友善如祁閶邑南康志高處士，豈非千百之十一哉？處士性仁厚而誠慤，少失怙恃，能奉其兄志仁、志忠甚恭，撫其弟志英甚篤。既娶于方，家漸饒裕，而一錢尺帛未嘗私也。有子三人、從子八人，猶共爨無間言。乃構一室爲弟兄子姪怡樂之所，其從叔亞卿用和爲題其上曰「翕樂」。而處士年七十矣，五月二日初度之辰也，其邑子饒君棨、汪君機與處士之子佑、從子价有芹頖同遊之好，將以是日奉觴斯堂爲處士慶，來休寧請予記之。

於戲！家之興衰，繫于兄弟之和盭，尚矣！然和而興者什一，盭而衰者什九，故棠棣之詩著於經爲大戒，而世之人克舉其義者恒鮮焉，則何幸康氏之近出于吾鄉也哉！夫以一家之和播而爲一身之吉，此得壽之道也。吾知處士自兹以往，由七十而踰八望九以底於期頤之域，體益康，壽益增，白髮蒼髯，壎唱篪和，日甚一日。有司必將禮於其廬，俾正鄉飲賓僎之位，爲桑梓光；子姪之賢者又將進與計偕，承顔養志，以揚處士之德善。見者興起，聞者感慕，益篤友恭之風而以鬩墻、紾臂爲耻，斯堂之名將不焯焯于時而爲祁閶山水之光也哉！

予不及識處士，且病後文萎，不足以盡斯堂之勝，然諸君子尚齒好德之心不可孤也，輒書之爲記。

蘄水縣南門浮橋記

天下事有可已而不已者，有不可已而已者，皆非也。可已而不已則厲民，不可已而已則隳事。君子之莅政也，必酌其中以爲制，使民不厲、事不隳而足爲吾人之永利，斯可矣。若今蘄水縣之所謂浮橋者，吾有取焉。

初，蘄水有渡在縣之南門，當驛路之衝。每入冬，駕木爲橋，春漲作則橋壞，而濟以舟，舟不勝載，墮溺隨之。秋水涸而灘磧露，則橋不時成，舟不即達，歲費白金幾十斤，責以渡夫六人，而民恒病涉。爲歲滋久，莫或究心焉。婺源潘君珏以成化甲辰進士擢知蘄水縣事，嘗祇謁宣聖廟，進其師生與語，而前教諭周同倫、訓導楊復初、周寬暨諸生王泰等首以是爲言。蓋渡當儒學前，故悉其事。而君亦首肯，心計曰：「是必爲浮橋，使守者斂放有時，庶可久也。」歲連歉，不克如志。

會巡撫都憲馬公來，有令諏郡縣興革事。君躍然以狀上，報可，即親往行水，令耆民游泰度河面之廣狹，以丈計者六十，可當四十艘，而君愳民乘河餉急濟以蹈不虞，減其數爲二十六。計歲造之常費不足以給，募之富民，得畢銓等捐金以佐官，而君又愳吏之有朘削也，親往視役。命僧會悟智市材鐵、集工力。肇工于成化丙午七月，訖事于十月，每艘縱若干尺，衡若干尺，砌以巨板，繫以鐵維，長與河等。歲益夫四人，水平則放以渡，漲起則斂以俟，東西往來，若履坦途。行者歌呼，居者慶嘆，以爲永利，實始自今，非賢令君之究心民事，節其勞而紓其費，莫與致此。於是寬與今教諭傅楫、訓導徐賢暨諸生畢鵬等具其事以請記。

於戲！此非所謂事之出于不可已者哉。惟事之出於不可已，則所爲者皆義而非利，言于上聽之而不撓，倡其下應之而不譁，謀之同、行之果而成之亟、利之大有如此者。彼無所酌於事之中，起則或坐而任其事之隳，或起而爲其民之厲，又何擇乎義利之説而遑恤夫君子之譏哉？矧學校公論所自出，乃亟稱潘君之賢，雖橋梁一事，亦首得於先王拯溺濟涉之遺規，則其他政之善從可知矣。異時名位鼎升，責任益隆，天下事所謂可已而不已、不可已而已者，固當大明乎義利，丕見于勳猷，而蕲水固其所發軔也。然則是橋也，將有甘棠之思繫焉，豈可無述哉？

君字玉汝，生于朱子之鄉而誦其遺書甚力，且於予有講習之雅，故嘉其筮仕未久有惠及民，而又知所先務如此，俾後來者有所考且有所勸，以嗣經久之圖焉。

松巖記

宗人貫用本者，世居祁門善和里，蓋長史孔著之子，方伯用元之弟，進士昊之父也。長史没已久，而方伯以壯歲卒于官，進士亦早世。用本恒怛焉，莫能爲懷，將以「三思」名其堂。未幾得異夢，云有縱火欲焚其居後之竇峰者，急往救之，至山阿，見兩崖壁立，水交道中，有平坡，長史卧其上，用本坐其下，進士侍焉。因及名堂之意，進士曰：「『三思』出季文子之言，疑於事也弗協，請以『時思』易之。」長史曰：「『時思』又不若『松巖』爲雅。吾先世居於斯，堪輿家善之，自武魁府君以來代有顯者，近頗戕於人，藉爾之力亟完之，而松植其上，又修復先塋，亦多植松以蔭之，則思其先之大者宜不過此。其以『松巖』名。」語畢而寤，即手識之，使其中子旻來休寧請記。

嗚呼！是不謂之異矣哉。古之人謂夢生于因，蓋晝有所見，夜夢隨之，率得諸彷彿不可致詰，未有耳提面命若此之詳且審者，豈非一念之所感而然哉？上慕其親，中憶其兄，下思其子，人之至情孰切于是？而用本之一身備焉，求之誠故夢之真邪？詩云「孝弟之至，通于神明」，況父子兄弟一體而分，呼吸相通，精神相屬，而不可解於心者哉？跡是論之，斯亦有不足異焉者矣。

夫松，長年後凋之物，其操至於淩雪霜、傲風日，非一切卉木早發先萎者比。長史以是而名用本，雖嘉其修廢補墜之功，亦擬其壽之隆于是，其操之堅于是，而後可以瞑目于地下乎？彼名能孝者，於其親屬纊之言，必痛心刻骨，況得諸既没之後、接諸夢寐之間，其感何如哉！是將終其身奉以周旋，而不敢一日忽焉者矣。

雖然，吾將有進于是焉。昔松嘗見夢于丁固，解之者曰十八公也，其後果然，蓋松之爲祥也尚矣。然則長史與方伯、進士食其報而未盡者，固將開其兆以示用本之後人，使知所勉以求副乎斯夢者歟？吾知用本始雖不免怛焉，而終有所謂釋然者矣。予與善和程皆梁將軍忠壯公裔，先尚書襄毅公又素厚長史父子，宗誼藹然，百世一日，而旻與其群從多美資質、喜問學，俟捷于功名之場者森如也，夢之徵也，或有在於斯乎！

桂巖記

歙大里汪銑廷潤者，吾友成都府倅文明之子，固始尹良貴之從弟，美風資，喜問學，每辱過予，言動未始越榘度，予甚愛之，以爲大里汪氏佳子弟云。一日請曰：「銑之先六世祖碧山翁嘗植桂所居堂後，題曰『叢桂』，祝之曰：『願吾子孫，有如此樹。』迨今可謂久矣，而樹益茂。銑父及從兄奉先訓以經術自奮，遂上國學、對大廷、領郡邑之命于盛時，庶幾可以符先祝矣。而銑不能讀父之書，則以桂巖自名，因以示警焉。惟先生一言，有以啓發小子之志意，幸哉！」辭不獲，則告之曰：

子之所以自名而有取于桂焉者，將不忘其先世之所以垂裕者爾。然桂之爲物，豈直可與況夫士之顯者而已哉？小山之歌招隱，則以況夫士之隱者舊矣。可與却邪而衛正，則與芝同功；可與堅節而厲行，則與蕙同操。夫其義閎而用博如此，乃眷眷於郤生之所爲自負者，則恐子先世之用情，將不止乎此爾。故吾亦將有進於子者。子以英年負才器，承故家文獻之後而問學不已，必思大有所立，以遠爲先世之光，迓續其父兄之近緒，庶乎其可哉。

保正氣而不餒，厲志行而不變，晦則如淮南之所歌，雖隱不怨，進則如郗林之所對〔一〕，雖顯不矜，夫如是，則爲無負其先世之厚望，而於其父兄且有榮耀焉。顧予歸田，恒苦多疾，藥裹之需，實資桂以自輔。他日或幅巾藜杖，造大里汪氏之居，婆娑樹下，攀露叢，挹天香，歌小山之詞，求金粟薦茗而啜之，以考子業之成。當是時也，殆將有不知子之爲桂，桂之爲子者乎？若然，斯誠可爲汪氏佳子弟矣。

清風亭記

凡可以繫去思而示風勸者，初不以事之大小與所處之華陋，蓋有清議焉。世之爲郡邑，固有喜興作、崇廨宇而飾厨傳者，其舉錯可謂大且華矣，然不旋踵爲後之人所指目嘆笑者比比也。一園亭之小且陋，其何足録？然後之人相與謹葺之，登而詠歌，望而懷思，聞而歆慕不已，則何使人之至於斯哉？是必有道矣。吾觀績溪縣治之所謂清風亭者，有感焉。

初，濟南李公宗仁當成化中以監察御史坐與時忤，謫主績溪簿，而不卑其官，清勤公恪，甚宜其民。不踰年邑大治，乃以其暇日即公廨之西藝圃莳蔬，縛草爲亭，每與賓僚嘯咏其間，或坐茂樹、臨方塘，舉酒相屬。蓋忘其去國之遠，而少息其簿書奔走之勞，寄蕭閒簡遠之趣于炎熇塵壒之外，因題其楣曰「清風」，賦詩紀之，賓寮和之，亦可謂一時之勝矣。主上更化初，公起廢去尹宣城，又以薦來守徽州，而故亭巋然獨存。臨安高君梁尹績溪，數過而徘徊其上，曰：「此君子之遺愛也。」爰葺而新之，用以副其民之懷思，介舉子許魁、士人程儒來休寧山中請予記。

於戲！廨宇之美、廚傳之豐，所以悦人家而求延譽于上官者，世豈無之？顧君子終不以此易彼也。然則觀「清風」之名，而使污者潔、暴者仁、處困者融融、喜功者縮縮，則一亭雖小而清議存焉。高君於是，可謂知所重者矣。宋蘇文定公謫尹績溪，嘗郊行見雙嶺甚秀，因作翠眉亭，傳誦至今。然則李公將來名偕位升，業與時亨，隱然殿文定之後，俾兩亭角立于水鄉山郭之間，爲美談而相無窮也，獨非盛歟！

祁門孚溪李氏先祠石橋記

徽李氏之居祁門者號孚溪特盛，有先祠焉，合其族，而祠之前橋圮久不治，弘治辛亥歲五月，乃克新之。其族之人具顛末以來告，曰：

吾族之先有諱徹者，蓋諸李之祖。徹後八世曰府君秀實，再入孚溪而光大之，以垂裕我後人。計其生在宋大中祥符間，有子六、孫二十有五、曾孫一百有二，其胤寔繁，而末益分。逮元至正庚申，裔孫曰見山，始倡建祠于府君墓左，奉祀事，而配以社規條戒約，所以爲世守者，既備且嚴，蓋于今百三十年，祠亦中燬而再新矣。惟其橋也蠹，行者危之，或漲作至，不得以時供展謁，族人以爲憂。曰本輝、曰以中謀易木以石，籌之匠氏，謂其役鉅費殷，非千六百工不可。募于族，而李源義官景瞻首應之，任其責之半，橋原、查坑、福州、流口諸族人亦各捐其財力有差，而景瞻諸子姪復糾其族之半以相之，不一月告完。其長虹亘，其密櫛比，其圬孔堅，其堊孔鮮，山若劃而增明，水若瀩而增妍。蓋李氏之祠橋一新而行者坦坦，觀者嘖嘖，謂非本輝、以中不足與謀始，而圖終集事，則景瞻之力居多焉。敬宗起墜之舉，於是爲盛，非伐石紀名其何以昭示我後人？敢拜以請。

則諾而進之曰：「願有復焉。凡李之爲後人者，亦知夫敬宗起墜之義，當上法古之人而不伍于流俗者乎？請以橋喻。夫一水之隔，必藉橋以濟，而橋之成壞，濟者之利害存焉，誠不可苟，而況有大焉者乎？人之生也，其所謂植身、保家者，至難濟也，豈直一水之隔而已哉？然非學以基之、行以持之，固有望洋不可及之嘆者矣。然則學與行之成壞，其爲一身一家之利害輕重何如哉。引而伸之，其大益有甚焉。則凡李之爲人後者，伊始自今，一學之習、一行之修，必如斯橋之積功而後可成、就工而後可濟，隱足以利其身，仕足以利乎人，夫然後無愧于始遷祖之貽謀與諸君子之嘉績。由此觀之，橋之建雖一事，其所繫于興勸者顧不遠且大哉！是誠不可無紀。」

景瞻之先曰昭三，自孚溪遷李源，傳六世得景瞻，以行義重其鄉。其卒也，又卜地而得吉，孚溪人異之爲孝誠所致。其子彦夫，爲郡庠生，負才器而嗜學，從予遊，進進不已，計其所至，當顯其族于異日云。

著存堂記

祁閶之胡有奉其名、大本其字者，蓋一族之彦云，嘗從其鄉先生習舉業，業垂成繼失其父仕達翁及其母饒孺人。君以禄不克逮養，罷所業，不復問功名事。間築堂以奉祀，晨昏思惟，若與親對，每歲時設衣薦食惟謹。於是年六十矣，其志不少變。縣人郡守汪公孝之，爲名其堂「著存」，以暴其不忘親之意。君子壻程循輩走休寧，請記其事以傳。屬抱疾久，無以應也。既經歲，而循等請益堅，乃口占授之曰：

子之事親蓋恒性，無足異，莊生所謂無所解於心者也。世降俗偷而人性離，則生能致養者鮮矣，况以時思之、常目在之而弗替焉者乎？然則「著存」之義，非反躬之切、窮理之至者不足與此，此汪公所爲名堂而有進於胡君者歟？夫子之所以求乎親者，愛與慤焉固也。然必以繼述顯揚爲之目，而繼述顯揚又非貴賤貧富、得喪利鈍之足云也。言行不敢戾古人，修之身，刑之家以達一鄉，使人稱之曰此某之子，則庶乎其可哉！

君通禮記、春秋二經，學益深，事益練，達人碩儒或自以爲不及。修兩朝實録，有司率禮君預事，而君且交仁賢、導庸愚、賑乏絶，孳孳不已，訓育其子蒙、頣、豫、巽、泰，皆有立，又遣蒙爲學諸生世其經。跡是觀之，胡君殆知有古人繼述顯揚之説，而無愧名堂之意歟！

雖然，予亦將有進於君者。蓋聞之舜五十而慕，誠先正所示法，而實則約之爲中制爾，非故限之，使夫爲人子者取足於此也。老萊子行年七十，弄雛親側，是豈以老穉而損益其孝哉？吾知胡君年彌高則德彌邵、思彌切，壽固孝之徵也。在詩有之，「永言孝思，孝思維則」，又曰「孝子不匱，永錫爾類」，君之志亦豈取必於是邪？然天之報施善人，則有不約而契者，吾又知胡君之後，將有志纘先烈，名與計偕，起而爲其顯揚之地，昌且熾焉者，孝固慶之基也。夫如是，則亡者存，晦者著，名堂之義，豈徒云爾哉？

予不及識胡君，重其行，冀他日杖藜躡履訪君山中，登其堂舉酒相屬，而因以考其德之成焉。

保訓樓記

保訓樓者，富溪程氏子太珍所建以奉其先世遺書者也。程之先自晉新安太守府君十四傳至梁將軍忠壯公，忠壯又十四傳至唐御史中丞都使公，值廣明之亂，起鄉兵據東密巖以保族庇民，其從孫炳始居富溪，炳孫可思嘗列所居之景爲八詠歌之，而富溪之名始著。可思玄孫卓仕爲歙州學正，始以儒倡其家而産亦充，卓子汝礪、孫思禮、曾孫驤，三世皆有聞于時，而驤舉宋開慶進士，歷官中書舍人，其族益顯。驤孫以忠、曾孫存、玄孫億，三世皆有著述，藏于家，而以忠從弟克紹仕爲遂安簿，嘗表章太守府君之塋域，存從弟嘗又編刻族譜、建祠堂，而收族貽後之制益備。存季子僖生齊，齊生三子，尚德、尚褧、尚質，皆能以亢宗起廢爲志，而尚德則太珍之大考也。

太珍自以先世多納交一時知名士，在宋則有若宗老端明公珌、左史呂公午、紫巖汪公宗臣，在元則有若虛谷方公回、筠軒唐公元、杏庭洪公焱祖、萬户吴公訥，在國朝則有若學士朱公升、春坊汪公仲魯、主事范公準，或師之，或友之。故於其生也有慶，其没也有銘，亭宇丘園有説、有記，編纂倡酧有序、有跋、有詩、有詞、有賦。太珍懼其散遺而無統也，乃告尚質暨諸父兄，相與闢基別構一樓而藏之。凡唐、宋以來文書、別集與夫宦牒公移之屬，悉以類附，縹囊位置，錦軸交輝，百世之手澤宛然在目，而富溪之山川改觀于一日矣。乃顔其上曰「保訓」，偕其從父正思請予記以詔其後人。

於戲！訓者，先世之所遺，爲子孫者所當奉以周旋，而不可斯須忽焉者也。古之人，固有爲天子之相迺以山石草木遺子孫而誓其勿鬻，有爲諸侯之子受簡三年不能習而亡之，然則先世之貽謀與後人繩武若富溪程氏文獻之足徵者，豈非千百之十一哉？雖然，念其人必思踵其迹，敬其言必思踐其行，謹繼述之道於輪奐之外，以求無忝其所生，則太珍亦不可不自勉也。予與富溪同出忠壯公後，揭者屏居里中，抱恙終歲，一切文事謝遣已久，而太珍請之顓、覗之確、禮之廑，往返十數而不自沮，予故嘉其志，書以畀之，然意荒詞謭，其何足副其誠而爲斯樓之重也哉？

定宇先生祠堂記

自徽國文公得河南兩夫子之傳，斯道復明於天下。及門之士厭飫其説，蓋充然各有得焉，顧未一再傳能不失真者則已寡矣。定宇陳公先生生文公之鄉，崛然起厭俗學之陋，直以公爲師。其學之博，蓋無理不窮，卒歸于至約；其行之篤，蓋無事不核，必底于大中。然生當叔季，未有能知其德美者。先生亦遯世無悶，日以著述爲樂，由是文公之言微者彰，略者備，離之者一，溷之者瑩，學者有所恃而不畔于聖人。先生之道雖不大顯于時，然紹前啓後之功，則有不可誣焉者矣！

先生家徽之休寧陳村，故宅在焉，族人以蕃。至四世孫王旬，居益貧，始不能自存，而爲里人所據。族孫彦威毅然率王旬之子洪白有司，請復之，知府事福山孫遇及巡按御史莆田陳叔紹相繼下令，俾縣官出公帑歸地于陳。而彦威又率族人性初等鳩材募工，建祠其中，每歲正月二日合族人行奠獻禮，復本先生意，以八月一日祭始祖鬲山府君，奉以配焉，蓋于今三十年矣，未有記之者。彦威之孫縣學生榮具始末屬之，敏政謝不敢當，請益堅，則憮然以告曰：

於戲！道未始一日忘于天下，而人之獲聞斯道，則有説焉。自宣聖「博約」之訓畀顔子，以「一貫」之説告曾子，而子思之「明善誠身」、孟子之「知言養氣」，後先立教，如出一揆。蓋知之真則其行也達，行之力則其知也深，兩者並進，如環之循，然後作聖之功可圖而道可幾也。去聖既遠，百家肆出，爲世大蠹，至程、朱氏而後絶學以傳。從事其遺書者，蓋多以聞道自詭，所謂知之真、行之力者，其孰可當其人邪？是固有非末學所敢議。而百世之下，號文公世適，則先生其人矣。或乃以訓詁之儒疑先生，是豈善論其世者哉？彼訓詁者，或夸多鬬靡而流于迂，或强探力索而習于鑿，或单詞隱語而入于怪，間有一二之得，亦所謂偶然之知爾。先生之書具在，竊伏窺之，其言約而義精，其文贍而味永，非有聞于斯道而充然其若此哉！不以真知爲學而指訓詁者爲知，不以達道爲志而推愿慤者爲行，是何足與論先生而究斯道體用之大全也哉？因先生以求文公，溯河、洛上窺洙、泗，圖無愧于兩間，固士之責，亦先生所望于學者。鄉邦小子，尤不可不勉也！詩云「高山仰只，景行行只」，吾人以之；又云「毋念爾祖，聿修厥德」，陳氏以之。

祠成于景泰壬申之歲，力多出彦威，而榮能讀先生之書，後當有聞于時者，其追遠嚮道之誠出流俗遠甚，法當書之。性初以下，與有勞費者，悉附名石陰。

尚德堂記

文昌胡氏其先有諱大中者，本居饒之安仁，元大德中來主休寧簿，有惠政及民，嘗顔其退食之所曰「尚德」以自勉，顔之三日而得男，因以堂名名之。其受代也，民不忍其去，請留，家於縣文昌坊之東，遂占籍焉。再世有諱仕龍，以明經典徽州路教，當時士多賴以成者。顧有大異焉，自元大德至今弘治，上下百八十年中，四經回禄，左右前隣無弗罹者，而胡氏之堂獨無恙，豈所謂適然者邪？於是典教八世孫昭具其事請予記。

於乎！德，人之所受乎天以爲性者，尊之吉，棄之凶，聖賢之垂訓，一惟使人尚乎此而已。然理欲之辨交于心，學者昧敬怠之説，則知夫德之所當崇若樊遲者，曾幾何人？知尚之矣，而求足稱其名若南宫适者，復幾何人？跡是觀之，胡氏之所以勤其身、啓其家而獲乎天者，豈非難哉？

或乃謂天下胡氏多祖公滿，以爲有嬀聖人之後，疑名堂之義嫌於僭且夸者，亦大不然。夫聖德固不易以窺，然求所以入德者必自顔、孟始。顔子發「舜何人」之言，所以廣學者之自小也；孟子致「不如舜」之憂，所以警學者之自沮也。夫豈不嫌於僭且夸，而兩賢者言之若此哉？予故竊有進於胡氏者，使敬足以勝怠，理足以制欲，則天之所以性于我者可以漸復，而爲善人吉士之歸也可幾矣，豈徒諟之於目、熟之於口而曰「尚德尚德」云乎哉？先正有言，天之報施於人，莫大於知愚賢不肖，而世乃以貧富貴賤、得失利鈍爲言，可謂悖矣。

胡氏之先，嘗有教養之澤于吾鄉，食其報而未盡也。昭世其儒業爲里塾師，力學不已，乃思白其先德于無窮，其志尤可嘉者，故輒記之，且以勖其後之人焉。

治績亭記

聖朝求賢與圖中外之治非一途，然莫重進士甲科，士之出此者，自元臣碩輔至百執事之列，大抵多自好以有立于功名之場，視他途盛焉。我憲宗皇帝成化初注意守令，以天下治忽繫此，而令於民益親，詔吏部擇進士爲縣。數十年來實號得人，省臺之選相屬于道，若吾休寧，則已四更其人矣。

蓋自陳君以庚寅歲至，至五年召入授南京刑部主事，俞君以乙未歲至，至六年召入授監察御史，歐陽君以辛丑歲至，至五年復以監察御史召，張君以丙午歲至，至四年有奇亦以監察御史召。每召命之下，山川草木與有榮耀，父老童穉聚觀歌呼，以爲聖天子不遺遠外而從大臣之請，垂念民牧子惠有勞，故湛恩稠疊，賁兹下邑如此。於是耆民金希傑等合長厚之民鳩帛布，市材甓，構亭邑治之東，伐石請文，以上侈天子之明命，下昭令君之治績，不鄙見屬。

予不佞顧當屏斥之餘，病伏山間，才氣孱耗，不足以發揮盛舉，而畎畝微忠，實私以爲聖朝得人慶，莫能終辭焉，因序其事而紀其下方曰：

陳君名寓，字時安，寧德人，故大司寇林莊敏公之甥，起己丑進士。俞君名深，字濬之，新昌人，故少宗伯欽之從子，起乙未進士。歐陽君名旦，字子相，安福人，故宋少師文忠公之族孫，起辛丑進士。張君名錞，字汝器，定州人，近貳文水令鵬之子，起甲辰進士。凡其宅心端、其律己嚴、其涖事勤恪、其聽訟明審、其督賦均平，與夫優崇儒學、敬共祀典、延詢耆艾、約束公人、恤鰥寡、弭盜賊諸善政，雖不必盡同，而要其歸則無不同者，一出於保護名節，求不失所以爲士者而已。

於戲！窮經將以致用，用不本於經，則或師心而入於不情，或任術而流於不誠，其弗至於政舛而身躓者寡矣，烏在其爲士哉？四君者皆起經術，學優而仕，類能以古之循良自期許，故十餘年間顯有成績，後先相望，以不負進士之科與先皇所以慎簡民牧、丕圖治理之意，是誠不可不記之，俾賢者因之而益勸，不及者聞之而有警也。

陳、俞、歐陽三君已別有紀述，兹不贅。張君承三君之後，其政甚勤，其心恒以不得民是懼。巡按御史趙君英上疏乞旌異之，事下，未及報而召命來矣。蓋君之獲乎上者如此。君筮仕休寧，恒有似續之憂。居無何，得四男，議者又以爲其政之平、心之恕，殆於是有可徵焉者乎！希傑等請附書之。是爲記。

展墓圖記

弘治庚戌歲，錦衣衛千户李君玠上疏言：「先臣太師文達公賜葬南陽鄧州刀河之原二十有二年。臣不佞備位禁近，不得以時展省，心惕焉弗之寧。惟聖主賜告，俾少遂其孝思，不勝大願。」章下兵部，請如令，詔可。

君以是歲冬至鄧州，嗣歲春敬詣墓下行禮，牲牢在陳，奠獻有章，親黨偕來，郡官畢集，山川草木赫有光輝。行者擁路，瞻者咨嗟，連數里不絶，以爲希闊之舉，始見自今。君又上推其世，走奠其先大父少保之墓于紫金山之陽，又上及其先江川府君之墓與宋、元以來祖墓于長樂林及光化之蒿堰，皆行禮如太師之儀。且率僮僕履丘壟，整塋垣之頹者幾處，葺亭室之隳者幾所，畫其兆域而還侵地若干，撫松檟而增新木若干，親畚鍤以倡工，捐金穀以勞衆，不遺餘力，悉還舊觀。而鄉人念文達公之勳德，方請于朝，秩諸公祠。君又協力有司作新廟于城巽隅，堂寢廡門，輪奂有嚴，纓簪珮珩，像設如法。蕆事之際，陰消日明，神靈顧歆，上下胥説。乃退而與郡官父老親戚友朋飲讌彌月，告别祠墓，束裝還朝，取道新安，訪予南山之下，出圖相示，請記其上方。

予受而嘉嘆不已，曰：於戲！是亦足勸于世之爲人臣子者矣。惟我文達公以河南鄉試第一人舉進士甲科，事宣皇、英考、憲宗，首六卿，進三孤，在帝左右，典機務，贊宥密，格心之功、佐王之業視古大臣無讓。而休休樂善，汲引忠賢，爲列聖燕翼之謀，未始有毫髮傷人害物之舉，措天下于治安，還士風于忠厚，蓋自天順以來一人而已。主上重其功而備飾終之典，鄉人慕其德而有烝嘗之託，去世彌遠，風烈彌著，是豈權位勢力所能爲哉？矧二惠兢爽于時，其伯曰太常少卿，而仲則君也，受學家庭，負有奇略，用公蔭及累樹功于北邊授錦衣百户，進千户，識達之明，建立之果，後此名位將不可量，而展墓一事尤足以占其忠孝之大端，非一時豢養自好者比。天之報施善人，不於其身，必於其子孫，觀於文達公及其嗣人益驗。

予少從公遊，公不鄙而妻以子，譾劣無似，負知爲深。見公子之奮發英特，克世其家，蓋瞠乎莫能爲役，而廢斥之餘，抱病經歲，文氣卑弱，筆力萎凡，其何足與發揮盛事而增重于斯圖也哉？

不瑕堂記

知東陽縣事祁門蔣公秉彝之謝政里居也，年屆六十矣，歲正月一日，寔始生之辰，客有合其友二十二人將舉酒于堂以賀之者。公固辭曰：「倫不佞耄以去官，又不慎于言動以弭菑警，愠謗疊生，爲玷孔多，是奚足賀？」客曰：「不然。不容何病？不容然後見君子。古之賢聖未有不罹愠謗于當時者。以文王之憂心悄悄而詩人歌之曰『烈假不瑕』，周公之維音曉曉而詩人歌之曰『德音不瑕』。聖若文王、周公，亦何瑕可指？而不免于辱且讒焉，下此可知也。然愠謗生于小人，公議定于君子，故詩人之言出而天下後世爲善者弗怠，爲惡者弗敢逞焉。彼巧於避謗而苟禄自安者，鄙夫之長也；媚於銷愠而竊名自嘉者，鄉原之良也。吾何取于斯人？而吾子亦何病之！有請以『不瑕』名子之堂，因以爲壽焉，何如？」蔣公謝不敢當，曰：「此聖賢之事，小子何足識之？」

於是客介其友一人來休寧以告予。予嘗聞蔣令之名也稔，則諏其詳。客對曰：「蔣公性莊重勤恪，出文獻之後，其父曰武忠君，奇愛之，遣從學今亞卿康先生之門，以春秋薦于鄉，作令東陽，政聲出諸縣之右。既而謝歸，端居自適。有男六人，有孫三人。其男之長者曰光，紹公之志，受業于庠。」

若公群行，亦可謂有常者矣！而憂愠謗之來不受賀，蓋慎之也。然則古之人年愈高、德愈卲而躬愈下者，殆蔣公之謂乎？夫瑕，玉之疵也，假使有瑚璉圭璧于斯，精純㮚温，孚尹旁達，可以器宗廟、瑞諸侯，而青蠅污之，則蠅之罪也，豈玉之罪哉？君子亦自玉其成而已矣。昔公明儀謂「文王我師」之言出乎周公，非欺我者，真後學之法守哉！而蔣公謝不敢當，過矣。斂者亨之基也，伸者詘之隨也，故曰「他山之石，可以攻玉」。吾知蔣公將有得於聖賢之緒餘而膺上壽、集遐福，自今伊始。庭階玉樹，亦將森然無少玷缺，以昭公之德善于異時，可知焉。然則名堂之意甚善，輒書以畀之。

客爲汪表，其一人來休寧以告予者爲程啓，皆祁學之彦，光之友，而啓則近出予族云。

桂巖書院記

戴氏居婺源之西桂巖里，其先曰彦亨君，當元之亂嘗糾義旅捍一鄉，主將上其功，畀鎮撫之秩于閩。非其志也，弃歸，創書院于桂巖之東，延師以訓子孫，割田食之，曰：「國兵新戢而文治興，我後人當世業此無廢也。」其子道謀、孫希英奉訓唯謹，然歲久而弊，弦誦中輟。希英之子善美當成化辛卯力修復之，浮梁族人侍御君珊實紀其成。而善美猶病其隘以陋也，間與其子瑞、珉、瓚暨其孫銑之爲儒生者，議希英君有廢宅在里之翁村，境幽勝而材尚堅好，養士居業，於是爲宜。乃募工撤而新之，爲堂十有二楹，爲門屋十有二楹，兩廡各六楹，衡以畝計者四，縱倍之。中一室，祀彦亨君暨道謀、希英兩公；左爲書樓十有二楹，以庋書；右爲私庾十有二楹，以藏穀。樹其隙地，繚以磚垣。浮梁族人參政君琥爲作「桂巖書院」四大字刻其上，仍議割田供費，以畝計者二十〔二〕，而私庾之材甓，則亦出于道謀君之嘗所遺者也。書院之教，一遵白鹿洞規；私庾之藏，亦放社倉遺法。至於四時之祭、合族序拜之儀，則雜用家禮及鄭氏世範。經始于丁未秋八月，落成于冬十二月。以銑之從予游也，請續書之，用詔來者，久未之應。而弘治壬子，銑上南畿秋試，中尚書第三人，書院之名益暴，乃克記之曰：

君子之學，必本諸身心，然後可推之一家以及一鄉而進施於邦國，顧其出于天而垂于謨範者，非養之有定所、居之有定業，則亦豈是自遂而達諸聖人之道哉？我兩夫子嗣聖傳于千四百年之後，徽國文公繼焉，蓋嘗有志復黨庠術序以還隆古之盛而厄于厲禁，識者憾之。國朝龍興，學遍海宇，列聖嗣統，率心于道化百餘年，儒風丕振，書院之作數有聞，士之出以用世而助成治理者不無其人焉。若戴氏此舉，豈非興起于先正之風而然哉！矧我文公實出婺源，膏馥所漸，最先且邇，求所以誦習其遺書而服行之，不知其要，可乎？居敬所以立本，精義所以通用，蓋聖學肯綮所宜交修而不可闕焉者也。人誠至此，則淵乎其有得于心學，粲乎其有啓于身教，享其先則孝乎，萃其族則仁邕，周其鄉則惠流，推之邦國，豈外是哉？其有裨于興道善俗，不亦大哉！豈徒曰修復其先業、侈觀聽之美于一鄉一時而已？

善美君嘗大發粟助官賑饑，恩授承事郎，有子六人、孫曾十餘人，而銑最秀穎淳碩，所以顯其宗於異時者，當不負其學云。

友恭堂記

凡愛之理施之下曰友，施之上曰恭，施之無當而以友爲恩、恭爲諂者比比也。惟兄友其弟，雖篤而不曰恩，弟恭其兄，雖過而不曰諂，豈非出于天典民彝之定則有不可易焉者哉？自干戈琴弤之事出而恭義乖，鴟鴞、狼跋之詩作而友道缺，後之人得以藉口，曰：「大聖且然，況齊民哉？」然中世以還，愚若普明而知感，幼若文舉而知讓，則所謂天典民彝者，果終晦于利、放于慾而不足與爲善哉？新安陳氏居祁門石墅者曰宗遠，友其弟本清甚篤，本清亦嚴事其兄，邑人嘉之，題其堂曰「友恭」，舊矣。曰程時勉者，始具其事來休寧請其說。予亦嘉之，而語之曰：

懿哉！其所以名陳氏之堂者乎。彼堂之喜名者，或以貴侈而張其榮，或以家世而施其矜，或以物玩而取其適，皆具焉爾。夫堂者所以承先澤、禮賓賢而走集乎子姓，非燕私之室可比，宜有大書，常目在之，庶可以垂法戒、詔仍昆，豈直以示觀聽之美而已哉！昔者「考室」之詩奏于落成之際，其首章願其爲兄弟者「式相好」而不相猶，論者以爲善頌，則茲堂之以「友恭」名也，其所謂善頌者歟？孔子有言，「惟孝，友于兄弟，施於有政，是亦爲政」，蓋不仕而有仕之道焉。今宗遠推其一家之愛，入粟于官，預活民之功而膺冠服之令，則茲堂之以「友恭」名也，其所謂亦政者歟？

予雅聞宗遠，且重名堂之義，故推本愛之理出于天典民彝之定則者以爲告，俾知友恭亦人之常事，非由外鑠，而思以圖其終焉，則宗遠兄弟遂爲陳氏百世壎篪之倡，斯堂之焯然于後來也，其孰禦之！

宗遠名潾，曾大父曰思學，號德星，大父曰汝彦，號慎密，父曰振文，號養心，皆事儒學，有行義。至宗遠益以孝聞，所業不出耕讀之外，蓋一鄉之良士。堂作于弘治三年冬十二月二日，題其名者今禮部侍郎康公永韶，而時勉與予同族，於宗遠爲親家云。

竹窩靜趣記

古之達者於植物中多好竹以自標置，或居之而以爲可友，或無之則以爲俗而不可醫。蓋竹誠有可好者，至其所適之處，則惟靜者知之。迨中世不然，雖有竹而莫知其可好也。

莫知其可好，則有俟其長而戕之，課園丁之利以甘鼎俎供器用，其不知竹也甚矣。

若吾汪時春氏，則又不然。時春家竹甚盛，結竹窩其間，每掩扉謝客，嘯傲終日，挹清風于溽暑之候而莫知其炎，撫勁節于雪虐之際而莫知其寒，蒼翠之色足以清目，琮琤之聲足以清耳，嗒然虛心足以相契，有不知竹之爲君、君之爲竹者，因題其居曰「竹窩靜趣」。

一日過南山竹院，請曰：「夫子素有癖於竹者，其爲我記之。」予不覺鼲然謂曰：「夫竹一也，其何與於人而受其好惡哉？惟人之性，靜躁不同，而趣亦異。故靜者以爲可友而其趣也長清，竹之遇也；躁者以爲可物而其趣也長下，竹之裁也。由是觀之，植物且然，而況人乎哉？」時春於是，其所適之趣將有不求人之知而求知於竹焉者矣，竹亦將幸其遇之有合而以時春爲己歸矣。

雖然，靜之爲趣，不可宣也。宣而名之，安知不有哂之者曰：「竹有何好？而公等乃好之若此其酷哉！」吾又恐古之以竹相標置者，亦且有不免于今之譊譊者矣，而況我輩乎？

予於時春有内外兄弟之好，而其大父尚古先生博學勵行，隱不樂仕，惟鳴琴咏詩，適趣于恬澹靖逸之境，故時春得諸家庭而却紛華、守儒素，其所好遂與予同如此。「好天良夕，當策杖携壺，逕造竹所，擊琅玕之節，歌淇澳之章，與子訂歲寒之約，於此君爲永好焉，何如？」時春起謝曰：「可哉！」是爲記。

懷德堂記

德者，人之所得于天而具于心，散于萬事，懷之則爲福，棄之則爲盭。然有己德焉，有先德焉，有嗣德焉，皆不可不懷之也。懷之何如？亦獨於己德而思以進，於先德而思以紹，於嗣德而思以啓，則庶幾爲福而不爲盭焉爾乎！吾邑查以華氏於所居之北構堂爲進脩之所，名之曰「懷德」，屬予爲之記。

予考查氏譜，其先自歙黄墩徙休寧瑞芝坊，至諱文徵者仕南唐爲工部尚書，謚宣公，生五子。其長元方，仕至殿中侍御史，生道，爲宋龍圖閣待制，以孝聞。其次元規，生陶，爲秘書少監。陶生拱之，歷官尚書職方郎中兼權中書舍人。傳十三世至惟聰，有子三，曰德軒、怡軒、介軒，鼎足以立，爲鄉善人。而思靜翁者，尤以齒德名，則介軒之玄孫、以華之考也。自尚書至以華凡二十有二世，上而祖考有以基其始，中而一身有以承其緒，下而子孫有以綿其業于無窮者，孰非斯德之相爲流通也哉？宜其名堂以「懷德」而常目不忘之也。

《詩》云「毋念爾祖，聿修厥德」，言德之出乎先者；又云「予懷明德，不大聲以色」，言德之出乎己者；又云「欲報之德，昊天罔極」，言德之啓乎嗣者。蓋聖言之昭晰炳焕若此，而查氏有焉，豈非賢哉？查氏之後登斯堂，瞻斯扁，仰而窺焉，念祖德之可繩，退而處焉，患己德之弗稱，勉勉孳孳，惟日不足，則福日臻，釁日遠，則查氏之族益盛而斯堂之名益暴，將俾懷義者慕，懷利者警，豈不大有益于風教哉？以華出衣纓詩禮之胄而篤于孝友之行，予嘉其志之知所本也，遂書記其堂。

務本堂記

祁門程村之族曰弘者以叔大父事予，嘗請記其家之務本堂，予病未能也。休寧孔道，弘每以事還往，必過予請焉，將再朞矣。而予疾少間，乃克語之曰：

「務本」之義，美矣，大矣。惜予不足以發，而又不能終嘿于吾子也。「自天子以至庶人，皆以修身爲本」，身一修而百行從之，人豈可不知乎本之爲務哉！務之云何？亦獨曰重其所重，急其所急，如此而已。夫德本藝末，吾德之務焉，德成而藝可爲也。義本利末，吾義之務焉，義舉而利安所逃乎？彼輕其所重，緩其所急，惟藝之業而利之求，是皆所謂不知本者，思能有所立於世而號爲吉人良士，烏可得哉！如積土之基愈大則山可成，如培木之根愈厚則材可冀，然則程之族人與後之子孫登斯堂、繹斯名，勤勤焉尚德秉義以修其身，所以副名堂之意而爲程氏之望者，將不在於斯乎！德藝有貴賤之分，義利有君子小人之辨，其幾甚微，其科甚嚴，而不知本之爲務，可乎？吾告子不踰此矣。

程村之先與予同出梁將軍忠壯公之後，忠壯傳十二世曰逍遥公纂，其曾孫百之始自歙篁墩遷開化白沙、北原，百之孫琬則程村始遷祖也。琬三世孫壽當宋時爲貴溪學官，始以儒發身而迪其人。壽五世孫天禄始入田于頤真道院，以奉其先之祀。類皆知所爲務本者。天禄七世孫存德，則弘之曾祖也，其族益盛。祖汝靖丁家之變，能拓其先業，不替益隆。父彦禎思力學亢宗，不幸早世，母李氏，守節以終，事載實録。而弘美器宇，敦行義，能孝其親，事其叔彦禄如父，與其四弟甚友，誨其三子甚力，視「務本」之名，則其志可知，他日以才諝入仕籍，當不忝其世云。

留春軒記〔三〕

中世以來，鄉里之自好者新其居，率製佳號大書以顔之，蓋出于銘座之遺。或以爲未足，至請于君子識之、歌之，發其義焉，則又近于考室之頌。雖名之者若襲，識而歌者若贅，然人之自淑與君子之所望於其人以爲善，則寧有已哉！

休寧葉君志道世處城北，嘗一新其室堂，有軒焉，挹蘿山之勝，環植花竹，蓊鬱葱蒨，芬香襲人。君坐而樂之，題曰「留春」，識而歌之者蓋多矣。君復請于予。予於君居同邑，相還往，不能辭，則告之曰：

人之所得乎天以有生者，仁也。而仁之德在天爲元，於時爲春，見于經者可知也。然庭草之留，傍花隨柳之樂，知其爲春而加之意者寡矣。君乃取而專之乎一軒，孰不以爲囍哉？顧予竊有進於君者。且君之燕處乎是，賓禮乎是，子孫之承養乎是，家人之奔走乎是，其亦將有所思以求副乎斯名者乎！使吾身之所得乎天者和而不盭，所資乎賓友者睦而不爭，所教詔乎子孫者順而不悖，所服從乎家人者輯而不譁，煦然以養，陶然以樂，則將鬯之爲五福，薰之爲百祥，而所謂「春」者，庶乎其有得矣。有得乎春，則求仁之道不外此矣。夫「留」有二義焉，本其身言之則有弗去之義，本其後言之則有貽謀之義，能存諸身而弗去，則有所貽以爲其後之謀者必遠。昔龐公之於子孫稱人皆遺之危，己獨遺之安。仁，固所謂安宅者歟？温公稱積金、積書不足遺子孫，而以積德爲久計。「留春」，固所謂積德者歟？矧君壯年拾遺金不受而歸其人，鄉閭莫不高其行，今七十餘矣，貌澤神腴，類有道者。兩子皆克家，而諸孫亦多秀穎，爲諸生，葉氏之盛，其兆于斯軒之名而弗爽乎！

予嘗登君之軒，愛其有城市山林之勝，爲留終日。然多病之餘，才謭詞絮，不能如古之善頌者，稍自附于銘座之義，用以副君之請焉。

校勘記

〔一〕進則如郗林之所對　「林」，四庫本作「詵」。

〔二〕以畝計者二十　「二十」，北大、國圖、臺博本皆作「二十」，似有漶漫；臺圖、南圖、四庫本、篁墩程先生文粹卷七作「三十」。

〔三〕休寧陪郭葉氏世譜附録此篇署：「弘治四年歲次辛亥秋九月中澣賜進士及第中順大夫詹事府少詹事兼翰林院侍講學士兼脩國史經筵官致事同邑程敏政書。」

篁墩程先生文集卷十八

記

徽州府婺源縣重建廟學記

徽之婺源儒學重建廟學成，學之師生相與走不佞請記，以詔來者。謝不敢當，請益堅，則斂衽復曰：

自虞、周建學，逮今餘三千年矣，學記一篇，尚見戴氏，後世之紀學事者，孰加此哉？徒見贅爾。自堯、舜以至孔、顔，又至周、程，而文公朱子生婺源，道化所漸，比於鄒、魯。後世之課學本者，孰加此哉？徒取僭爾。雖然，生朱子之鄉而復其遺規，亦不敢不竭所聞爲吾人誦之。

夫上之育才，與士群居而受之師者，何學哉？程子有言：「言學便以道爲志，言人便以其聖爲志。」今之人有志于學聖者，孰不謂之妄乎？然亦弗思爾。士之希聖猶射之向的〔一〕，而中否存乎人，惡有舍的而從事于射者哉？太極肇而兩儀分、五氣布，人眇然得之以生者，而聖人者獨可以參天地，何也？盡其性也。人失其性而後視所謂聖者，不啻天淵，然則上之育才與士所以自養者，舍性何以哉？夫性之德具于心，心之爲物也易放，而其要括之一言曰學；學之爲術也易舛，而其要括之一言曰敬。心非若異端之掃幻即空者也，必具乎寂感；學非若俗儒之洽物守陋者也，必兼乎博約；敬非若異端之一于攝念、俗儒之工于稽狙者也，必貫乎動靜。凡此，皆以復吾之性。而敬也者，聖學始終之樞紐乎！推而極之，積而不已，則其體天德，其用王道。用有小大，而吾之所養者殆無施不可也。

自堯、舜以至孔、顔，又至于周子，其所謂學者蓋如此。乃吾窮聖性之原，究心學之妙而歸宿于一敬，則程子發之，朱子闡焉，實有功于聖門而有大惠于來學者也。生朱子之鄉而爲師者以教，爲弟子者以學，其志之所存，亦將有出于斯焉否乎？執所業以應上之求者，無閡也，反躬踐實，加之意而得失利害不撓焉，庶乎此道之不孤，而學校之興爲有益哉！避贅之嫌而不告人以老生之常談，懼僭之罪而不勉人以希聖之大志，自暴自棄者也。儒宮鼎新，共學伊始，竊願與吾黨之士樂成而究心焉。

若其學之興仆，自宋以逮皇明，具有記。其仆則多以回禄之變，莫甚今兹。今兹所建者，大成殿十二楹，戟門二十八楹，兩廡五十楹，神厨宰牲房二十四楹。在西明倫堂十二楹，門屋二十八楹，兩齋四十楹。在東三賢堂、會饌堂、藏書閣、射圃亭、師生廨舍及諸庖廩祭器，次第就緒。繚以高墉，悉用磚石，以備不虞。肇工于弘治辛亥某月某日，訖工于是歲某月某日。

主兹役者，提調學政監察御史王公鑑之、知府李公延壽。承委者，同知甘公昭，而通判王公惟哲、推官李公珍皆協力焉。府檢校楊君忠、績溪知縣高君梁繼署婺源，咸與有勞。今知縣事常君濟亦作興是念，而前丞李君應鍾、今丞石君俊、主簿曹君亮則受分委者也。獎助相成者，清理戎務監察御史吕公某、縣人按察司副使汪公進、知府汪公奎、通判孫公冠暨義民陳原方等五人，而鄉貢進士汪嵩、王壽暨耆民汪思立等七人典其出納尤謹，用底于成。請記者，教諭姚君志仁、訓導潘君紹、朱君貞。貞蓋文公十世孫，以特奏來職教事兼奉祠云。

竹南書舍記〔二〕

流塘去予南山不一二里而近，予每行溪上，見西南山蔚然深秀，有竹林高出若一島然，人輒相指曰：「此詹氏世居也。」恒欲一徑造看竹，不果。已而識其彦曰貴存中，存中喜問學，尤善爲古近體詩，因相還往。佳時良日，命車出遊，若斷石村、古城巖諸勝處，率在流塘上下，必存中與俱，倦則必望流塘抵宿，酒酣論詩，意甚樂也。

一日，存中指其屋後山上竹曰：「此植嘗經燬而益茂，僕於衆卉中獨愛之，近爲屋數椽山麓，謂其在竹之南也，以『竹南書舍』名之。僕樂遊建陽，每瞻禮考亭遺址，窅然有高山景行之思。而建陽，書産也，益購古今圖籍以歸，置斯舍中。展卷而長吟，則此君之聲戛然不已者，若我和焉；掩卷而沉思，則此君之心洞然中虚者，若我契焉。蓋僕之有得于竹者如此。幸夫子記之一言。」予曰：「不能也。惟我先世發跡篁墩，而南山竹院予熟憩者，近復得北山别墅，竹益蕃，而吾曾不能吐一詞以重此君，乃欲爲子記竹南之居乎？」存中曰：「是有説焉。蓋聞之人情多不暇于故常而有得于新見，夫子無靳也。」則告之曰：「古之人有取于物者，豈徒充玩而已哉？將藉以爲輔爾。夫竹，節勁而不屈，色青而不艷，故比德于君子。若其用之可貴，則小足以備器物，大足以供簡書、調律吕，非他草木可比。子之隱于此也，讀書求志而不思其用之在將來者當何如，是未爲有得于竹者。」存中曰：「不然。人之所爲有立于世者，亦各循其分而已。僕生于斯、長于斯，其見諸用者，孝弟之外何所事其行，耕漁之外何所事其業哉？若吾竹之不生于市朝而生于山林，與山林士結歲寒之好而不渝者，其迹一也。夫子謂之何哉？」予不覺撫掌曰：「姑試子爾。雖然，子喜爲詩者也，他日當結詩壘于竹南，刳新籜之粉，臨風擊節，與諸君子爲存中賦之。」

耕讀記

宋碩儒竹洲先生吴文肅公家休寧商山，其子孫率能守故業而藏其遺編，至于今弗墜，若雷亨君，則亦一人焉。君間以「耕讀」自名，其壻曰蓀田程陸來請一言記其事。余謝再三，曰：「耕讀之説，古矣。鄉先達若秋崖、師山二公所以爲吾人發其義者，盡矣。余復何言哉？」陸請之不置，則告之曰：

「夫凡世之以耕而讀者爲士之常乎？則因有偃然以『孰爲夫子』譏之者矣，有毅然以『不如老農』拒之者矣，夫若是，則將惡乎從而後爲得哉？是或一道也。荷蓧丈人，有激之詞；而夫子所以答樊遲者，陋其志也，豈謂稼之真不可學哉？豈謂后稷、阿衡之不足法哉？所處之地、其所值之時有宜不宜爾。君以詩禮之胄而生治世，獲與擊壤、載芟之人誦先王之詩書，樂有生于畎畝，以『耕讀』自名，宜哉！」

陸又進曰：「君少涉江湖，今老矣，伉儷無恙，子孫有成，且年皆六十矣，僕將以是壽之，何如？」曰：「可也。耕讀之樂，又何間乎？若郤缺之相敬，龐公之遺安，率見録于古之人爲美談，則吴君夫婦聯德偕老而以是壽之，不亦善乎？或以爲郤與龐公皆貧而耕讀者，君富人也，不得擬之。然予聞君雖富而尚義秉禮，思自好以副文獻之後，君子人也。夫若是，安知其不追而與之同邪？然則君之寘意于耕讀者，固將兢兢然杜其侈靡之習，警其非僻之念，不特勤其身，又將以示法子孫爾，豈必服襏襫如東皐之農而後謂之耕乎？事鉛槧如兔園之士而後謂之讀哉？」

陸起拜曰：「是誠得吴君之所以自名者，且如先達之説，未始不有發也，請識于堂，使後來者有考焉。」

李源書院記

李源書院在祁門邑東五十里，今徽郡儒學生李汎彦夫之所剏置也。李氏世居李源，因姓其地。源之人多業儒，至彦夫尤力學，有聲場屋，其志蓋不止此也。乃於所居之西百舉步，闢地爲樓十二楹，購古今圖籍其上。東西兩廡各八楹，廳事十二楹，花卉之屬，咸以位置，前鑿小渠，引活水其間，種竹數百竿。又前爲碧照亭，亭下隨地鑿兩半月池，蒲柳交翠墻外，引水環之，爲橋以通往來者。澗上曰鏡山，萬木森然，下照水中，蔚有殊意，亭因以名。亭右有圃，圃中爲蓮池，結草亭以供吟眺。此書院之大凡也。彦夫以其父景瞻君嘗給田二十畝資其學，不敢私，作倉二，儲粟以膳其族子弟之可教者，同志往還，亦取給焉。彦夫以嘗學于予也，來請記其事。

予觀天地間，無適非道，亦無適非學。學者徒溺于常，駭于所不可及，其去道遠矣。水哉之嘆，鳶魚之察，庭草川花之樂，夫豈遠於事而有所謂道哉？誦説之與弦歌，藏修之與游息，一也。動静交養，顯微不二，知道體之流行者，無一不備于己，而大倫大法，初不外是，豈非善學者哉？事佔畢、假聃竺而曰我學在是，斯胡子之所謂非襍即陋者也。

或曰：「無適非學，固也。然必有所從入。敬者，入道之樞也。今驟語夫道之大者而遺敬，豈初學事邪？」此大不然。敬者，主一之謂，非終日危坐之恭而力不得自安者也。當弦歌而弦歌，當息游而息游，取足以制吾情、養吾氣，縝密而不拘，優柔而不疎，夫然後見諸誦説藏修者，可以精義焉，可以育德焉，積之恒而居之深，理既窮而詞亦達，其於道也幾矣，此善於持敬者也。彼以冥晦入息爲非敬者，非也。敬何適而可離哉？彦夫之書院，美矣，所以廣其考君尚學之心而爲其族人子弟計，遠矣。予恐來者疑其多臨觀之樂而歉于專心壹志之功，故語之以此，他日以所學起而取大科、躋顯仕，未足侈也。知道在天地間，無一不切己而不敢溺于常、駭于所不可及，俾其學足以淑身而用世，使人稱曰：「是真紫陽夫子之鄉人。」其始無負于斯院也夫，其亦無忘于斯言也夫！

重修仁王院記

我高廟混一初，嘗命官考正祀典，而釋、老二氏之宫獲存者，視前代不啻十之一二，若徽之休寧，計其額幾以百數，而獲存者四焉，其嚴如此。然又私以謂當時亦姑欲損之云爾，廢者何咎，存者何功？比勘休寧故志，而後知令甲之非出于適然者也。

休寧所存者四焉，其一爲仁王院，在縣北二十五里，其鄉安樂，其山萬松。蓋自唐咸通六年釋惟諒者始，乾符中釋道淵號正覺子悟國師始請于朝，得賜額曰「護國仁王之院」。宋寶祐三年，釋紹堅撤其弊而新之。勝國元統中，釋静惠、上智廣銑者以撫衢及徽郡僧官，前後住兹山，值歲旱，禱而雨；至正中連旱，邑人汪教諭一麟兩奉檄禱，立雨。迹此觀之，則當時所以存而不廢者，庸非出于斯乎？自洪武以來，院日就圮。天順中，釋德善再起新之，屋宇增崇，像設有嚴，亦多出于鄉人好善樂施者之助，然未有紀之者。今嗣釋明道恐久而蹟湮，乃詣南山勾予記。

夫佛學之得失與祀法之應否，在先正已詳，不必論。予獨見天下釋子之宮，多據名山，故佛乘其靈，多顯蹟。爲其徒而食其所出者，多材士，否則亦苟然而已。蓋山靈有等差，而佛與其徒隨之爲高下，殆亦出于理之所有者，非歟？若仁王之佛恒主兹山，出雲雨以澤吾民于艱食之秋，功載郡乘，其存而不廢固宜。若惟諒、紹堅與德善者，居其地，食其所出，其材卒皆足以有爲，而吾人或難之者，其仆而屢興也亦宜。

或者聞予言，以爲佛一也，而絲棼之山川著于祀法而參之以佛，無乃舛于禮乎？是殆不然。佛猶龍焉，龍固有能變化、興雷雨以澤物者，亦有豢于人而爲其所醢者。仁王之佛，殆所謂龍之澤物者歟？佛猶尸焉，古者夏郊以董伯爲尸，周公祀岱嶽以召公爲尸。尸固無常也，仁王之佛，殆可以爲山之尸者歟？或者以予言爲然，曰：「子之説不獨可以幸一邑之爲佛者。」因書以畀明道，俾刻之，庶後來之人嗣其業、享其成，知兹院出于高廟所不廢而著之令甲者，其意主于濟歲拯民而已。凡鄉人預有勞費于兹役者，悉附名石陰。

靜軒記

婺源汪君坤字文厚，以「靜」名其藏修之軒，蓋顧名思義而求副其父師之教也。不鄙予，授簡俾發其意，將揭之以自警焉。

予聞聖人於易之乾明聖人之學，於坤示賢人之學，其義廣且大矣。然坤道可一言而盡，曰靜焉爾。履霜而不忽，含章而不露，括囊而不言，内直而外自方，美中而文自見，戒其亢争而利在永貞，大抵多靜之義，宜文厚之有取乎此而奉以周旋也歟？

雖然，坤至柔而動也剛，至靜而德方，疑靜不足以盡坤之義而學之偏勝也，奈何？是大不然。動靜不可相無，而靜者動之基也。靜有所養而不昧，然後見于動也有所恃而不舛，烏有置其心于糾紛膠轕之中，而可以酧酢事變者哉？故周子曰主靜，程子以性靜爲善學，學者烏可不首事于靜邪？靜之何如，必從事于中庸之「戒謹」、「恐懼」，大學之「誠意」、「慎獨」，體之以柔而濟之以剛，方至于德成而業修，則所謂賢人之學而其積之也厚矣。由是其行可以不疑，其出可以有終，其處可以無咎，其含弘可以成物，其餘慶可以裕其後之人，謂其非靜乎得之而克有是哉？文厚勉之。

汪世居婺源浯溪，本越公之後，至文厚之高大父春坊司直貞一先生爲國初名臣，蓋有志于聖賢之學者。文厚之父贈監察御史宗煜府君生四子，其長子成都太守文燦公，復以忠言直道有聲于時。蓋文厚於父兄間得相師友，靖重簡默，思淑其身以世其家如此。予子壎實太守之倩，故於文厚親且稔，而記不以辭。

休寧縣蓀溪程氏忠壯會記

我先世祖梁將軍忠壯公以禦翦捍難、保境全民之功，在令甲則有祠，在子孫則有會。會之在休寧，若蓀溪程氏，其一焉。會之約，歲輪一人爲之首，以孟春望前二日忠壯始生之辰，合族人爲位于家，行奠獻禮。禮畢，序長幼，飲福而散。蓋自其族之諱浩遠者始。浩遠之子泰亨又將申定規、立常貯爲遠圖，而具其事以記請。

夫祀之有會，莫知其所從起，然易萃之象曰：「王假有廟，用大牲，吉。」象曰：「萃，聚也。」會因放于萃之義而爲之者歟？禮：立春祭先祖。儒先曰：立春之祭，似祫。祫，合也。會固有近于禮之所謂祫者歟？祫之名通于諸侯及大夫，而先祖之祭又伊川夫子以義起，則忠壯之會行于孟春，固起于義而非所謂僭者歟？然則聚一族之精神以假祖考、攝衆志，豈徒豆籩之絜豐、飲食之充溢而已哉！是必有大焉者矣。覩先祐之巍巍、後胤之蟄蟄，與其勳猷德業、文章節義之表表見于譜而有光于忠壯者，何如哉？誦其言，踵其迹，俾出者爲聞人，處者爲良士，與諸族相高，庶斯會之無忝也。不然，會之名雖佳，而其實則藐焉未之有聞，亦何取于會哉？

譜：忠壯十四世孫澐，唐御史中丞歙州都知兵馬使。中丞三世孫迪，宋休寧簿，云二子，長大公諱碩，次察公諱照，同居邑之山斗。碩生行仁，行仁生諸四，再居蓀溪。而浩遠去諸四則十六世矣。成化中，予作統宗譜，會者四十四房，山斗子孫自祖其所自出，而蓀溪以事不克會，故泰亨奉其所藏至正譜請訂於予。予訂之，良是，因續其派以合于山斗，畀譜一編，而又記其忠壯之會如此。

嗚呼！世之人方寶田籍、重逋券，或致禮于非族之祀，徼福于老子、釋氏之宫，醵金鳩廩，日遑遑而不爲怪也。其有能究心力于世譜、先祀若蓀溪程氏者，亦何可多得哉！因併書之，以告後來者。其受譜之詳，别見予所識云。

筠谷幽居記

朱君彦榮所居休寧城北松蘿門下，折南以西，草徑盤迴，樹林陰翳，而竹尤盛。蓋雖邇闤闠而不聞喧，當藴隆而不知暑，因題其屋之楣曰「筠谷幽居」。予時訪君，輒坐語終日，曰：「此非逸人隱士之所樂以終老者邪？」君一日過山中，請記。予謝不能。不可，曰：「子之先世曰篁墩，子之所常居曰南山竹院，又近得竹林清溪上，善居竹者宜莫如子矣。請必無辭。」則告之曰：

竹之爲物，所以排風雲、傲雪霜、比節君子，爲昔賢之所愛而詠嘆者，不容贊矣。贊之徒見其贅爾，亦何足以軒輊君竹哉？君之先出宋侍郎子淵之族，嘗獲觀其所受誥牒及賜葬處，規制巋然，更代猶存。蓋徽國文公實同所出，而侍郎顯高宗朝，與韋齋相後先。今所居猶宋第也。閥閱相承，不替益隆，過之者尤相指曰「此侍郎家也」。顧君不以此相矜詡，欿然若不及亨園林之勝而名之「筠」，處城郭之中而號之「谷」，生軒冕故家有輪奐之美而於所居命之「幽」。其高情遠識，蕭然有逸人隱士之風，而不與馳騖者競，是誠宜記哉。昔文公所居有雲谷，谷之中有竹塢，皆杖履所經，爲藏修息游之地。其見于記、于詩者，可徵也。然則所謂谷與筠者，君家固有之。有之而不副其實焉，可乎？視筠之節以勵己，視谷之虛以受人，視居之幽以習靜而遠俗，若是者以勖君，何如？

君起謝曰：「可矣。」予從子塏委禽朱氏，故予得與君游，嘉其志而記之，又從而歌之。歌曰：「有緑者筠，蔭斯谷兮。彼居之人，媚幽獨兮。」又歌曰：「有深者谷，蔽之筠兮。孰與之居，彼幽人兮。」

君聞之，喜而擊節和之，三終，遂命侍史書寘之壁。

壺天秋月記

葉君孟奇所居在休寧城北朱紫巷，華搆新啓，甲于一隅。又取其直前隙地一方數畝，周以堊垣，中爲一軒，鑿池其下，環之石闌，因以「壺天秋月」名之。祁門李生彦夫雅善君，爲請一言記之。予於孟奇亦善，亦每過其軒。蓋嘗有詰君者曰：「『壺天秋月』之名，美矣。然不以日而獨有取于夜，不以他時而獨有取于秋，無乃不廣乎？」予曰：「不然。君子之所得，不于其恒于其暫。恒者其常，暫者其變也。春草之夢、夜雨之詩，因一時之感而千古以爲美談，何哉？善取其變。而安常處故者，不足以知之也。君之與客觴此軒也，偶值夬涼秋永夕、水空月明之時，撫纖塵之不驚，奉一盃以相屬，金風徐來，沆瀣交下，天景劃出，妙與心期，有不知軒之爲蓬壺、方洲而遺世獨立者矣。此其所以名軒而善取其變者歟？」

或曰：「孟奇家號饒裕，又嘗旅于四方，蓋日不暇給，而又以專『壺天秋月』之名爲己有，可乎？」予又曰：「不然。君子之所得，不以其境以其人，不以其名以其實。若孟奇者，孝友之行乎于鄉，且倡其族爲敬宗修睦之舉。而周窮賑乏，捐廩弗計也。好客而慎交，遇賢人君子，必延致，請益不倦。雖不有壺天秋月之境，而其人可書也；雖不署壺天秋月之名，而其實可與也。況兼其境與名而有之者乎？雖然，人身一壺天也，人心一秋月也。達人觀變，有得于言表，則所謂境與名者，固無待于外求，亦何必取足于一軒而後爲得哉？」或者憮然曰：「夫子之言，進于道矣。請書之軒以壽孟奇，俾得覽觀焉。」

梅竹軒記

臨溪吳君尚質構新第于舊居之旁，闢一軒以處。軒之前後梅竹森然，君玩而樂之，因以名之。其婿程文杰者，予族子也，爲言君之爲人，嘗與之賦詩矣。心以爲未足，請廣其説。

予久不能爲之辭。蓋梅與竹，在江南家有之，非難致之物，而其高標雅致出乎古之人愛重品題者，亦略盡矣。君則何爲有取于是哉？中世以來，文勝俗靡，起居服食之間無不求異乎人者。若軒齋堂室之扁，其尤也。

吳以豐碩名其鄉，至君益盛。當華構鼎新之日，宜有佳稱以自標榜，而獨於梅竹乎取之，亦惟從其實焉爾？跡是觀之，則君之行己處家、接人應事之際，務實而不求異于人，豈不從可知哉？雖然，君之所爲務實者，豈苟焉而已？實者，吾所有之恒德，而人之不克有者恒鮮。觀于梅以自潔，則有以愧夫世之污不廉者；觀于竹以自植，則有以愧夫世之懦不立者。是雖謂之異乎人，可也。然豈求異于人哉？吾又見梅竹之經見者，不以韻而以材，不以華而以實，與後世詩人文史之論梅竹亦異。蓋其大者，必可以協箾招之奏，供鼎鉉之調，而後足貴也。豈徒寫烟梢雨葉之圖、吟水香月影之句，取足以充玩適情而已哉？

凡新居者，必以頌，古道也。故竊意吴之後，必有興者，書以記之，而取徵于是軒。

挹秀樓記

休寧邑南四十里曰蓀溪，蓀溪有程氏，自山斗徙而來居，三百年矣。程氏之彦曰泰來氏，嘗建樓二十楹于居之東，虚其中以禮賓客。高明爽塏，雄冠一鄉。一日，與其友黄景初、吴雷亨及其塾賓吴以傑憑虚四顧，見山之秀而蔚然以峙者如揖，水之秀瑩然以環者如帶，烟霏出没，魚鳥泳翔，林巒高下，一覽可以盡得之。於是三君者舉酒相屬曰：「壯哉斯樓！請以『挹秀』名之。」越翼日，託以傑來請記。

予曰：「是未可記也。」俟好天良日，駕巾車訪蓀溪之上，登其樓，覽觀其勝概而後執筆焉，可也。」會予有召命，則語以傑曰：「吾不獲登斯樓，尋盟山水間求一日之樂矣。然記烏可已哉。夫山川之以『秀』名者，物産不足以當則鍾之人。蓋得其清淑之氣者爲才行、爲文學、爲藝能，得其長厚之氣者爲壽康、爲富碩、爲多胤。理勢必然，不可誣也。休寧邑南數山水之秀者，蓀溪與焉，而程氏實鍾之。程氏居櫛比鱗，次于山之椒、水之滋，而斯樓獨擅之，則斯樓之以『秀』名也，將以昭程氏人物之盛，豈獨挹之而已哉？」

泰來之父浩遠亦智士。有子六人，泰來行七，孝弟有聞，知尚義秉禮之爲貴，而産益充。泰來亦有子六人，率負幹局，分綜其門務之勞。而泰來豐頤偉髯，老而益健，非鍾其山川長厚之氣久且多，而克有是哉？雖然，山川之所以爲秀者，不但此也。泰來之孫、曾宜數倍于今茲，則所謂清淑之氣，當不有鍾其人而顯于世，燁然爲斯樓之光，與山川相峙而高者乎？景初家五城，雷亨家商山，於泰來有姻戚之雅。而蓀溪之程，予同姓也，故記以貽之。若其山川之美，厭飫之餘，臨風賦之者必盛，當悉置樓壁，以俟予晚歲乞身南歸，與諸君登而評焉。

時習齋記

國學鄭君萬里自以其名鵬，因號二溟東人，間諗于予。予曰：「不可。是莊生之寓言爾，非吾黨所宜自命也。」君請更爲「時習」。習者，鳥數飛也，其義於鵬亦近。則又諗于予。予曰：「善哉！是可居子矣。」君因名其齋，而以記屬。

夫魯論二十篇，首學之一言，然必繼之時習者，豈伸其佔畢而已乎？蓋朱子之所以釋此學者炳如，而人莫之省也。夫學以復性。性者，受之天具于人之一心。心苟放焉，則雖效于人而妙似之，亦何益于我哉？出入無時，而操存舍亡于瞬息反手間，可畏如此。此學所以貴時習。而中庸之「戒慎」、孟子之「收放心」，其說一也。故善學者，必首事于言動，加謹于念慮，内外交養而窮理以輔之，力行以終之。則天之所以相畀者，向雖不能不敓于外誘，一旦炯然來復于我，善益充，學益熟，其中心之喜，何啻楚弓之獲、趙璧之完而已哉！朋來而樂，世不我與而不慍，斯爲君子人矣。積而進之，體備用弘而純亦不已之妙，亦可馴致焉，豈非時習之極功也哉！

或曰：「時習者，窮理事也。在大學爲『格物致知』，子何得反之？」嗚呼！是心學之晦，而誦朱傳之不審也。古者小學之教嚴，人生而爲治性、養心之地者，蓋什八九矣。故大學以「格致」爲始教，俾因其已知者而益明之，以求致乎其極云爾。小學既廢，則人之爲性早已鑿矣。而遽先之格致，是猶水之原未浚而汲其流，木之本未培而擷其實，未有不涸而瘁焉者也。然則後世之學，豈不勤勤于時習之訓，自以爲勞且得哉？高者墮于訓詁，卑者梏于詞章，而古人所謂性學者微矣。老、佛之説，烏得不横流于世，而幽闇高明者胥爲之陷溺哉？

鄭君與予家同郡，元師山先生之裔孫。其學有源，負氣節，恒思以聖賢爲師，故因其請而畢其所聞，願相與共勉焉。

古城書屋記

應氏居淳安縣西半里，曰古城。土僻而境勝，有園池之樂，無輪蹄之擾，蓋可居之地也。應之彦曰惟善君者，構屋數十楹，命子顧藏修其間，榜曰「古城書屋」。當是時，顧之孟兄顥歷官南京大理丞，而惟善君亦受恩命封御史矣。其諸兄焕、焞暨熔或長區賦，或綜其家之有政，巋然鉅宗，爲邑之望。顧其族日蘩，其舊之居日隘，至不可容，而惟善君亦捐館矣。顧遂與熔議，即古城書屋徙而居焉，時丙申季冬也，於今十有八年矣。而顧以太學生授山東陵縣司訓，以其昉居古城而有開業起家之責于將來，不可無紀，乃以記屬。

予觀世之人，凡卜居者，或喜近城市而取便于貿易，或樂就林畝以求足于收穫，皆以爲其子孫憂而圖永利者也。然商有時而斁，農有時而歉，則所以爲永利之圖者反失其故業，往往有之。若孟母之遷必近學宮，書以肯堂、肯構責人之子，豈非後世當法者哉？今應氏之父以書屋居其子，而子定居之，是固有得于孟氏之遺風，而能以堂搆爲志者歟？吾知應氏之居此者，以經史爲菑畬，以道德爲長府，出爲才官，處爲良士，老有養，少有教，無商斁農歉之足虞，則所以保此書、光此屋者，寧有既乎？

斯干之雅著于詩，輪奐之頌善于禮。蓋凡有所定居而落成者，誠不可以無紀也。矧淳安與吾徽接壤，順流而下，瞬息可至。他日南歸，當拏舟訪古城下，求其先之遺書而閲之，凡應氏佳子弟習詩禮而志堂構者，必益衆。吾將以是卜斯居之吉，而後賦頌之。是爲記。

香山永安禅寺觀音閣重修記

西山之刹以數百計，香山號獨勝。層樓疊屋，翬飛岌立于林巒紫翠中，若畫圖然。觀音閣據寺東隅，視諸閣尤峻。憑闌四顧，令人毛髮森聳，如將脱塵氛而與造物者遊，真天下之奇觀也。閣久漸圮，寺主左善世定皚東白嘗語中貴諸公，擬募修之。計兹役之不易舉也，太監李公興、陳公冕爲之上聞，詔賜内帑白金彩幣倡之。遠邇聞者，咸樂爲助。乃以弘治四年七月二十六日啓工，以明年某月某日竣事。觀音之閣，巍然復完，財力所餘，不敢私有。凡所居之狹者闢，缺者葺，敝者新，由是香山之刹視昔益勝。東白以是役之本于上賜與衆力，不可泯也，具始末請記。

予觀浮屠氏與諸公貴人生太平之世，受國異恩，往往能捐重貲以舉大役，思以祝上釐、造民福。事雖邈乎不可致詰，其心則亦出于愛君之常，無事乎記。獨其所以奉觀音大士，疑久無發之者，恐其徒亦未有見解，則不可無一言。

夫佛之爲説，弘肆演迤，莫之可竟也。惟觀音號圓通，其法以爲身之圓者弗通，通者弗圓，獨爾根圓通，可以普濟，非若目之所極有限而不足以盡弘慈至願也。佛之説如此。然西山先生真氏則直以爲寓言，作一轉語，以利慾熾然爲火坑，貪愛湛溺爲苦海。一清淨烈焰可以成池，一警省覺舡可以抵岸。災患纏縛，随處而安，無怖畏，將如械自脱；惡人侵凌，待以横逆，無忿嫉，將如獸自奔。西山之言如此。則後之登是閣、保是役者，即寓境而思寓言，所以祝上釐、造民福，將不有得于堂構、輪奐之外而怳然自失者乎！是殆不可無記。

東白常熟人，弘慈禅師玉碉清公再傳之弟子也，季方曇公與講經古儀縉公皆主是寺。古儀以傳東白，東白以傳左覺義宗銈，咸以興教贍徒爲己責。而東白讀儒書、習詞翰，憲廟時嘗被選入内廷，率衆書佛經，受眷賞獨優。蓋一時緇流號有材局者，必曰東白云。

勑賜廣惠寺記

崇文關之東十里而近曰深溝，實都城孔道，凡中外官僚之出入與計偕之士、輸貢之吏、兵民之漕輓、商旅之走集，往來之所必經。顧其地也下，霖暑不時，則泥淖轉甚，行者苦之。道傍古刹曰觀音庵，莫知所從起。天順初，有釋宗喜來，葺茅居之。浚井以濟渴，服衲茹澹，節縮其所有，則具畚鍤以崇其基，施衣鉢而易可食之田，餘二十年矣。

司禮太監黄公、司設太監覃公嘗奉詔有事于外，過焉，相與健其志而憫其成之艱也，乃各捐金相之。拓其地，宏其規，召工庀材，而遣人董其役。中爲大雄殿八楹，後爲大士殿八楹，左右爲伽藍祖師之堂十有六楹，前爲天王殿八楹。鐘皷樓各四楹，在中門之外。方丈八十楹，分峙于西東。巍然翬飛，爛然綺錯。輔之長廊，繚以大墉，爲山門三，爲石梁二。凡位像之設、經幢之飾、香燈之供，法所宜有者咸備罔缺，不踰時而得偉觀于荒墟灌莽之間，困者有憩，渴者有飲，祝聖釐而禱豐歲者有歸。其繕之精、成之亟，視出于公者，反有所弗逮。蓋民之宜佛如此。於是覃公具其事以聞。憲宗皇帝可之，賜名廣惠寺，俾宗喜爲住持。又以釋弘義爲僧録司右覺義兼住持，實成化丁酉春二月八日也。宗喜既即世，其徒惠清嗣之，始以記請。

予聞佛之爲教非一端，其大要則覬以普濟爲事。蓋凡可以救燔溺而拯疾苦，雖捐其生弗恤。故後世罹災負屈者瀾倒歸之，其教至數千年不替益盛。於虖！博施濟衆之説，堯、舜之所病也，而況爲瞿曇氏之學者哉？追惟先帝大聖至仁，恩浹海宇，雖一寺之建亦寵嘉之，至以「廣惠」爲義，其欲使天下之大，無一物不獲其所，從可知也。是不可無記。黄公、覃公在帝左右，貴富尊榮而能推利濟之心，捐所有以成茲舉，則申其功以告來者亦宜。黄公名賜，延平人，終于南京守備。覃公名文，廣右人，今掌御藥房兼惜薪司，仍督上林苑及南海子，爲國老成，委任益隆。宗喜嘗居西山崇化寺，有戒行。而惠清淳謹，能繼其業，圖昭其師于四方，事得附書。

禄養堂記

翰林編脩蔣君敬之將請假于上，省其母太孺人于湘源，乃前期告予曰：「冕不佞官史局、侍講帷三年，獲推恩，老母受顯封，而聖製有『永綏禄養』之言。拜稽奉誦，感激無已。敬摘以名我奉母之堂，幸執事爲記之，將歸壽以獻。」固讓再三，踰歲矣而請益力。則嘉嘆曰：

禄，天子所以養士，士資以養親，恒典也。敬之乃獨以之名堂，何哉？豈非侈上恩、昭母德而不敢以恒典例視之哉！敬之於是，知所重矣。太孺人出鎮南陳氏，歸河西令蔣公，壼内之行，號稱賢明。不幸中歲而寡，殫力茹苦，以成諸孤。敬之，其中子也，年十四舉嶺右鄉試第一人，擢進士，入翰林爲庶吉士，授今官，以文名四方，其有兹禄也無歉。太孺人壽幾六十，親教子而享其成，其有兹養也無愧。若是者，誠君子之所予也，而以之名堂示不忘，宜哉！

雖然，編脩今從官，所受者古中士之禄也。君子予之，非謂其子職之稱而親享之足樂哉？士實與名盭〔三〕，才不副其官，則上之人雖加以殊禮，禄之萬鍾，徒足以貽其親之不韙爾。綸綍在堂，湛恩汪濊。敬之時奉一觴拜起爲壽曰「此太孺人之教也」，太孺人亦將驩然盡觴而喜曰「吾誠安汝之養」哉！登蔣氏之堂者，企敬之之孝而仰太孺人之慈行，賢者益興，不及者益勉，則一堂雖小，而繫風教于一鄉亦大，豈直歸榮而已邪？

敬之才器清粹，志識沖遠，其功名日新，禄日榮。則其母壽日臻，養日豐，誠有如聖制之所期者矣。鄙文惡足以重斯堂？獨念敬之相與深，不可無紀。太孺人長子昇，與弟同年舉進士，爲南海令，以循良被旌異當召。季子㝵，治經儒學，亦有聲場屋間，堂搆之業蓋未艾云。

保翠堂記

凡宇中以「晚翠」名者，在植物爲松，范魯公所謂「鬱鬱晚翠」者也；在峙物爲山，子朱子所謂「翠屏晚對」者也。故世之人有矜晚節、介晚福者，必以是擬之。而吾友金君希傑乃以「保翠」名其堂，豈自以其家特殷盛，思保其所有于晚歲者邪？

金君世居邑南，爲巨室，好義秉禮，鄉人亟稱之。至君而産益拓、族益華，翕然一邑老成人。尤審交畏事，以豪侈爲不足道也。鄉飲行，有議及賓位者，人必曰金君。有司嘗署耆民聽一邑之訟，議可當者，人又曰金君。君每固巽謝不能，人必群起言部使者，部使雅君行義，亦每固强之。君終辭耆民，退處于家。其高風遠識如此。年七十，謝家事，付兩子，而以「保翠」名，有以夫！君間以記屬予。

予蓋嘗登君之堂，指其輪奐之美而嘆曰：「盛矣！當不思所以保之乎？」既而目其堂之顔，則又與客頌曰：「是誠知保之矣！」夫仁者樂山，故壽，而君子之節非松莫能媲之也。故松之後凋載于聖訓，山之不騫，詩人頌焉。既節而壽，在古爲難。金君思有以保之，將何如其保之邪？毖言行而使其名之不隳也，嗇起居而使其身之不疵也。夫其名之不隳，則可與勵世之貪得冒進者矣；其身之不疵，則可與警世之忘生徇慾者矣。然則後之登斯堂也，行其庭，有松焉，其翠蓊然可撫也；望其門，有山焉，其翠矗然可仰也。人以物高，物以人勝，則安知夫松之爲君乎，君之爲松乎？又安知夫山之爲君乎，君之爲山乎？蓋至此而後，「保翠」之義可以名鄉閭、憲子孫矣。

予雅與君厚善，故記之，又從而歌之。歌曰：

有晚翠兮，松之堅兮。君子保之，德履安兮。匪保其翠，保其節之凌寒兮。
有翠晚兮，屹彼山兮。君子保之，福履蕃兮。匪翠是保，保其壽之不騫兮。

是爲記。

天津重修湧泉寺記

我文廟入靖内難，自小直沽渡蹕而南，名其地曰天津，置三衛以守，則永樂甲申也。都北以來，兵備加嚴，地重事殷，無所責成。乃弘治辛亥，置按察副使一人奉理，置司天津。巴渝劉公首被推擇而來，適百度之弛也久，公悉厥心，以次修舉，爰先事城櫓，次及閱武場，次及學宫，不四三年，皆告厥成。

公以每歲聖旦令節及元會、長至四大禮，必先習儀于所謂湧泉寺者。寺止舊堂十有二楹，庳陋弗稱。且其前地狹，容僅百人，講肄禮文，多不能如式。方嶽入覲者，前期集此，或拜于舟中，展敬而已，莫可致力。公惕然曰：「是亦在我！」乃募工鳩材，拓地若干步，值他寺在令甲當廢者三，悉撤而用之湧泉。一爲正殿，一爲前殿，一爲伽藍殿，而移舊堂于後，爲具服所，僧舍則聽築於垣外。由是習儀之際，階墀高廣，宫宇靚深，儀衛具陳，冠裳就列。儼乎若六龍當御，八佾在縣。典謁者有所藉，而周旋入覲者咸得與事而免于苟簡。觀者嘖嘖，知禮之當肅也若此。於是三衛具寮書來京師請記。

惟公治天津，總一道兵刑之任，而無利權可展布，乃能節縮浮費，修城浚隍，簡戎器，葺樓櫓，興文教，使櫜鞬之士兼俎豆之習，屹然京師一巨屏。又以其暇日修兹梵宫，示人以禮。其施之有序、爲之有法，惡可不書之以告來者，俾謹嗣之而毋忘斯役之所自哉！

或疑釋子之宫非吾人所當起廢，是亦不然。彼徼利而干鬼神，破吾民之力爲異教者倡，是誠舛矣。今所葺者，特藉此寬閒清寂之境，伸遠臣敬上之至情，其奚不可之有？昔韓子謂浮屠氏有慕吾之道者，拘其法而未能入。今即其地與其廷修禮樂之容，明上下之等，設贊相拜起、陟降進退之節，秩乎粲然先王之制而昭代之所因也。安知不有如韓子之説可化其徒，使歸聖人之教者哉！是亦可書。

公名福，字天護，起進士甲科，屢更中外，以公勤練核著稱一時。其功名當益有大焉。是役也，董之者指揮周榮、千户唐玉，佐之者指揮倪雄、黄溥、吕昂。裝繪梵像者士人張俊民等。而主是寺者，釋某也，法得附書。

義塚記

山東按察副使太原陳公奉璽書飭兵備于臨清，一再朞境内輯寧，盗訟衰鮮，政益精明而有餘力。乃令于州曰：「臨清，南北之衝也。兵民襍居，商估大集，四方之人，就食日滋。不幸而死，無主者有漏澤園以葬。其有主而無地，或客死無所歸者，往往寄櫬釋、老之居，歲久若忘。甚之有畀水火者，暴骼露骴，行道嗟憫，寃穢所蒸，上干時和。自吾之來莅于兹也，得罪人所上公楮甚富，既以之糴粟賑吾人之生者，餘八萬有畸。其令知州事張𧶘易亢爽地河東西岸，各畝二十，繚以崇垣。井畫之井，方廣以丈，其隅對樹所宜木四，而中葬其一。櫛比棋布，使無相亂。置籍以記死者歲月，竪石以識其姓名。州邑竢遷改焉，各刱屋八楹，召僧二以守，立坊表之曰『義塚』，亦庶幾足安吾人之死者乎！其爲之毋怠。」張君聞命，奉行惟謹，悉本公志，不日告成。居者興感，聞者加額，謂公之固存恤亡，雖古仁人何以踰此。於是張君使來請記。

惟周六典，大司寇之屬曰蜡氏，掌國之骴禁。有死于道路，則令埋而置楬書其日月，縣其衣服任器于有地之官，以待其人。蓋先王仁政必窮民是先，故死遠外者主維周悉若此。其至恒思一夫之或失所也，而後世缺焉。治不逮古，豈一日之積哉！

陳公起名進士，歷監察御史，司刑外臺，能職思其憂，修復周公之遺法，廣聖天子仁政于一州，其賢于人遠矣！古之君子觀人也，由一事而占之，得其大焉。夫公楮不留以自殖而捐之人，俾生有養、死有藏，廉也。死者且矜恤之，而況其生有不獲焉者乎？明法訓兵，以刺貪刻、戢奸盜，俾枉者平、危者安，勇也。廉以基之，勇以出之，非志仁者，惡足語此？而陳公有焉，是可無書以告後之人而爲受詔分司者之義倡哉！

公嘗以是楮費重建州學宣聖廟甚偉，又造公宇六十四楹，養壯士五十，配以名馬，授之甲胄弓矢，日肄其間，而亭之曰蓄鋭。浚鹵井得甘泉，而亭之曰漱玉。士馬沾足，旁可及家食者，殆惠澤之徵也。以非與塚事，不詳著。

公名璧，字瑞卿，慎操履，喜問學，屢有正論聞于朝。更踐所至，不爲勢怵。懋勳碩畫，在異時有丞轄之望焉。張君河陰舉子，自知新樂來爲州，能副公託，以成兹舉，亦一時良有司，法得附書。

董子祠堂記

周衰道否，極于秦。至漢中葉，乃有董子。董子生孔孟之隣封，自其少時力學，至三年不窺園，遂究極斯道，獲有聞于坑焚之餘，西京諸儒不及也。蓋其論道之大原，出子思；分義利、伯王，合孟子；對天人三策，又有得于孔門體立用宏、微顯不二之義。致君三代，比跡伊、吕，誠有其具焉。顧武帝方喜征伐、求神仙，相公孫弘等而樂詼俳詞賦之士。有道如董子者，惡能舍所好而致之用哉？斥之以相王國于下邑，俾不得妨吾之有事，豈世運使然，亦斯民之不幸邪？尚論其人，雖兩程、朱子未始不推尊之，以爲度越諸子，采其緒言爲法于學者，可考也。

至元，道否甚秦，我高廟龍興，文運復盛。洪武乙亥，即從行人司副楊砥請，以董子侑食宣聖廟廷。憲宗又用輔臣言，追爵廣川伯。董子之道益顯。而廣川，實其故鄉，舊屬平原。平原，今德州也，有書院在儒學東，久廢。正統辛酉，知州事韋景元得石碣于廟廷東廡下，大書深刻「董子讀書臺」五字。急詢其故址，復焉。繼知州事王縉及分督庾事户部主事畢孝刱祠堂八楹于臺後，合鄉賢以祀，名之曰「聚賢」，則成化癸巳也。今山東參政林君、按察僉事鈕君行部德州，以舊宇圮陋，且位大儒于叢祠非便，請于巡撫都憲熊公，以命濟南府同知王從鼎，俾爲專祠八楹，寢堂十有二楹，門樓八楹，前後廂屋十有二楹，仍築臺樹故碣于寢堂下，作亭覆之。肇工于弘治乙卯孟夏，踰兩月落成。凡工料所需皆出規措，不以煩官。舍菜之日，士民大悅，以爲盛舉不可無記，於是兩君入賀京師，詣走以請。

走以謭學辭不獲，謹書之，俾生于斯、學于斯者，慨鄉邦之先哲當暴秦絶學之後，獨爲其難者，我乃優游暇豫弦誦之區，可致力斯道而忍自負于盛世邪？勖哉！其未達，如董子之志，毋燕游廢業；其既達，如董子之策，毋曲學阿世。又因以進于程朱，上窺鄒魯，以副我列聖主張斯道之盛心，庶新祠之成，不止于潔豆登、美輪奐而已。道泰之徵，由一州而占海内，可知焉。兩君之功，顧不大歟？

林君名元甫，戊戌進士，歷吏科左給事中。鈕君名清，辛丑進士，歷監察御史。並以才行推擇，起爲方岳。觀此舉，可知其政而得其人，是爲記。

校勘記

〔一〕士之希聖猶射之向的　「猶」，原作「尤」，據篁墩程先生文粹卷八改。

〔二〕休寧流塘詹氏家譜卷四此篇署：「弘治五年龍集壬子秋九月廿四日賜進士及第中順大夫詹事府少詹事兼翰林院侍講學士同修國史兼經筵官同邑程敏政書。」

〔三〕士實與名盭　「士」，原作「去」，據篁墩程先生文粹卷八改。

篁墩程先生文集卷十九

記

先壠碑陰記

敏政不孝，既奉葬我襄毅公暨太夫人于休寧東南山之原，迺號慟而識其襄事首末于碑陰曰：

先壠山起自邑西甚遠，至紋溪之南，聯岑複嶂，抵流塘山麓，隱然別孕一土阜，若古榦之新枿，蜿蜒出田間。過蜈蚣嶺，爲兩陂所阸而復紓，凡起伏數十。前走却顧，左蟠右迴，至南山塘，突然中止。圓岡殿其後，兩水交其前，則今穴是也。蜈蚣過峽之右，復孕一阜，佐正支以行，裹穴而北，若一玦内向。紋溪之水，與山俱來，直瀉如練，忽虬屈繞穴而南，越古城巖始演迤東注，然爲巖所障，不見其去也。升圓岡而望，四山環合，無少罅隙，一屏山適相拱焉。稍左一峰，秀插雲表。蓋吾歙人謝子期之所擇而定焉者也。

先公賜葬，以成化庚子七月廿四日。當是時，術者雲集。或以爲小成，或以爲全舛，或以甲寅向加艮爲非是。獨贛人曾守經與子期論同，而凡位置高下、增損通塞，一惟子期之聽。穴深七尺，土正黄。其半有鵝子石數升，具五色，光彩相射。其下土膏融結，若錦繡紋者尺許。遂作雙壙，虚其右，藏二栢簡、二油缶，以取驗後來。有目者知爲吉壤也。

葬七年，弟敏德謫官而卒。又明年，敏政被放歸田。由是議者鬨然，歸咎子期，以爲非改卜其家難未已。又四年，敏政被召還朝。明年，進秩三品。又明年，得次男。議者少戢。而太夫人棄背，以弘治丙辰正月六日奉詔祔于先公。值子期他出未歸，因別致諸山人。諸山人者復倡言「方位誠戾法，當有水且陰」，戒家人多置灰炭、畚锸、戽桶之屬以俟。敏政雖不謂然，實切内懼。爰先一夕親督啓壙，則有氣蓬勃上騰，其土若曝，甎若焙，栢簡尚新而不朽，缶油悉凝爲蠟而不敗。於是先公之葬十七年矣。衆共駭嘆，以爲地靈所鍾，不誣如此。若子期之爲術，精確明邃，亦豈近世所易得哉！

嗚呼！凡所爲擇葬者，欲親之遺體乘生氣、獲安妥而已，餘非所恤也。世之術者既不察此，又忽于郭氏之書與考亭、西山之論，一從事乎羅經，謂地美惡、人吉凶皆繫星卦方位之合否，附會傳習以訹人而牟利。敏政蓋深悼其非，而獨幸左見之定，以少逭不孝之罪于終天也，故詳著之，以告後人，且使聞者因鄙説而審于擇術，或可爲仁人孝子慎終之一助云。三月既望。

壽徵圖記

南京工部尚書胡公還政居淳安十年矣。弘治丙辰歲三月朔，壽當八十。客有以古壽仙圖上慶者，遣書抵京師，告走曰：「凡人之以詞壽公而各致其隆焉者，比比也。顧公之所以受知上下者，或未之及。蓋公以御史考績，都憲陳僖敏公書之曰『清慎公明』，太宰王文端公書之曰『勤慎』。初受勑則有『詳慎端方』之褒，再授誥則有『清慎』之褒，三受誥則有『清謹』與『全節』之褒。言無間于朝野、無間于久近，目擊耳聞，翕然一談，謂美之者非溢詞，當之者無愧色，公議確然不可易如此。」予職史氏，願書之爲公壽，而因以儆夫名實之不可爽也。

走家新安，往來青溪，必拜公于里第。竊窺其德容撝謙，詞氣淳雅，操履峻潔，將使夫側媚者自沮，淺薄者自慚，躁慢者自失，誠有如列聖所嘉與、前輩所許者。宜其享高年、備盛福，而爲之遠祝前期者未艾也。相昔畢公以四朝元老保釐東郊，康王稱之曰「惟公懋德，克勤小物」。仲山甫爲王喉舌，而吉甫美其令儀令色，小心翼翼，且以「明哲保身，夙夜匪懈」爲言。蓋古之君子進德脩業，孜孜焉不以老壯而異也。考公平生，自擢高第，仕中外，歷五朝，官大司空，典留務，恭勤畏慎，效法畢公，而明哲始終，比跡山甫，書所謂「吉人爲善，惟日不足」，詩所謂「瑟彼玉瓚，黄流在中」，其公之謂乎！矧今八十伊始，精力堅强，將由兹而九十以底于百歲，巋然偓佺之流、安期羨門之屬，如斯圖所繪者。有司因鄉射之行而問政，天子舉養老之禮而乞言，號壽俊于一時，稱人瑞于天下，垂盛美于後來，誠邦家之光也，豈直吾黨私慶而已！

客爲金陵貝珙，蓋公故舊子弟。而託爲之言者，吾宗人禮部郎中愈，亦公姻家云。

客星亭記

嚴先生祠之東，故有客星閣，久廢。弘治丙辰夏五月，巡按監察御史吴公至嚴州，進謁祠下，詢閣之故址所在，不獲，乃步度于祠之西，得地焉。秀爽殊勝，以語分守參議吴公及知府李公，曰：「懿哉！客星之名，惡可泯乎！宜易閣爲亭，以還舊觀。」咸應曰：「諾。」遂集材繕工，以是月經始，又一月亭成。丹堊巋然，上出雲際，下臨江滸，而境益勝。於是吴、李二公專書來，以記屬。

惟先生祠事，有范記與諸先正之論，備矣。獨客星之説載范史。或者疑先生於光武交布衣，一夕共卧，以足加腹，無大異事。天至爲之動星文以表異，無乃褻乎？予以爲不然。天人之際，甚邇也。道德勳庸，風節材藝，非常之人，天實生之。代不數公，況百世之士哉？先生當西漢末，避莽亂棲此，待天下之一遇光武之主，猶以爲未慊而去之，非其君不事也。侯霸亦先生故人，位三公矣。仁義阿順之語，凛然下飭，若浼焉，非其友不友也。先生之學雖莫知所從來，殆必有揆之中而安、放之遠而準、將與伯夷相望而興者，所謂非常人也。故一起居之間，天必示重焉。而或疑其爲褻，豈善觀天者哉？開東漢之風節，大有功于名教，孰謂其無徵哉？予既嘉諸君子起廢之功，記之，且著鄙見如此。後之有事祠下者，退而登亭，指釣遊之處，軼桐江之水，致高山景行之思，尚相與嗣葺之而無替焉，可也。

御史公名瀚，歙人，奉命按浙一年。公恪有聲，思以廉貪立懦爲己責，故於先生祠亭注意如此。予家休寧，每道河下，必瞻禮乃行。而釣臺孤峻，山路嶢峅，恒不克一登爲快。近吴、李二公爰先亭事，規措剗拓，去險即夷，凡四里餘，費鉅且勞，事得附書。吴公名紀，衡山人，李公名德恢，東安人，皆勤政宜民，故能副觀風者之志，表先賢以興士習，清治原，非世吏可及。是爲記。

慕親堂記

祁門西城方君克振以弘治丙辰之夏爲壽五十矣，里黨姻戚將舉酒相屬爲慶于其堂，克振黯然蹙頞而辭曰：「我先人負才亢宗，不幸年二十六賫志以殞，英時甫三歲。我先妣孀居自矢，年五十九抱節以歿，此終天之慟也。程子有言：『人無父母，生日當倍悲痛。』而乃置酒爲樂，何心哉！」衆共嗟異而罷。

克振舅氏程君用仁進而語之曰：「子之罷慶，是也。古稱至孝者，曰五十而慕，吾將以『慕親』題子之堂，以著子之孝，何如？」克振則又愯然歛衽而辭曰：「英聞在昔惟顔子有睎舜之説，我何人斯而敢當是？」

用仁曰：「不然。上有建極之君，則恒欲納民，嚮之以五福。夫豈以其分之貴賤、資禀之智魯限其所至而禁其爲善哉？孟子有言：『君子有終身之憂，憂其爲鄉人而不如舜也。』孟子豈爲是大言以罔天下後世哉？是必有道矣。故曰『雞鳴而起。孳孳爲善者，舜之徒也。反是而爲利，則蹠之徒矣』。蓋天下之事，出乎此則入乎彼，子豈可不自力于善利之間，而決取舍以副里黨姻戚之望哉？周子嘗有取于顔子之學矣，其曰『過則聖，及則賢，不及則亦不失于令名』。賢聖之士固不可企。乃若服田力賈而業詩禮，求不失其令名，爲歸極之民，以庶幾于舜徒，獨不可乎？」克振矍然自失，曰：「命英矣。請從事焉，以無負長者之教。」

於是用仁之子啓來休寧以告，請記之。予以其問對不舛于道，且用仁吾宗也，輒次第以授之。然則克振出入以時觀省，尚期由五十進于六十七十而底于期頤，求所以爲終身之慕者，吾將考德焉。

洞元觀重修記

祁門縣東一里有山曰祁山，高拔深秀，縣因以名。而洞元觀實據其麓。山三面壁立，中竅爲石室，曰青蘿巖，亦曰棲真巖，乳泉出焉。考之圖經，蓋漢將梅鋗故宅。唐大曆中置觀，曰龍蟬。宋太平興國中改通玄，又改洞元。相傳有孫元明者於此仙去。元至正末悉燬于兵，殘甓斷礎，無孑遺者。

宣德壬子，道會周允中與其徒方志良始言有司，募工修復。薙荒而勝，剗險而夷，贖其侵疆，拓其故基。爲玉皇樓八楹，紫微閣十有六楹，三清殿八楹，東寮十有二。像設有嚴，鐘鼓在御。置田立籍，還其舊規。而允中卒，志良爲道會，益嗣葺之。既老，則以付其徒鄭碧鑑。碧鑑以兹役之不克竣也，殫智畢力，節縮浮費，告所還往，助者益衆；而前知縣事御史曹君鳳、今知縣事韓君伯清，皆憐其志，佐其費。遂爲四聖殿十有四楹，東廡十有二楹，方丈十有四楹，祖師堂十有二楹，道室二十有二楹，過廂庖屋十有六楹，鐘鼓樓各十有二楹，又爲獨秀樓八楹。高者翬飛，下者鱗次，金碧焜煌，丹堊鮮好。而凡爲闌、爲墀、爲街道、爲坊表，咸以文石，堅緻如法。蓋自成化庚子抵弘治乙卯，十有五年，而洞元之役始告厥成。於是碧鑑因予族孫啓來休寧南山以請記。

夫世之號有起廢剏始之功者，非其人志之堅、行之恒，則不能以有成。幸而有之，類必爲肖子、爲能吏、爲服采幹方之臣，不可得也。而碧鑑一方士，無所承于家、藉于官，以其獨任之勇、積久之力，成偉觀于一墟，繼前功而丕振，非庶幾乎志堅而行恒者，其孰能之？彼有所承藉而反忽於其所當爲，至無以副其前、倡其後，予固惜碧鑑之功，有在此而不在彼者。後之人，撫忠賢發跡之地而想其破秦拯民之烈，徇羽人巖棲之志而企其遺塵高世之躅，重前代祝釐之意而仰戴我列聖咸和並育之澤，益堅其志，恒其行，心碧鑑之心而俾無替焉，可也。

碧鑑家邑南塘，司徒傳之後。弘治九年歲次丙辰秋九月望日。

義路亭記

歙溪南吴以時過予，請曰：「以時之姊氏適歙信行汪元玘，中道而寡，無嗣，有女一人，歸故少司馬新墟吴公之孫潛。今且老矣，恒自念曰：『吾不幸不及終事君子以畢養于舅姑，然治家弗敢怠也，歲計益豊。顧世之人喜從事釋、老之宫以覬身後之福者，吾不欲爲也。吾少時歸寧，則見信行至堨田路，值霖潦即濘淖沮洳，行者甚苦，吾甚念之。』因語以時，俾召諸佃傭，募良工，伐琵塘之堅石，甃爲長衢。肇以某年某月某日。告成，突者夷之，凹者實之，如練之紓，如砥之平。路以里計者八，金以斤計者三十。又爲亭以俟行役之倦者休焉，往來之人無不嘉嘆，爲名之曰『義路』。」而以時以記爲託。

夫以孀居之姥而憂人之憂，不出户而號召揮斥以成大役，此非奇男烈士之所難能者哉！「義路」語見孟氏書，言義，人所共由，如路然，不可踰也。後之人，履斯途、憩斯亭也，爲女婦者可自省曰：「彼一未亡人爾，乃能推其夫子之所有以恤人，矧吾輩處順境也，可弗求自力于義以贊家政乎？」爲男子者可自慨曰：「彼一巾幗人爾，乃能捐所愛以公利濟，矧吾冠圓履方者也，可冒非義務相競以取譏里黨乎？」然則一徑雖小，而所以繫勸懲者，亦不可無紀也。吴、汪皆歙之鉅族，而吴氏之父曰斯隆，舅曰廷郁，尤一鄉長者，家範有素，故吴氏之所植立過人如此。若其行之懿、節之堅，他日當有綽楔旌之、彤管書之，兹不預道也。

竹窗記

凡人情景之所適不在于瓌麗偉大之觀，而恒得于卒爾偶然之頃。睹逸態之駿發，聆天機之自鳴，躍然于心，囅然于面，而嗒然于口，視所謂瓌麗偉大之觀，直若枝拇贅疣，無所用之，而人亦莫能與知也。柴桑處士把鞠于東籬，康樂公得句于池塘之春草。是二物者，何地無之？山籬野塘，又非有臺榭位置之巧，而兩翁得之卒爾偶然之頃，喜極忘言，謂終身不可復置，而畢天下之情景不足加之也。高情遠韻，翛然出塵，千載之下，惡能識之哉！

吾邑孫君以德所居汊川有竹二三百本，一日獨坐窗下，見竹之清陰羃窗間，微風徐來，金摐玉鏘，其直節挺然，又若介士元夫相峙于前，顧而樂之，曰：「有是哉！天下之情景，莫踰此矣！」乃顔其所曰「竹窗」。聞者多爲之賦詠。久之，君出遊金陵諸勝處，隨所寓而揭斯名，蓋不能忘情也。從子儒學生茂請予記之。

夫君之居汊川也，堂階庭戺之間，嘉花異卉之植，瓌麗偉大可以娛四時、勝一鄉者，固足以樂之不厭，乃獨有取于竹，而又有取于窗之下，何哉？其情景之所適，殆冥會于東籬之蘜、池塘之春草，而君亦莫能以語人也乎。陶、謝之事尚矣，然竊有感焉！

予家篁墩，中歲居南山，有竹一園，適與窗對。方竹之未盛也，啓窗閲之，惟恐其不猗然也。邇歲以來，竹日以盛，陰日以繁，翳我疎櫺，恒不見日。且老目昏矣，展書而不能讀，伸卷而不能書，每至窗下，索然而返，苦竹之蔽也。君窗以竹而樂，予窗以竹而戚，則天下之情景，其有所適、不適，又繫其逢焉，不可一律也。他日策笻訪君汊川上，坐此窗下，擊琅玕之節，從諸君子賦詠，取新籜而書之，以爲君壽。雖不敢與陶、謝爭能，然情景所適，得之卒爾偶然者，留以備一時故事，獨不可乎！

訥庵記

訥，非不言之謂，謂不敢盡其所有餘爾。古之人必有取于訥者，非行不副之爲懼哉！言顧行則慥慥君子矣，行不掩其言則嘐嘐狂人矣。鄒、魯之遺訓如此。訥，誠學之首事，而終身不可忽焉者與？

祁門汪君叔玉以「訥庵」名久矣，門人子弟與予還往者爲求發其義。予不及識汪君，聞其人端恪靖慎，寡訾笑，凡事一于禮法，不苟止而妄隨，殆其質之近訥也。父疾亟，欲多畀之田，資其學，君頓首固辭曰：「瑨兄弟四，業宜均，不可以獨厚。」兄球；仲琦没，無嗣，嗣琦以中子，亦不私其所宜得者，舉以均其季瑞。

君早以春秋鳴邑庠，從講授者多取捷科名，顧君乃屢舉弗第，以貢授訓導定海，升教諭新安。所至本經訓，立條約，以身先之。學者多服從。而君以親老，在洛兩年，即請致其事。上官留之，弗獲也。跡是觀之，君豈一于不言者哉！春秋，聖人之律書也。王伯之分，夷夏之别，正譎功罪、褒貶得失之際，衆論蝟興，不一也。而君於是經考詰問難，不底于犁然不已，成教于一鄉，又成教于兩邑，曾謂訥者能之乎？當義利之辨則力辭田于父，再却貲于弟，毅然不貪，非訥也；行宦達之途則急親之爲養，雖挽留之不可，翩然請罷，非訥也。蓋君之爲學，必有所見于行而後言之必可覆其行者也，非不識訥之爲義如釋子之瘖、老氏之默而後爲得也。

君年七十矣，力其學不衰，視其家皆治。其配程與君齊年，有靜專之德，二子洋、溢皆執業守禮，不敢譁焉，殆習君之教而然乎？昔師尚父年八十陳丹書于武王，爲銘其几曰「皇皇惟敬」，而繼之「口生垢，口戕口」。衛武公年九十猶箴儆于國中，其抑戒之詩曰「慎爾出話」，而「白圭之玷」之喻，至使人三復不能已。然則古之人年彌高、德彌劭者，其要亦不出此。君由七十以抵八十而九十，固將心尚父、武公，而以一訥爲歸宿之地乎！鄉之人款君之廬而誦鄒、魯之書者，宜知所擇矣。

予不佞嘗以言獲咎于時，誠有愧訥者，今踰知非矣，故不辭而爲記，諗于君且以自儆焉。

重造休寧縣廳事記

休寧縣廳事肇造于丁酉之歲，後十二年戊申始建元洪武，迨弘治壬子，則一百三十有六年〔二〕，其弊甚矣，乃請于朝而復作，作未完而三山李公以丙辰秋至，踰歲而完焉。以予縣人，屬記其成。

初，李公之來，見廳事起而未之飾也，廳後之正己堂欹未整也，儀門未修也，門之外有東廊而西獨闕，堂後之東北有秋水亭故址，荒塞不治也，則喟然曰：「以是壯縣而舉諸役，何有？乃若未遑焉者，弗爲耳。」爰注于心，日規措之。凡所需丹堊、鉛黃以暨木石、甎甓之屬，不兩月而川委雲集。度可舉事，則庀匠氏，傭庶工，繪廳事，竪正己堂各八楹；葺廳事之東西廂若庫各十有六楹；儀門屋八楹；西廊踵興，與東相媲三十四楹；作亭故址，畚土濬池，仍宋額曰「秋水」，以虞政暇而休焉。由是環其治所敧者正，闕者增，高者翬飛，密者鱗次，蔚然而彩張，岌然而鼎峙。勞不及民，費不勤官，百年之廢興于一旦，非李公之才充惠乎，誠不足致此！

予考縣志，休寧境餘二百里，户口十七萬有畸，殆與古子男之國相埒也。而堂宇頽焉弗之理，豈所以示出政、涖民之重哉！惟丁酉首事爲六安徐公弼丞也，門之葺爲山陰杜公貫道，正己之扁爲雷陽周公德成，秋水亭之立爲宋丹陽葛公勝仲，而壬子之請，爲清苑高公忠，皆令也。以肇以繼，雖出前令，而李公實成其終，庶不績焉，後之人可弗思乎？登堂則因己之享而思民之失業，退食則因己之佚而思民之作勞，憩亭則因己之樂而思古遺愛之在民者，求與之齊焉。如此，則斯役之成，庶於政乎有益，非徒以準時制、備職守而已。

李公名燁，字文輝，成化壬辰進士，歷知秀水、錢塘二縣，以績最召拜監察御史，賢聲翕然。乃坐事謫武平衛幕，未始以夷險介意。其治休寧，靖慎廉平，視民如子，規措所成，乃緒餘之一二，非能盡其所展布也。起而司專城、佐藩臬、入臺省，蓋有日焉。而愛尤在于休寧，不可以無紀。公垂意學宫，嘗斥僧地規爲講堂及鄉賢祠，而夏紋溪橋以石易木，工費尤鉅，皆力任之不沮。予每稱其仁者之勇，事當各有述，兹不贅。凡僚吏及耆民之與有勞者，附名石陰。

祁門縣重修平政橋記

徽郡在東南萬山間，地斗絶，水自高瀉而下，若建瓴然。當其平時，可揭也，一經霖潦，則不崇朝而水暴至，激鬬迅奔，勢若排山，操渡者少失尺寸即覆溺相踵，故度其匯流孔道而橋焉。然水駛役鉅，恒難于久，民病之。而有司數更代，視簿書不給，又遑卹此哉！

祁門，徽屬縣之一，縣東有橋曰平政，刱自勝國，興仆不常，而脩于我朝洪武元年戊申，蓋知縣宜春余侯寶也。迨弘治元年戊申，一再甲子矣，橋之弊也滋甚。有釋法通募衆爲之，費尠力孱，成而復毁。值江夏韓侯伯清來知縣事，過而嘆曰：「古之人憂民之憂，視有溺者猶己溺之，而况受其直、任其責者哉！是誠在我，不可以緩。」乃首捐俸之入以庀工，親往規畫，而民之尚義者勃然子來，助惟恐後。百需川委，取給無飢歉，爰命法通及耆民三人司貨之出納而董其役。以乙卯四月肇工，畚土疊石，爲隄于橋兩旁，減舊石垛之一而爲七，長爲丈二十有四；形南正方，北小掮而剡其上，以殺水怒，高去水幾二丈；架巨木爲梁，設闌檻爲唇；左右而構亭隄上，使行者無恐，勞者有所憩。踰月告成。由是居民脱險而夷，去危而安，歌嘯驩呼，頌侯之德，請記于予。

予觀事之成毁，民之休戚，恒有數存其間。若斯橋之再興也，適丙戊申之歲。而今兹之役，又必待韓侯之來乃克成之，則祁人蒙休，將自兹始。然竊因是有感焉。橋之得名，非出孟子之説乎？而孔子於子産目之曰「惠人」，稱其有君子之道四，聞其卒出涕，曰：「古之遺愛也。」意子産之以輿濟人，蓋不忍冬涉之艱，偶一爲之爾，豈所以盡其人邪？世至戰國，士益卑，政益陋，非極論以拯之，則人知取足而已。故孟子之所言者，政本也；子産之所爲者，仁術也。充子産之心而進于孟子之説，斯政平而仁不可勝用矣。

韓侯誦法孔、孟，以掇科入仕，有不究心平政之説者乎！矧以公勤材敏稱于時，而於鋤奸惠民、興學養士尤力，兹橋固仁政之一端也。遺愛所存，將有大焉。是爲記。

重修龍宫寺記

休寧邑南三十里有地曰藍田，藍田有寺曰龍宫，始唐天祐二年，興仆不一，而名見邑志，不泯也。令不得擅興佛舍，而凡古刹得不廢。於是有音祥者，當國初來住是寺，傳其徒福勝，福勝以傳德琮，德琮以傳文高、文成。寺漸以壞，乃募財力而新之。作大雄殿八楹，左爲土地祠，右爲真君祠十有六楹，中爲法堂八楹，東西爲方丈十有六楹，前爲門屋，後爲庖湢之所二十有四楹，輔以脩廊，繚以崇垣，畢工于成化戊子。以今計之，蓋三十年矣。里人黄景思年九十餘，嘗有功是寺，謂文高之徒法華等曰：「斯役之工費甚鉅而不紀厥成，將後來者何所徵以嗣其業于永久？盍圖之？」於是法華等具其事來謁記。

予觀四方郡邑志，凡寺宇多起唐天祐中，考其時國危如綫，而佛宫遍天下，可慨也。豈上之人素所重者在此，故雖叔世益崇奉之，以覬其祚之復興乎？抑諸鎮皆有監軍使，相與爲此而不恤其下之不堪命乎？歷宋暨元，或因或革，有不暇論次者矣。我高廟龍興，凡諸小寺悉隸叢林，由是佛宫之減什九。列聖嗣統，恒用議臣言毁新寺，獨恕其舊者，蓋不忍一夫失所之霈恩也。而龍宫寺獲在古刹之列，得重修以嚴其所事，獨非幸歟！

雖然，予則有進于其人者。佛書謂水行莫如龍，陸行莫如象，能負荷大法者比之象。然則寺之以龍宫名，或以此邪？予不及遊是寺，而閲法華所獻圖，實幽勝地，大溪出其東，古渠環其西，渟蓄瀰深，殆龍所窟宅而寺因以名，又未可知也。使爲其徒者能相戒以事其教而承大法于己，又能禱而獲豐歲于人，則己之居是寺也無慚，人之出財力以新是寺也無負，否則，兩失之矣，可不勉夫！

同知寧國府事姜公去思記

弘治十年秋八月，同知寧國府事姜公用吏部言，擢知廣西之慶遠府事。行有日，寧國諸生暨厥耆民群起議曰：「公佐郡三四年，嘗攝守事，殫力勞心，日不暇給。其所食者，宛陵之水耳。今除命下臨，進服金緋，差少慰中朝士望，不可復請留以私大夫之澤于吾人也。宜列治行，伐石勒文，著吾人之不敢忘公，爲來者勸。」則以告宣城諸邑之爲令者，同然一詞，而李君夢龍、張君瀚發使與書來，請于新安。

予素則聞姜公名，有學識，能其官。家居三年，得其政甚偉。矧宣，徽隣也，而予方受命入與史事，惡可得辭邪？蓋公之治寧國也，以摧豪右、惠小民爲己責；杜請謁，守官常，而不以利害自沮；剔政蠹，屏吏奸，以清庶務而振舉其廢弛；待同列，督所部，侃侃忠告，不隱忍坐視以爲賢。曾不踰時，而民安于里，士興于學，百度犁然，上承下御，有緒而不舛。隣境之民訟不決者，必言上官，願屬姜同知，而上官亦曰：「非姜同知莫能辦此。」由是受委叢沓，走旁郡無虚月，所在歡呼，有「寧國別駕，姜老愈辣」之謡。致禱雨暘，叶應官屬，受成無後事之愆。生徒請益，有致道之所，衆善萃止，孚于上下，而公歉然如有所不及。政暇手一編，披諷不輟。或以行部覽觀山川，發爲篇詩，道其所適，怡然忘其身之在遠外也。巡撫大臣奏治狀于朝，請加旌擢。巡按憲臣相繼論薦，乃有慶遠之命，而公論猶未滿焉。

公名綰，字玉卿，江西弋陽人，舉成化戊戌進士。知湖廣之景陵縣六年，以治最召授監察御史，莅南京，屢有所建白。尋與同列奏劾柄臣中貴人，被謫，公得判桂陽州，六部及兩京臺諫請還公等疏十餘上，不果。其議論風裁，談者至今壯之。而公尤不以夷險爲戚欣，恩詔量移，遂有寧國之政如此。相昔董宣之果于鋤奸，吳隱之堅于勵行，張允濟之敏于斷獄，光照史册，不可尚已。有若姜公英毅廉介而加以周練明決，充其所至，有不幾如古人者哉！今被命領郡符于嶺表，職守所在，專行獨濟，又非佐郡之比。政益精澤益廣，功名當益新，而寧國者，去思在焉，不可無紀也。立石者，儒學生王彦、耆民楊玘等若干人。

靜定山居記

靜定山居者，浮梁戴公廷節之别墅，而因以爲壽藏者也。公嘗讀書青峰山莊，自署曰青峰生，年尚少也。而其志已恬然，若有不浼于世故者矣。既而舉進士，爲監察御史，進知紹興府事，再進參廣西布政事。中嘗受詔巡視江防，職思其憂以致疾，黽勉在公。久之，出守浙東凡九年，政成譽孚而勞益甚，有歸志焉。又自署曰靜翁。然以受恩公朝，求所以稱其報者，未敢遽請遂其私也。

屬在嶺右，理邊務于安南，日走瘴鄉，疾益侵，遂上疏懇辭，得請歸老，營此以居。蓋距其邑南二十里居之後爲壽藏，樹石表曰「明戴參政宅」，而書其陰曰「希安居」。前鑿石塘，廣袤可二畝，形若半月。塘之中架木爲亭，闢四牖，各因其泉之來立名之，而取以自況。曰出蒙，本其學之始也；曰盈科，志其成也；曰朝宗，不忘君也；曰臨深，示歸全之意也。居之外，山徑委蛇，蔭以竹木，越三百步許，樹石表曰靜定山居，猶云靜翁之居定于此也。

噫，若戴公，其真有得于靜定者歟？世之人行乎利害之途，日惶惑而不知止，其至于顛踣乃去。既去，汲汲焉爲後計，撓其心而不自苦，孰知靜定之爲樂哉？公之處也，能以靜爲學；其出也，守而不躁，仕方亨而遽歸，力方健而營一丘以自適，曠懷雅度，豈常情之可及哉？

然予竊有進于公者。「定而后靜」，曾子之所受于孔門也；「定而主靜」，周子之說太極也；「靜定而動亦定」，程子之答横渠也。蓋必究心程子之說而後至善之地，中正仁義之指可窺也。夫靜、定之義大矣！公之從事于斯也久矣，以是自名，又以是名其所棲止，將守其道終其身而弗變者歟？豈徒曰適山水之趣，姑賢于世之喜動者而已！

公之先居新安婺源，視予同鄉。公兄廷獻舉進士，與予同榜。公子顯以鄉進士來署祁門教事，恒過予請益，執禮甚恭，且獲見其上春官、乞終養之疏二，庶有庭聞于靜定者。祁門諸生王臣輩樂其教，仰其尊君子山居之勝，不獲一造以考德問業爲憾也，請予記以壽公。是爲記。

靜壽堂記

人之爲德也，靜而後有壽之象焉。大抵壽者多靜也。心恬而不競，志定而不惑，神安而不躁，以一身應萬變，有所恃而不舛。故孔子語仁，亦不過靜壽而已。苟置身于糾棼龐錯之場，舞其智力與世之人角勝以逞，而求其能壽者寡矣。祁門汪君孔昭，庶乎其能靜而壽者歟？

汪君早負大志，治春秋，究筆削誅賞之旨，思奮迅蹈厲以見于世，視世之齷齪洪涊者，殆不足道也。郡邑大夫多遣子從學，其子率取進士云。君不幸而失怙，三舉弗偶，遂罷不試，退脩于家，肆力群經子史，從者益衆。成化初，提學陳御史士賢釋奠祁門學中，聞君名，以布衣辟行分獻禮，其爲一時名流推重若此。所居西莊，泉石佳勝。君晚歲徜徉其間，即其可釣遊吟望者凡十有六，日詠歌之，且自號曰梅峰，益有契于孔子「仁者樂山」之説而忘其閲世之久也。

或曰：「君非靜者。教其子福之甚勤，福之果以世經中南畿秋試。邇歲家人弗戒于火，君亟救神主以出，而目爲烈焰所燻，遂失明。其自苦乃爾，何有于靜乎？」是大不然。君子之學，非一於靜而弖焉弗之動也，其動以義，猶靜也，周子之主靜義也。於是君年七十矣，福之構堂以奉君，而卿大夫爲題之曰「靜壽」。亮哉！其可謂稱情者歟？夫外物無所嬰其前，則心益恬，志益定，神益安，耄耋期頤之壽可坐享矣。彼世之僕僕然躁競惶惑、舞智力而角勝以逞于終日與草木俱腐者，其相去何啻霄壤哉！

予不及登君之堂，然夙知君賢者。而福之材器英偉，所以償君翌日者，將有大焉，輒因其請而記之。君名顯德，其先自歙徙祁門井亭里，出唐忠武將軍越國公後，至宋丞相忠定公益顯。堂成之又明年弘治丁巳十月望日記。

陳塘寺彌陀殿重修記

新安郡西三十里有寺曰陳塘，寺之後有彌陀殿者，故元嘉議大夫徽州路總管府达鲁花赤仇公諱鉉之所建也。仇公本名大都，朔庭貴族，而自署曰仇鉉，亦猶狀元忠介公本名泰不花而自署曰達兼善，酸齋學士本名海涯而自署曰貫雲石，勝國之中世彌文也。仇公之爲此役甚壯，蓋以寓祝釐之意者，故梁間所題「無量壽」三字，以金飾焉。公之卒也，子孫奉葬寺北，立祠寺中，而占籍歙之王充。至國朝成化丙戌，始弗戒于火，八世孫永顯、永清等鳩衆再作，規制有加，住持永署督視惟謹，然未有記之者。於是永顯之從子富、從孫爵恕隆宗等具其事以請。

公之没去今二百年矣，斷碑故牘無復存焉，居人亦但知其爲監郡之家，而莫與究其詳者。予爲考郡續志及諸傳記，知公以延祐初至郡，嘗刱作江東建康道肅政廉訪分司，一新徽州路總管府署而名其堂曰率正，經理一郡六邑之田而蠲贍學之莊税，一路之鐵冶凡五，奏減其三，歲旱率屬虔禱于命祠而復稔。跡其嚴風紀之司，慎出令之地，厚于養士而薄于取民，神乎其誠而下被其澤，一時良有司也。彌陀之殿，殆其餘力所及，而亦當時上之人所崇事者，在此有不得不然者歟？

公夫人洪氏，别葬古岩寺之牛角塢。有子八人，其長曰道亨，葬里之靖山堂。諸孫曰保珎者，别居王塘。曰自堅者，爲揚州路學録，又别居仇家塘。各房子孫不下四千指。豈循良之後，造物者固相之而致其盛焉若此乎！公之神既棲于是，永顯等力脩復之，其尊祖之誠、奉先之孝，亦非世之喜自殖而徼冥福者可比，予故不辭而書之，俾刻石祠下，庶來者有考焉。

延齡橋記

鄭氏之居歙西者，有渠亘其南，跨二石梁以便往來，人因號雙橋鄭氏，尚矣。橋之右，渠水支分，而南與溪流合，未有橋，行者病焉。鄭氏之老曰邇祥方聚謀之，其姪鯨之妻汪氏使語衆曰：「夫君之未捐館也，蓋嘗志于是，弗及爲也。諸子又相繼不幸。今老婦獨與小孫居，而夫君之業故無恙，請捐之以舉斯役，用成我夫君之志。」

衆偉其説，悲其意而從之。乃召佃傭，庀匠氏，伐石畚灰，諏日肇工。爰自其門甃石抵渠，而作巨橋其上。來水東注，作丁字洞，導水南出。砥石長丈有八尺，廣如之而殺其二一。浚支流東南行三十餘弓，作稚橋，視巨者功半之。而稚橋之南，剏新路，取捷以達通衢。路甃石長八十餘丈，廣五尺。凡若干日告成，行者無苦，居者改觀。衆喜而名其橋曰延齡，謂汪氏以暮年撫孤孫而頌之，且期之也。於是鯨之從弟舉子時、士人燦具首末來請記。

予觀三代之時，橋道皆領于官，不以勤民，其法具在，後世因之。而踵陋襲常，不復注意，視先王之政遠矣。於是有好義之民起而圖之，世以爲難，而況一女士能本其夫之志，有奇男子、良有司之所不暇者哉！昔巴寡婦擅丹穴之利，上之人爲築懷清之臺，不聞其能兼濟也。蘇文忠公夫人乃舍所有繪浮屠之像，以徼冥福。比而觀之，若汪氏之舉，可謂賢矣。鄭、汪皆歙舊族，節孝相望，而鯨又儒者，謹身好學，以詩鳴一時，君子以是知汪氏之所得于家範與其夫教深矣。是尤可書者，因并著之，以告其後，俾無忘斯役之所自云。

校勘記

〔一〕則一百三十有六年 「三」，原闕，據篁墩程先生文粹卷九補。

篁墩程先生文集卷二十

記

黟縣重修縣治記

凡有所興作于其治者，非必其才之充于己、惠之浹于下，夫然後事易集而功可圖也。才不充，則僅僅自守而憚于爲；惠不洽，則上下之情阂而民不樂。求集事而圖衆功之成于一旦，烏可得哉？若高君之治黟而百廢具興，殆所謂才充而惠浹者與？

黟之儒紳、義民、耆宿合詞而言于予曰：「高君下車，即剗其宿弊，與民更始，繼振其學之政而均其邑之賦，使民知向方而足以自裕。蓋期年政成，知其民之可與有爲也。而縣之廳事，視諸廢獨甚，前爲令者苟安而已。君曰：『是將以出政而涖民，不可但已也。』言于上官，請羨財以爲之。而凡學宫以暨憲司院若公館、若祠廟、若食庾、若橋梁、若街衙、若坊表，壞者葺之，弊者新之，皆捐俸以倡，募工以作，一無所取于民。而民樂君之政，相與趨事惟恐後。以茲衆功，舉之甚易而成之甚速。山川增輝，士女胥慶，吾邦遂爲壯邑，非復舊之爲黟者矣。令君之功豈可泯乎！請記其成，爲來者勸。」

黟人之言如此。予觀近世之有作興于其治者，或舉其一而遺其二，或僅以取具而莫克圖其全者，才不充與？或兼舉圖全而傷民之財力，遂至于僨事者，惠不浹與？才充而惠浹若高君，豈非世吏之難得者哉！是可書已。

君名伯齡，福州長樂人，起鄉進士，弘治丙辰授知黟縣事。以公恪自勵，凡他邑之訟，多願請決。上官委之，而巡按憲臣遣使勞之，黟人恒恐其遷擢而去也。蓋予方家居，目擊其事云。

瑞蓮記

三山李公自侍御謫令休寧之明年，得秋水亭故址，重作之，浚其池，種荷花其中。乃七月既望，蓮盛開，有一蔕三花者數本，雲錦爛然，照映池淥，如鼎之峙，如台之躔。父老聚觀而加額曰：「異哉蓮也！偶而花者尚不可得，況其三乎？非令君之德政，烏足致此！」僚屬、師儒張宴于亭，爲公慶，而邑之人遂播之詠歌。予在倚廬，不及聞也。子壎實預宴末，爰哀衆作爲卷，以贈公。

卷成，而予禫久矣。間日造之，徘徊池上，以語客曰：「昔葛令君爲祠部郎官，以議禮不合謫茲邑，而構茲亭。後起入朝，位至大司成。子立方知制誥，而其孫邲遂相光宗，流澤之有自也如此。今去宋遠矣，亭荒水寒，過者興嘆。李公至而亭一新，境益勝，草木爲之開祥，雅度高風，相望異代，而後此名位之升、胤系之昌，將不兆於于斯乎！諸君之詠歌，殆去思之張本也歟！」客曰：「然。」遂書之，以備圖經盛事。

佘氏義宅記〔一〕

佘氏自宋南渡時居歙巖鎮，迨今三百年，傳十有七世，族益蕃。蕃則不能無親疏，亦不能無亨屯矣。於是佘氏之彦曰養浩有義宅之舉，君子取焉。其法爲屋若干楹，凡族之疏而屯者，聽入居之。其地己産也，其所費己貲也，其事在弘治甲寅之歲。義宅成，而佘之屯者得所，疏者不至于途人，義聲流聞，至有詠歌以頌之者。養浩蹙然弗敢當，曰：「不佞賈人也，幸而讀先人之書，獲聞賢者之緒論，其初意收族而已。」間具其首末以請記。

予得而憮然曰：「賢哉！養浩之義舉也。世之人同氣且不相恤，況疏族乎？或小臨泉谷之私，則處亨而訟者比比，況捐所有以施于疏而屯焉者乎？養浩於是，賢于人遠矣！」嗚呼！義利之説不明，而政益駁、俗益偷，究心于孟氏、董生之論者寡矣。若范之義莊、鄭之義門，世可多見乎？況出于一廛之下，布衣之士能居其族而不使之淪没，可不謂義乎？宜君子之有取于斯也！

雖然，由身而家、而族，以及州里，此古之人善推其所爲者之漸也。佘氏後人，其尚心養浩之心，相勖以義而利是懲，安知不有旌其門、見録于史册如范、鄭之炳然者乎！與人言而不以遠大望之，非厚之道。是爲記。

節壽堂記

箕疇五福，先壽而主于好德，明齒必有德之足貴也。閭閻之間，耄耋之老，世孰無之？然德弗齒于人，雖壽奚益哉！祁門汪母胡孺人之壽也，里媪致慶而名其堂以「節壽」，殆貴德之義乎！

胡孺人爲士人璟之妻，爲養浩先生思敬之冢婦。其考士顯與其叔考侍御公深、弟鄉進士安，皆一時名流，故孺人得于圖史之警、鞶匜之戒甚稔。年二十歸汪氏，居三年，生一子而夫亡，矢不貳適。養浩先生慟而嘉之曰：「是誠吾婦也！」孺人不逮事其姑方氏，而祀之極誠，事繼姑徐氏更謹。誨育其孤曰復者，爲之娶而有立，内外斬斬，幾五十年如一日。衆欲以其節聞有司，乞加旌表者，孺人力辭之，曰：「此婦道之常爾。」人以是益高之。而孺人年七十矣，以「節壽」名堂，用侈其德以示勸一鄉，非所謂稱情者哉！

惟人之德，出于天，性于己，而實有觀感視則相成之道焉。若胡孺人之聞于家而淑其身者，固有其地矣。矧汪氏邑著姓，世載令德，至養浩先生復以文學行義爲鄉碩儒，動師古人，治家孔肅，道之足以形其内者如此。先生之母廖氏，年二十而孀居，時先生之生甫三月爾，撫孤勵志，凛然冰霜，節之足以開其先者如彼。謂非有得于觀感視則之深，以成其德，烏克有是哉！

或者謂婦行不踰閾，而乃名堂以侈之，於義何居？是概言之而非通論也。采蘋之章、柏舟之什，頌壽母而傳列女以致詳于内行者，炳炳也。胡孺人節與壽，非詩之所可詠而傳之所宜附者乎？由七十而躋八望九，以底于期頤，所以稱慶兹堂者未艾也。尚齒貴德，固人心所同然而不能但已者哉！

璟之弟璪本其里婣陳振新等之意，來休寧請予文。予夙聞養浩先生，而節壽之事又史氏所當紀者，故不辭而爲之記。

鄭氏四節堂記

先王之治，必自内始，而其事見于國風、備于大學之書矣。中古以來，士略于自治而詳于人，於是有位尊朝著而名不齒于鄉里，威加兵民而道不行于妻妾者。烈女貞媛，世豈無之？而吾於歙鄭氏之四節，有感焉。

鄭氏世居歙西之雙橋。曰昌齡之妻洪氏，夫亡無子，孀居六十四年，年九十一而終，元至順初旌其壽節。昌齡之姪曰國英、曰子美。子美之妻程氏，以夫死忠，亦死于義，見録元史；次室何氏，能守志撫孤而底于成。國英之亡也，次室王氏行與何同，而又不污于暴寇，洪武末並加旌表。嗚呼！何鄭氏之節萃于一門若是其烈哉！

考之郡乘、史傳，鄭之先有諱安者，宋季之亂以布衣止屠城之師，因授歙令，廟食其鄉，號令君祠，有事必禱。令君之子千齡，以儒起家，歷休寧尹，所至有冰蘗之操，其没也，鄉人私謚貞白先生，號所居爲貞白里。而昌齡，其兄也。子美諱玉，貞白之子，元季大儒，嘗被徵爲翰林待制，不赴。有著述在學者，學者築室事之，號師山先生。國初下新安，被執不屈，自經死，程氏殉之。而國英諱璿，其從兄也。

夫以令君、貞白、師山三世相承百餘年間，位不尊于朝著，威不加于兵民，而推其所學爲仁人、爲廉吏、爲忠臣，其自治可謂詳矣。幽貞女婦，得諸觀感而閨門之化成焉。主閫者，非獨有子矢志而已，或孑然無所覬于後而抱節以老；副室者，非獨能惠順以安其分而已，乃毅然不辱其身，以力存其宗祀。後先相望，如蹈一轍。雖其資禀之美本乎天，而出于身教之懿者，豈少哉？上之人從而旌之，爲世勸，豈獨鄭氏一族之光而已哉！

世遠人亡，里門傾圮，追說故事，行道傷嗟。於是師山五世孫曰鵬者，以國學生需次于家，奮當起廢之責，言于巡按侍御廣陽方公。方公慨然以付歙令豐城熊君，爰諏吉旦，立坊故處，榜曰「四節」。鄉人流聞，士女駢集，傾竦嘉嘆，不能已已。而鵬復以之名堂，謁予記。

予承乏史臣，且獲觀鄭氏家乘，稔矣，樂覩節義之家有賢後人。而行臺之臣與邑令君又能發揚幽潛，以奉宣我列聖躬化成俗之意比于先王，士興起于自治，將由身而家以圖治平之效于異時，如詩、書所紀，皆事之大者。故謹書畀之，而不以譾陋辭焉。

德徵堂記

徵者，有所取必而不爽之謂也。農取必于稔，商取必于利，士取必于禄與名，然有得、不得而爽焉，其所取必者，外也。德脩于己，無所慕而所徵于天者不爽，何哉？其所取必者，内也。以農則稔，以商則利，以士則禄與名自然之應焉，豈俟外求而後可取足者哉？或曰：「己德脩矣，而亦有爽于徵者，何也？」曰：「非是之謂也。天之徵於人也，君子以福，小人以極，固也。否則，不于其身而于其子孫。顧世之論天者，恒責之近而弗要其終爾。」吾於鄭氏有徵焉。

鄭之族甚衆，所居歙西曰鄭村，世有令德。再徙高舉，曰積才君始爲醫。其子曰存濟君彦隆，方業儒而失怙，故嗣醫以養母。存濟之子曰恬庵君文慧，亦從儒而業舉子矣，以多疾更嗣爲醫。蓋其三世皆有活人之功。而恬庵之醫益顯，德益修，與人交甚忠，有所言必主于理，家未裕而急于濟人，葬三世之喪無違禮。教三子甚篤，其季尊守其醫，仲敬嗣主家事，孟賢世其儒，以弘治己酉舉于鄉。鄉之人嘖嘖嘉嘆曰：「非德之徵乎！」郡邑大夫爲題其綽楔之上曰「德徵」，又以名堂，而其所善者間請記于予。

予素多疾，恒藉恬庵以自輔，且知賢之將進顯于時，以取必其可得者不爽也，則爲之記曰：

昔丹溪先生因其師白雲許文懿公有宿疾，棄儒而爲醫，論者稱其所著書，醫之考亭也。范文正公之未第也，禱于神曰：「異時不獲相天下，當爲良醫。」古大賢君子，無一念不在民物也，卒爲宋賢臣第一。彼皆無所取必而天應之，或予之名，或予之禄，如執左符合于右契，抑非重内輕外而勤其德者能之乎！

恬庵之學出于丹溪，而賢方以經術進，先憂後樂之志，舍文正其誰與歸？夫其德益崇則其徵益大，豈若農之足于稔、商之足于利而已？然則與人言而厚望之，非諛也。緣堂事而立説，以致頌禱之義也。

復真軒記

休寧吴君廷順構一軒于所居之商山而榜曰「復真」。予族子師魯與君有子女之好也，來爲之請記。

「復真」，靖節詩語也。讀者不審，疑其有剖斗折衡之意，豈其然乎？「真」，當謂性之本然者，故其詩以遑遑魯叟，彌縫使淳繼之。蓋天真鑿而人僞滋，工詞華者習口耳，慕清談者判心跡。靖節之意，以爲非聖人删述垂憲，則不可以復此真而使之淳矣，淳殆性善之云也。今讀其言，冲遠古澹，可以嗣風、雅之逸響；考其行，則大之彝典、小之起居皆不爲無見，而恒發于高懷曠度之餘，使人視之，邈乎其寡儔也。然則「復真」之語，誠孔門之緒論，惡可置議哉！吴君以是名軒，其有得于此乎，亦徒愛其言而以之重其居室也？予聞之，吴君性孝友，樂交一時名流，且集圖史，知從事于簡策，有白社之風、紙筆之好。長區賦，聽鄉訟，人稱其賢。而君不久即謝去，獨以其先出宋廣南安撫文肅公之後，輯家譜、編世美録以暴其先烈若贈長沙公之爲者，然則吴君之所景行取法得之靖節爲多，此軒之所由名而以之自警者歟？

雖然，「復真」之義大矣。君年六十，而進德尚友之心若此，可謂健矣！羲皇上人，不可跂也。樂琴書，理丘壑，釀山中之秫，餐東籬之英，寄傲于南窗，課農于西疇，世鞅無所嬰其中，督郵無所致其傲，坐閲高壽于盛世而怡老于斯軒，較之靖節，其所得不既多乎？

杭州府儒學科目題名記

浙江左布政使陝右閻公仲宇、按察使西蜀劉公福既相與新其杭州府學宫，舍菜禮成，乃合僚屬進其師生而語之曰：「惟我朝自洪武己酉詔郡縣立學養士，百三十年，俊秀畢達而山林之下無逸才。自庚戌詔開科取士，凡四十餘試，賢能足用而雜進者無所容于朝著。

蓋科目之得人，盛且久矣。而茲學之題名闕焉，將何以侈前聞、示承式于後學？其稽故典、考名氏及里出分年，彙次而刻之爲來者勸，亦作新之一始乎！」衆曰：「善。」乃命工輦吴石從事，而未有記。值予被召入朝，過焉，則具以請，辭不可，爲之言曰：

甚哉！士得名之難而副之之不易乎。古之人知其然，故因其得之難也，有所迪之則謂之名教，因其副之不易也，有所礪之則謂之名節。迪之而成，礪之而興，其名炳然與實符者，士所貴也。迪之而無與成，礪之而無與興，則爲無聞、爲虚譽，究其所至，卒與鄉人等而重得罪焉，豈所望于士哉？

杭，東南大郡，三司之所治也，山川之佳勝、物産之豐麗甲天下。士生其間，多秀且文，而以材藝德履、勳猷義烈聞四方，豈一日之積哉？逮我朝而士習益變，崇雅黜浮，名與之俱，方嶽之臣悉取而列之貞珉，示表異焉。則凡學于斯者，指其名、責其實，思其得之難而副之不易也，將不知所警乎！憂其爲鄉人而求達之家邦，其必念累朝養士之厚、取士之公、得士之多，肅行檢、慎官常而勉于士優之學，俾令聞令望如卷阿之所奏，無惡無斁而永終譽如振鷺之所美，以無負于名教，無玷于名節，斯亦無廢于諸公作新之盛心矣乎！然則號稱名臣以致主而澤民于盛時，將有人焉，以嗣書之，其爲杭學之重，又寧有既乎！

宜興徐氏義塾記

少師兼太子太師吏部尚書華蓋殿大學士徐公世居常之宜興，族甚鉅，而收教之法則自其先大夫啓之，未成也。公既貴，乃撥己田千畝，以贍其昏喪服食之費[二]，曰義莊。又以爲養之不可無教也，爰置學一區，曰義塾，歲延有學行者一人爲師，凡族之來學者，束脩食用咸取給義莊，且具條約。以聞，聖天子嘉予之，而下有司加維護焉。公以義塾者風教攸繫，不可無紀，屬筆于不佞。弗敢辭，則述所聞以對曰：

古君子之學，必家始而後可推之天下，其教有章，其施有等。然其學也，豈俟他求而後得哉！尊吾之德性而輔之問學，使智長心成，行與言副，薰然禮義之域，而悖親傲長之風無自生焉。於是徵之百聖而合，放之四海而準，此三代之遺法也。

秦、漢以來，去古遠矣，學不足於自修，士非出于里選，求治之隆，安所得乎？公歷事四朝及今青宫，凡三任輔導，爲師臣，其所以沃上心、正王度而式是百辟、表儀當世者，天下誦之矣。又本先志，捐所有以贍族，推孝之始以永淑其後人，其心公矣，其善之所被廣矣。昔文正范公之置義田也，百世尚之，而義學無所聞，何哉？蓋嘗考之，當宋盛時，學校之在郡邑者且未有定議，況其家邪？我高廟革胡元之陋，而建學育才，取法殷、周，列聖相承，講求益備，餘百年矣。故公得以論道之暇經畫家政，而爲文正公之所未遑者，豈非文運亨嘉之盛亦有所際會而然哉？

凡爲公之子弟族人者，誦詩習禮于斯，體公之心而服其訓，盡其學力之所及，處爲良士，出爲忠臣，以古君子自勵，使安于豢養之人踣其身、僨其家者，聞風而慚，撫事而悔，求自于義塾不可得，其有繫風教，豈獨一家之重輕而已？義莊事當別有書，玆弗贅。

吕梁洪新建工部分司記

予被召北上之濟江也，工部主事蕭山來君遣人逆致書曰：

不佞分司吕梁，再期矣。覽觀治所，見役夫漕卒之在候者千數，而地隘無以容，公廨處于委巷，而與所蒞相閡，周防之弗及也。雖職思其憂，而莫之遂。竭太平李公以都憲總漕之節入覲南旋，過焉，工部郎中建昌謝君緝亦以行河至，與之議而是之，則進以告公。公曰：「經遠之圖也，宜亟爲之！」爰下徐州。時陝右何君宗理以進士知州事，謂封域所在，力任之。而以兩洪所貯，折價有餘，請取辦焉。庀材召工，畀石畚土，出内有典，贏縮有稽。

以價易隣地之在民者而斥其隘巷，除爲道司，瞰于河中。爲視事之廳十六楹，前樹坊曰分司，爲大門、爲重門，左右爲步廊。廳之南爲狀元亭，則以今贊善費君宏嘗從其伯父員外瑄讀書于此也。經始弘治丁巳之春，踰三月告成。規橅亢爽，内外有嚴。士民聳觀，山水增壯，李公之功也。敢請記以示來者。

讓不獲。道出淮陽，會李公，語之故。公憮然曰：「此來君之所經畫締構，吾何力焉？」夫天下之事成于同、敗于異，若兹呂梁之役，可以觀政矣。夫自國家都北以來，漕東南之粟由淮入泗，以達京師，而呂梁要衝也。幹方之臣、上計之吏、蕃漢入貢之使、四方貿貨之商旅又往來無虚刻，下上之不時，濤石之所鬭激，恒爲舟患。乃置篙師戈夫以濟，而或有相先之争、相觸之懟，故工部分司，一人領之，三歲一更，著爲令，及今百三十年，至者取受成竣事而已。來君不以艱遺後人，而李公主之，謝君贊焉，何君又專其責、相其成，費不勤官，役不弊民，可謂賢矣！

夫任事者不以喜功而嫌，合議者不以策非己出而沮，此古同心同德者之所難也。使進而致主以澤天下，亦不出此，況河防一事哉！後之人，升其堂而思政，憩其亭而思學，皆有益世教，非一時飾厨傳、闢苑囿以樂燕私者比。是不可以無記。

李公名蕙，字德馨，成化己丑進士，今都察院右都御史。來君名天球，字伯韶，弘治庚戌進士。是爲記。

濟美堂記

濟美堂者，江都嘉會處士高公以其孫之得雋而搆名之以勉其子姓者也。高氏之先自節度使秦王行中暨其子渤海武穆王懷德以材武顯于周、宋，世望恒山，其後從高宗南渡，有安撫鎮江及扈蹕海道者，子孫散處温、台間，衣冠蟬聯，奕世不乏。至希微者，當國初爲勸農官，退隱于醫，生惟虚，嘉會之考也。嘉會丈夫子三：曰鑑，以勸分入粟補承事郎；曰欽，號敬齋，尚德不仕；曰銓，舉成化己丑進士，歷官都察院右副都御史。敬齋之子曰濟，舉弘治癸丑進士，授工部虞衡主事，乃具首末以告曰：「嘉會府君實始堂構，而敬齋先生亦恒指堂額以勵不肖，言尚在耳也。今先大父已受封大理左評事，先子以不肖故亦將得貤封之典。而斯堂之記闕，以是有請焉。」辭不獲，爲之言曰：

甚哉！美之不易得也！由一身則善始而或毁其終，由一世則有賢父兄而或斁于其子弟，比比也。其本弗大，其源弗深，則何怪其末流之不瘁且涸哉！若高氏戡亂之功、惠民之績、衛上之勞，所以開其先者甚遠，至于希微生值興運，而劭農之勤、活人之德，又弗大其施、食其報以終，故一發而得都憲，再發而得虞衡，學業相承，行治相高，非一身之榮、一世之積也！濟美名堂，其不謂之稱情矣乎！

雖然，本大矣，益圖其所培；源深矣，益圖其所濬。斯其美益臻，而堂名益暴，此虞衡請記之意。非是，侈于觀美而已。都憲公内司廷評，出領方嶽，至今官，公恪周練，譽望日隆。虞衡起南甸秋魁，識達才敏，鄉用未艾。而予繆有一日長，蓋嘗登其堂，悉其世者，故記之而致三復之意焉。

臨清州觀音閣下浮橋記

臨清據南北之衝，四方商旅所輻輳而運河出焉，往來者必藉舟以濟。然水不時發，暴激迅奔，一操渡失謹，覆溺相望，而河南之觀音閣下病涉尤甚。州人王珍廷璧家河之北岸，不忍歲溺者之多也，以成化乙巳捐己貲作浮橋焉。爲舟凡八，爲白金六斤有畸。後五年爲弘治己酉，漸弊，而舟之更造者六。又三年爲辛亥，再弊，而舟更造者十。維之以巨絙，護之以周楯，虹亘櫛比，既固且堅。爰置守者防其觸撈而時其開合，上下幾十五年，東西行者去險即夷，無不嘉嘆。適予過焉，吾鄉之客于斯者曰汪儀輔、吴斯敏素善廷璧，具其事以請記。不得辭，爲之言曰：

視人之溺猶己溺之，計聖愚之心未始相遠。而有不能者，無他焉，錮于利而昧其所受之生理爾。臨清利區，廷璧以貲鳴里中，乃能識所錮而惻然于斯人，勤其力于不報之地若此，非有俟于有司之督、好義者之募而然也，豈非難哉！視彼厚自殖而闢亭館以貯歌舞，鼎新佛、老之宫室以徼福田利益者，其賢不肖又何如哉！是宜記之以告來者。

廷璧以歲祲出粟賑飢，用恩例爲義官，又嘗以獨力置椿石、修運道二百餘丈，士夫過臨清者多禮遇之。而廷璧益謹弗肆，教其子鎬以鄉進士需次于家，孫淮亦治經待試。其義舉不特此橋也。儀輔、斯敏樂道人善，事得附書。

立本堂記

有歙鮑善與氏從其婣友鄭上舍萬里謁予南山之下以告曰：「玲之先六世祖有諱琚、璨兄弟者，嘗築堂于所居，而名之曰『立本』。中值兵革，燬焉。玲不佞重作之，而未有記，敢請于執事。」予諾之，未暇也。會有召命將入朝，而萬里實來，曰：「當坐伺，以必得爲期矣。」乃執筆而語之曰：

「本」，從木從一，謂木之根柢，而「立」之訓，則植也。天下之物，未有無本者。其在人爲心，心之德爲仁。仁者性之本，而孝弟者行仁之本也。孝弟立而百行從之，故曰「本立而道生」，孔子之意也。然本心之德不能不壞于物慾，必敬以直内，則心不累乎私，而仁可幾焉。故曰「主敬以立其本」，朱子之説也。然則鮑氏之先所以貽其後者大矣。善與之爲人後而有肯構之美，非賢而能之乎？

顧予竊有進于是者。萬物之本出于天，而植之存乎人。植巨木于庭戺與植小草于盆盎，一也。巨木之植，至于干雲霄而傲霜日，柯條之布也益蕃，華實之成也益碩，本大末茂，理之常也。彼小草之植，其根柢拳曲而不獲紓，其華實所成，取供人之玩好而已。朝榮夕瘁，其本不足稱也。鮑氏後因其先之所植立者，封培之，愛護之，其本益深以固，則其枝葉益盛以久，殆見其老而壽者比于徂徠之松、漆園之椿，其少而秀者比于王氏之槐、燕山之桂，所以重斯堂而名後世者，可不勉乎！

鮑世居歙之永豐鄉，族人孔多，姓其地曰鮑屯。琚、璨兩公，宋季碩儒，從學先正鮑魯齋先生，誓不仕元，而貞白鄭先生嘗序其譜。璨之子椿，元季名士，西溪鄭先生實狀其行。蓋其善之積甚遠，而未食其報者，將於是堂有徵焉。萬里爲貞白之後、西溪之族，慎許可而於鮑世戚，故力爲之請也。

翠筠軒記

吴氏居歙溪南，世遠族蕃，有斯敏君者，尤志識清曠，族之彦也，嘗闢一軒于竹間而樂居之，因題其楣曰「翠筠」。既而出遊江湖，心恒不忘乎是，繪圖爲册，得名人詩文若干篇，其所以發名軒之義備矣。君猶不自慊，造予請記，久未之應也。既而思之，古之人所以取名其室堂而紬繹詠歌之者，連類引喻，比于銘坐，以輔德云爾。若君之名軒不以竹而曰「翠筠」，豈姑以更變名目、取其新而已哉？殆必有意焉。

夫翠以色，筠以膚，皆竹之外也。然因其外而求其實，則其心淨虚，其節堅貞，挺然自立，經歲寒而不改。其在人，則衣錦尚絅之君子也。彼蒨桃、穠李、紫丹、紅藥，非不嫣然其色、膩然其膚也，顧其中頑窒脆柔，早發先萎，無所恃以自植于摇落之場。在其人，則美如冠玉而中無所有者也。然則君之居是軒也，撫琅玕之節，誦淇澳之篇，將視其色之正、膚之勁以自考曰：「勤于禮而求遠其暴慢于外者，得與竹類乎？」又進而忖其中，有實行之可以符其外焉者乎？夫如是，則將無愧于竹，而軒之名可以輔德，非直以具觀聽之美而已。然君之意，其果出于斯否乎？

予世居曰篁墩，新居曰南山竹院，日夕與竹相周旋，蓋嗜之酷而得之深者，莫我若也。然記君之軒，至累閲歲而不能執筆，豈故爲緩哉？思有以副君而難其言爾。

明遠樓記

予往歲過古林黄氏，見其秀山相環，碧溪縈帶，竹樹茂密，屋宇鱗次，意非有樓閣起莽蒼空翠間，不足以領其勝而盡大觀。且聞其族有思馨者，好遊而樂義，喜納交名流，予未之識也。或日具刺來見，曰：「思馨歸自江湖，圖所以脱塵鞅而豁其心目者，作樓八楹于所居之西不百武，負陰面陽，靡雕以飾，鑿池于庭，而置琴書于上，列委積于兩廡，開家塾于前楹，憑闌四顧，則神山之峰揖其前者如墮几上，清漪之水繞其後者如出履下，朝暉夕陰，變態萬狀，有使人應接不暇者。蓋樓成而境益闢、視益曠，客爲顔之曰『明遠』，敢請記于執事者。」

值予有召命治行，弗克應也。爰使其侄彪尾舟至錢塘，不獲。過姑蘇，入毘陵，不獲。則出書以告曰：「斯樓之不得記于夫子，巖壑爲之索然，過者爲之不愜，惟撥冗半刻，宜無不成者。」乃矍然爲執筆而語之曰：

禮不云乎，可以處臺榭、升高明、遠眺望，古之人殆未始不樂乎此也。思馨之遠涉江湖有年矣，僑身于舟車，憊力于廛市，若煩促而厭湫隘者，不知其幾也。既而來歸，觀溪山之清空，羨魚鳥之飛泳，作樓以居，客不時至，命觴而酌，置局而奕，壺矢載陳，嘯詠間作，若與安期、羨門相期八極之表，而向時懷土之感，洒然無復存者，亦平世之一快哉！雖然，委積之收公，視其族之遠者賑之而不自殖也；家塾之教顯，示其業之遠者勖之而不安于凡近也。夫如是，則所謂「明遠」者，將有大焉，豈清豁心目于一時而已！

敬齋記

歙溪南吴恕本忠氏嘗並緣名、字之義，以敬齋自署。或者疑之，曰：「敬之義大矣。先正之以名其齋者，顯有人焉。本忠乃襲而有之，無乃贅乎？不然，則亦徒見其僭焉耳矣。」本忠患之，以質於予。

予曰：「子無惑乎人之有是語也。以前言之，則厭常喜新者之所爲，以後言之，則自棄不振者之所諉，無一可者。聖經賢傳，浩無津涯，而入道之門曰一敬，舍是無與致力者。如贅之厭，則將取諸異端而後爲得乎？聖賢教人，惟恐人之不同己也，故曰『塗人可以爲禹』，又曰『顔何人哉，晞之則是』。如僭之慁，則將甘於庸衆人而已乎？子無惑乎人之有是語也。然予有進于子者。道該體用，心具寂感，而敬貫乎其中，故曰『敬者，聖學之要也』。其道簡而約，其工夫節目莫備于晦庵夫子之箴。夫子，吾郡之孔氏也。莊誦而服行之，大則爲碩儒，爲貞臣，小則爲上農，爲良賈，無所施而弗宜也，烏可以贅而求新，以僭而求下哉！」

本忠懮然曰：「是誠非不佞所敢當者，敢請其略以爲服膺之地，何如？」曰：「可也。先聖之告仲弓以敬媲恕，告樊遲以敬媲忠。其功之切，則出門如賓，承事如祭；其守之確，則雖之夷狄不可棄也，況士與農賈哉！子能從事于斯，將無愧于父師之所期待，而名齋之義，非贅矣，非僭矣，本忠勖諸！」

依竹軒記

黄氏世居休寧之古林，族甚盛，而業儒，不樂他技，雖或事農賈，亦嗜書崇禮，有文獻之遺風。若思潤君，闓爽和易，號其族之賢者，而愛尤在于竹，曰：「竹我依也。夏則藉其陰，蕭蕭然不知炎熇之爲酷也；冬則撫其節，挺挺然不知雪霜之爲虐也。」於是開一軒以居，顔之「依竹」，曰：「竹誠我依哉！」其子彪來予南山之竹院，以記請。

予蓋嘗一至古林，訪黄氏，求其遺書。雖未及識思潤，而觀其命軒之意，殆賢者有激而云乎？彼誠見夫依勢利者每見羞于端士，或遂淪胥以敗而爲世僇笑者，比比也。又見夫仁者之難得而無所依，以爲己歸則求之乎植物而見夫竹之可依爾。昔人故有擬竹爲君子者矣，視竹爲君子而取之以輔吾仁則依之，故曰有激而云也。

思潤年七十矣，愛竹不衰，將有歲寒之好，與竹爲一。而予亦癖于此君者，宦途鞅掌，不獲一造思潤之軒而諗之曰：「子依竹乎？竹依子乎？」思潤必有契于予言而爲之一噱者矣。或曰：「黄氏所居，自上世以來，喬木相望而多竹，古林以名。思潤之父文中隱君，又别號節庵。節從竹，思潤之以『依竹』名軒，將守其世業而圖嗣其先之德也。」其言有相發者，因併書之。

太監鄭公壽藏記

都城之北，安定關之南，距光熙門有地一區，太監鄭公之所營，以爲壽藏者也。兆在其先府君壙左，其後岌然，奠之以土峰；其前瑩然，環之以清流。誠堪輿家所謂吉壤者。爰畫其内，以爲域，繚以崇垣，限之石門，作堂其中而屋其左右，致享有嚴，守奉有常，訖工而境益勝。公遣人以狀詣予曰：「不佞荷國厚恩，被簡任，日夜思惟圖報稱萬一，無愧先人于九原。惟是地也，將以委身焉，宜有記以示後人，用無忘君父之賜。敢以爲請。」乃按狀而書之曰：

公名旺，字德懋，世家廣州順德，其所居曰瀧水都先洞甲六冲尾。自祖以上，率以力善聞。考諱棁福，號處靜居士，贈武略將軍錦衣衛千户。妣霍氏，繼廖氏，俱贈宜人。公，霍宜人之子也，生有美質，以景泰庚午被選入内庭，勤慎自將，若老成人，遂命進學司禮監書堂，從故學士永新劉文安公講習，課試恒先諸生。久之，通經史大義，詞翰並工，而於暇日兼業武事。恒語人曰：「文武一道也。」癸酉，選侍乾清宫，奉宸扈蹕，一循矩度。甲戌，授長隨。一日演武萬歲山下，公馬步騎射，連發皆中的。其諸武藝，亦精絶過人，觀者嘆服。英宗皇帝臨御，有蒐岐狩圃之志，乃轉公御馬監，治獵事。屢出畋永平、山海諸處，還奏稱旨。憲宗皇帝嗣位，再轉尚膳監，益善其職。成化庚寅，升奉御，選侍昭德宫，升織染局右副使。辛卯，進左副使，蒞局事，特賜蟒衣。壬辰，升太使。癸巳，升御馬監大監，仍署局事，賜五品帶禄。甲午，許内府乘騎。庚子，命掌安喜宫事。凡内帑所貯，珍異纚纚然，著之簿曆，出納周慎，略無遺爽。尋選侍今上皇帝于春宫。丁未，兼侍乾清宫，受恩賚無虚旬。弘治紀元，例左遷織染局大使。甫九日，上知公素謹畏，復御馬監左少監。又以公富文學，命教書乾清宫内書堂。踰月，復重公材武，命兼督神機左掖兵。辛亥，復太監。壬子，督鼓勇營團練諸軍。乙卯，兼莅鞍轡、軍器二局事。丙辰，命總督皇城四門并京城九門。丁巳，領東厂機宜缺員，内司以數時名上，皆無當聖心者，特以命公。越八日，召兼侍乾清宫。又三月，仍兼莅監事。其在東厰，凡密告骫法，事無大小，皆躬自審覆，情狀允當而後行，無辜免坐者甚衆。戊午，有惡黨謀逆者，前後未發，公獲之以聞，詔捕誅之，以其功授弟雄錦衣衛百户。又從破虜涼州，進副千户。公年踰六十，手不釋卷，雖貴而服用泊然若儒生，因自號朴庵，以見志焉。

惟漢、唐以來，中貴之賢者若史游之育蒙著訓，吕彊之殫忠奉公，楊復光之撫軍伐叛〔三〕，流芳史册，談者尚之。公歷事四朝，幾五十年。内掌宫教，外典師旅，司筦鑰、刑暴亂以謹弗常，藝兼文武，守勵清恪。寵榮盛矣，而行之以撝謙；委任隆矣，而持之以簡靖。視古人可匹休而無讓者，則傳所謂盡瘁之忠、歸全之孝，公將有焉。予承乏春坊，侍今上講讀十年，實與公相聞，不可以終遜也，遂撮其要而著之，使來者知公之爲人，因以取徵焉。

太監何公壽藏記

都城之西香山鄉有地一區，其土沃衍，其山水深秀而面合，今太監何公之壽藏在焉。

公遣人以事狀一通告予曰：

「不佞少時荷先朝恩命，與奉御夏君欒父事故尚膳監太監金公興，金公子視吾兩人甚厚。顧嘗作生塋于是鄉，且建寺以守，而請于朝得賜額曰『永壽』，卒而葬焉。始公無恙時，不佞竊有請曰：『某等敢徼惠墓傍地，以俟幸没而有知，獲侍左右以終我公慈煦之德。』公憫然許之，成化甲午也。未幾，夏君卒，舉以祔焉。不佞慮其兆域未甃，四垣取具，非所以謹終而計遠。乃庀材鳩工，畚土伐石，中爲享堂八楹，左右爲廂房十有六楹，前以石爲門一，爲碑二，繚以崇墉，樹以名木，凡百所需，咸備無缺。蓋四閱寒暑，而以丁巳落成。非君父之賜，其何以致兹！其何敢不記之以示後來，輒具以請。」

固讓不獲，按其事狀：何氏世居廣州順德縣之仕版村，其先蓋有顯者，故因以名其居。然兵燹之後，譜逸莫可考。公生而俊穎，以景泰庚午被選入内庭，一年即奉命賜學内館，從故學士永新劉文安公〔四〕，通經史大義，講授課習，同輩鮮及。丙子，選長隨。值英宗皇帝復位，以公淳謹，召隨侍乾清宫。憲宗皇帝初，以年勞升奉御。公齡既茂，諳練益久。成化癸巳，進尚膳監右監丞。己亥，莅監事。辛丑，進右少監。癸卯，進左少監。甲辰，升大監。每被顧問，多稱旨，賜蟒衣。今上皇帝嗣位，尊聖母皇太后居仁壽宫，以公老成，命掌宫事。弘治辛亥春，賜玉帶，許乘馬禁中，加歲支禄十二石。壬子，改莅惜薪司事。甲寅，奉命送興王之國，歸日遣致祀武當山，秉禮奉法，所至晏然。蓋其出處履歷如此。

予未及識公，然觀其所以事金公及處夏君皆本于孝，歷侍四朝暨聖母一出于忠敬，在掖廷五十年，受列聖之簡知委任，寵異赫然，而行之以撝謙，守之靖默，求之一時，豈多得哉！宜其名著内朝，壽幾七袠，而先享碩大之福，獲于己者未艾也。是用撮其大者書之，俾刻焉。

公名琛，字某。父諱某，母某氏，有子三人，公行二。其兄早世，其弟居順德故里，亦有子三人，當受公蔭于異日云。

校勘記

〔一〕巖鎮志草藝文上此篇署：「弘治丁亥冬十月上浣。」

〔二〕以贍其昏喪服食之費　「以」，原作「乃」，「費」，原作「廢」，據篁墩程先生文粹卷九改。

〔三〕楊復光之撫軍伐叛　「楊」，原作「救」，據四庫本改。

〔四〕從故學士永新劉文安公　「永新」，原作「永信」，據本書他處稱劉定之籍貫皆曰「永新」改。

篁墩程先生文集卷二十一

序

瀛賢奏封録序

瀛賢奏對録凡十卷，走所編次。起漢董子，終宋龔節肅公。凡十有八人。奏對之文，凡七十有一首。走嘗熟復再三，然後知古人之所養者甚充，故其見諸言者如此。夫惟其所養者不遺餘力，故取之左右逢其原，不費辭説而意已獨至，使人誦之自覺明快。後世之士，其所養者既不逮古人，遽開口論天下事，而意不能畢達于辭，故辭愈滯，事愈晦，乃欲以感人心、動主聽，不亦艱乎！由此觀之，士固未有無所養而能有爲者也。走雖無似，竊有慕于鄉先正之所養，故手録此本，藏之以俟當世之君子與我同志者。

天順四年歲在庚辰夏五月既望書。

皇明文衡序

文之來，尚矣，而後世詞華之習蠹之。故近有爲道學之談者，曰「必去而文，然後可以入道」。夫文，載道之器也。惟作者有精粗，故論道有純駁，使於其精純者取之、粗駁者去之，則文固不害於道矣。而必以焚楮絶筆爲道，豈非惡稗而并剪其禾，惡莠而并揠其苗者哉！

漢、唐、宋之文，皆有編纂，精粗相雜。我朝汛掃積弊，文軌大同，作者繼繼有人，而散出不紀，無以成一代之言。走因取諸大家之梓行者，仍加博采，得若干卷。其間妄有所擇，悉以前説爲準，以類相次。郁乎粲然，可以備史氏之收録，清廟之詠歌，著述者之考證，繕寫成帙，以俟後人。

或曰：「朱子嘗譏文自文而道自道者。其語甚力，然則近世道學之談，未易非也。子之是舉，無乃勞乎！」走曰：「不然。考朱子之云，蓋爲蘇氏之文駁故耳。至于楚詞、韓文，註釋校訂，不遺餘力，則我先正固嘗以文爲意矣。必如子説，則是釋家不立文字之教，走豈敢以爲是乎！」

送河間縣令孫良臣序

濟南衛經歷臨漳孫君良臣上其九載之績於吏部，課其能而言於朝，得進知河間縣事。其鄉之仕者以予河間人，知其地爲詳，請贈之言。固遜不獲，則告之曰：

河間，古瀛郡也。領邑十有六，而河間邑附郭有軍衛三。其治瀕京師，其部多遷民，其田美而腴，其民夥而役繁。蓋治瀕京師，則國用之來需也勤；部多遷民，則生理鮮；田美而腴，則勢力者敓之而民是用瘠；民夥而役繁，則人日事乎委輸而不暇乎其他。且邑附郭，則郡長貳有錢穀刑獄之事，必責成焉；又有軍衛三，則兵農雜處，民無所從乎聽教令而訟滋熾。非循吏，有不僨事而瘝職者，鮮哉！

雖然，古之人圖難于其易，告之近者，則其遠者可企也。往年鄢陵李君讓爲邑數年，野無游民，庭無滯訟。勢力者來，則身任之而不以困民，民之就役者，爲立科條，使更休迭，逸而不告瘁。處戎伍間不少假，而治用不擾。且承邑久弊之餘，有巨猾其間，捕之而置於法者，前後數十。其請老而歸也，貧無以家，闔城士及所部挽而留之者千餘人。不獲命，則相率出泉布贐之，一無所受，民至有泣下者。古所謂循吏，若李君非邪？良臣於李君居同鄉，入太學也同業，其仕也先後同官，出處之同如此，其政容可以弗同邪？然則近繼美李君而遠追蹤於古循吏，良臣能不勖之以求所謂圖難于其易者哉！

今郡守賈侯忠，良二千石也。郡倅劉侯邦寧，仕河間最久，廉介人也。良臣往，得賢守貳，其職尤易舉矣。故并以告云。

送張彦質赴南京户部主事序

予童子時從家君宦蜀，時華陽人張君彦質、王君良輔輩讀書武侯廟中。予間往遊焉，聞吾伊聲琅然出牕間，退竊嘆曰：「諸君子勵志亦良苦，使他日出有位，寧肯負今日哉！」厥後予被召去蜀，遂不知諸君子出處者十有三載。

成化丙戌，予第進士，時榜中蜀人頗班班焉。雖彦質、良輔於廣衆中有一面之雅，然亦漫不省其誰何。蓋予去蜀也久，又不及與諸君子叙平生懽，故相昧如此。今年彦質得户部主事，分司南京，又始與良輔相晤語，方愕然知二君子者，曩時廟中讀書人也。俯仰今昔，若有感焉。則告之曰：

夫蜀，彦質之所家也。夫武侯，故嘗仕彦質之鄉，彦質之所景行者也。矧寓其棲神之所，誦詩讀書于斯，其得于歆豔者必深，故請以武侯之事爲彦質告。夫武侯之學，世莫得其師傳之所自，然静、學之言，實洙、泗之緒餘，大儒君子每有取焉。蓋静則志不分而學有以足乎己，學則術不疎而才可以周於用，循是而爲之，則上焉爲人之官長而有所莅，下焉爲人之幕屬而有所承，殆無施而不宜矣，此非彦質之所當志者邪！

夫以予見彦質求志於十載之前，思彦質達道於十載之後，則彦質之往也，緬懷舊遊，景行先哲，將不畏人曰：「斯人也，今有位矣。」寧肯負往日哉！

送醴陵縣令汪世行序

天下之治惡乎繫？曰繫于相與令。曰：「相至尊也，令至卑也，其勢邈然不相侔矣。顧使之均天下之責，毋乃非人情乎？」曰：「不。民也者，天下之本也。相雖尊，其于民也疏；令雖卑，其于民也親。疎者難爲功，而親者情易孚、政易達。令之賢否，民之休戚以之，令豈可以易視哉！」故太師楊文貞公嘗恨不爲令，蓋君子之思得民如此。

休寧汪世行令于長沙之醴陵，吾黨之士或榮之，或惜之。榮之者以世行故家子，起布衣爲令，得善地以奔走百里之人；惜之者以世行之才，當舉進士通朝籍，不則倅一郡、長一州，顧乃屈之爲縣。二者皆非也。夫天下之責，令與相均，吾知世行于此，求盡其責之不暇，而以爲榮，且惜者過矣。董子曰：守令者，「民之師帥」。夫帥所以治民，師所以教民也，治之遂其生，教之敦其彝，治教兼舉，而令之責始盡。且令之于民，有事造于庭相告語，若父子然，豈若相之據高亨大，其通以闇，其見以刺，于人扞然不相能也？然則今之令，患不爲耳，苟有爲焉，民豈有不蒙治教之澤者哉！迹是觀之，情孚政達，其易易如此。而已無賢稱，民無休聲，不可以言令矣。

今天子臨御，法古畏民，上圖任于輔臣，下責成于守令，誠以之二者，天下之治繫焉。然則世行今日之所勉副者，亦爲之而已矣。進士吴肅清、上舍汪汝温約鄉人以餞世行，而走僭爲之言，且以喻夫世之不足于令者。

河間府志後序

河間郡守太原賈君忠及其倅寧夏諸君廷儀取郡志梓行，而走書京師，請敏政序其後。敏政邦人也，不可以辭，則爲之言曰：

河間爲郡，在前代廢置不一，至唐、宋爲邊州，當河北三鎮，及五代、宋、遼、金、元，戎馬蹂躪之間，兵燹交馳，文獻滅裂。杞宋之徵，蓋使人有不勝其追惜者焉。迨我文廟定都北京，而河間爲畿郡，承平既久，文物日滋。於是二君子始得修復故事，爲志以傳。夫周官「小史掌郡國之志」〔一〕，則郡之有志，尚矣。蓋爲人上者，於凡所部之山川道里、民風土俗與夫人材物産有所不知，則無以考求其跡、施於有政而成治功。此河間郡志所爲梓行者也。

或乃謂英廟嘗命儒臣修大明一統志，分賜在廷。書坊既以摹本翻刻，則列郡之志可廢。是大不然。夫一統志，天下之書也，其法略；列郡志，一方之書也，其法詳。略者非簡，詳者非贅，可相有而不可相無者也。然則斯志之行，豈徒以飾吏事夸美觀而已？將使夫行部之臣、筮仕之士不煩於詢訪咨諏，而一郡二州十六縣之事，舉目可以盡得之。由是而出治，無難焉。則二君子有功于斯郡，大矣！

賈君守河間八年，威行惠流，治益閒暇，而諸君贊成此舉之力尤多。其同寅者，亦皆淑慎自持，故議以克合，使數百年之闕典於是而備，其視世之汲汲于簿書案牘之間者，其相去顧不遠哉！

志凡二十卷，本多挂漏譌舛。敏政不佞，爲之博采群蒐，重加是正，凡古蹟、山川、人物、詩文之類，彪分臚列，頗詳整于舊云。

送南京工部主事金公器序

成化壬辰之冬，金公器以工部主事考績來自南京，倡爲同年友之會，會者百十有四人。以嗣歲春正月多賜假，乃以上元後一日畢集于朝天宫之東堂，結綵署其門曰「瀛洲佳會」。而教坊又盛張樂以佐酒。酒半，群起謂曰：「非公器，則兹會有弗成。」因舉觴爲公器壽。薄暮方歸，騎從塞道。道旁觀者，咸嘖嘖嘆賞，以爲衣冠盛事。

噫，公器之意，豈徒然哉！會以友名，是必有道焉。夫丙戌之春，同日奉廷對者三百五十七人，七八年來，或物故、或以事去、或宦走四方者强半，在朝者亦各有職事之拘，雖同舍郎歲不三四見。今乃與諸君子爲樂於一日之間而晤言于一堂之上，則豈直杯酒之足樂乎？是必相責以善，使相顧無慚色，則庶幾斯會之不辱，而友道成矣。且諸君子爲給舍、爲群察，其亦有敢言以折憸壬者乎？有朋昵以摧善良者乎？爲署郎、爲百執事，其亦有清恪以保名節者乎？有苟黷以隳官守者乎？是是而非非，則庶乎後會可尋，斯樂可繼。不然，其有能靦顔赬頸以自列于樽俎之間者哉！公器之意，殆出于此。若留連光景以爲好事之舉，則友道無所藉，而斯會不足齒矣。

敏政在榜中年最少，無善可稱，而辱爲諸君子所不棄，使執筆爲公器南還之贈，故序其事以道其行。公器，吴江人，隸籍京師，倜儻有才略，蚤以事忤權貴人，毅然不屈，至今談者尚之。

送吴思齊還治遼州序

國朝之制，凡仕者三歲一考，三考則視其殿最而黜陟之。然三考之間，惟再考爲難。仕之初，鮮有不自立者，故一考率得書最于有司。至於再考，則以爲宦成矣，其心不能無少緩以肆，亦或有技止此而力不逮者，於是乎前不足於人之初望，後無以爲明陟之地，舉其有而并失之。故凡仕者，慎焉。吾友吴思齊知遼州，六年矣，書最于有司如其初。其西歸也，鄉人餞之，而請予重之以辭。

夫并、晉之土勁，食其土以有生者，鷙而難馴，而遼大州也，思齊以江南諸生處其士民之上，言如不出諸口而令無不行也，身如不勝衣而頑者化、暴者革，部使者以爲能，群試之而書最于有司者再，夫豈掩襲而得之者哉？是必有道焉。思齊以淑慎自持，少而壯如一日，故無緩肆之弊；安儒者之分，不分其力于他道，故無不逮之耻。以無所緩肆之心而加以可達之力，守其道久而不渝，雖終身，可也，何有于再考？雖服于大僚，可也，何有于一州？陟之、明之，不足爲思齊道也。

鄉人之餞者，刑部主事謝恭而下若干人。

送内兄林文秀之官淮陰序

内兄林文秀與予同學詩于家君晴洲先生，時先生參政于蜀，予與文秀侍行，道荆江、泝巴峽以達成都。凡途中山川古蹟，先生必命題以試吾二人。吾二人者亦思盡天下之大觀以昌其詩。故在峽中，每每攀蘿葛上峻峰，題名峭壁之上，或跳石弄水于奔川激流處，相與爲不經人道語。嘗記作巫山十二峰詩，予語不能奇，因竊兄者以爲己有，相與争笑不已。時雖未知詩之工拙，然自以爲有足樂者。其後予被召來京師，文秀亦束書歸耕瀛城之南，不相見者數載。

天順末，予謁告歸省晴洲先生于金沙嶺之别墅，文秀乃復相予行馬上，時時説舊事，數日不了。時深秋曠野，天長木落，頗快人意。既出瓦橋關，過雄縣，予與文秀因馳馬遊鄚州古城上。有騎而劍者數人，群僧荷殳擁其後。文秀以爲暴客，心甚恐。予時獨挾三矢躍而出，適有奔犬起叢薄間，客與僧相謂曰：「公子能追殪之乎？」予控弦應聲，一發而斃，客與僧相顧愕眙，散去。文秀偉予，因口占一詩。後予每思壯遊，蓋未始不往來于懷也。

予舅氏既棄官安東，而文秀家益落，數益奇，乃欲就升斗之禄以爲養親計。時太守賈侯召試之案牘，文秀曰：「僕安能事此？願試一詩。」賈大驚異，試以「冬無冰」之詩，文秀舉筆立就，乃得爲宣使大寧都司。大寧多武臣，不識好惡，獨見文秀能詩，乃禮之不敢後。用是文秀安爲之下者三年，始得上吏部爲驛令淮陰。夫以文秀偉然長身，生北方兵革之地，人識字以爲難，而獨以詩出其群，則其通名天朝以躍馬食肉于此，豈曰幸哉？

文秀既介行李出都門，予因與之約曰：「第他日復得謁告南歸，子當市柳魚豆酒坐我皇華館上，呼取伶人作韓王孫受辱戲劇，相與大醉十日，然後放巨艦入清河、下長淮，問古戰場及騷人釣遊處，相從賦詠以尋舊盟。愼勿以謂予方奔走舟車之下求盡其職，寧克從子嘲詠風月留連光景作少年郎邪。」酒盡告行，書以爲贈。

壽吳孺人序

子之於親，蓋無所不致其極，而稱壽則其大者。故觴斝不足以盡歡，歌舞不足以養志，幣帛不足以將誠，惟文字可以揚厲德善，有古詩人頌客之至情，説親之道，於此爲盛。然士夫間類以之爲虚文，不屑爲，豈以請者多而作者厭乎？夫稱壽，孝之大者，而厭其多，是惡天下之爲人子也？故凡有以壽文請者，不肖未嘗不欣然應之無難辭，推己之心，知人之我同耳。

淳安諸生吴君禮之母方孺人壽七十而加健，因與其二兄祥、裕及其友生盧鴻輩謀所以稱慶者，乃走書其從弟監察御史祚、外弟禮部主事邵君新。於是兩君過予，乞爲之辭。予不及識吴君，而獨重其孝，則起請孺人之爲人。曰：「孺人故宋蛟峰先生之孫，嫁處士吴本輝父。本輝父棄世二十年，孺人不爲奇絶之行，而家庭間，爲子者不悖，爲婦者不妬，爲僮僕者咸職其職而不敢肆，人以是賢孺人。」兩君又各言孺人教愛之如己出，且黯然以不克親拜堂上爲歉。夫子之當孝常理，稱壽常事。獨從子之於從母，率以爲疏矣，而慕之如其子；其親戚子弟，又加遠矣，而慕之如其從子；其子之友生，異姓矣，而慕之如其親戚子弟。吾以是益知孺人之賢。夫賢者有後，孺人之兩子皆克家，而又有才行如季子者，他日起諸生，與御史聯步朝行以底于顯親揚名之孝，則孺人享禄養以介壽祺，方自兹始。

孺人始生之日在歲之秋九月二十九日，予不能製新詞畀舞童歌以侑觴，竊聞之閟宫之詩曰：「俾爾昌而熾，俾爾壽而富。黄髪台背，壽胥與試。」又曰：「俾爾昌而大，俾爾耆而艾。萬有千歲，眉壽無有害。」予不敏，敢以是爲孺人敬誦之。

送晉寧州邵醫官序

鄉貢進士王景陽開塾于太師李文達公家，間道其鄉人邵景暉之醫學。公子尚寶司丞士欽及其二季士敬、士貴因樂與遊，且諗其醫之良也，又以道於予。予方思識其人，而景暉受薦起爲典科于晉寧州醫學去矣，士欽相率來請一言贈之行。

嗟夫，天下之事，未有不資于學而能成者。百家衆技，必有師焉，而今之公署在天下以學名者三：儒也，醫也，陰陽也。儒之學，自三代已然，醫與陰陽二學，肇于宋而盛于今，國朝置官，與儒學鼎峙。夫二家之學，在周禮曰「醫師」，在書曰「羲暨和」，蓋儒者之學，非百家衆技之所謂學也。儒者不得而專攻，故使良者爲之長，率其徒以相守令而治民焉。其任雖卑，而責則重矣。蓋禮義乖則民之俗也漓，疾疢興則民之生也弗遂，寒暑紊則民之業以隳。三者之教行而治道成，故曰二家之學，非百家衆技之所謂學也。

夫道德性命之理，六經載之。醫與陰陽之先，其所以察脉理而知受病之源，測玄象而得運行之度，類非神聖之士，不能以前知。特後之學者，泥其迹不察其理，故世以百家衆技之流目之。而爲其徒者，亦安處其名。蓋二家之學失其職也，久矣。晉寧於滇爲屬郡，而景暉之父故爲醫學師，景暉世其學且世其官，蓋庶幾所謂良士者。夫滇在京師萬里外，其地與夷獠雜處，國朝以來，禮義之漸洽視内郡，而況于醫乎？吾見景暉之教，將大行于一州，而遠人蒙其休也。予故學于文達公，而景陽又於予有講學之舊，亦深慨夫儒者之失其職而無以自振也，故以學之説告之。

文母王宜人輓詩序

輓詩之作，何昉乎？左氏之歌虞殯，莊生之紼謳，古樂府之蒿里、薤露，皆是也。然考其實，乃當時送葬執引者聲之以相其力耳。顧近世爲之者，異于是。憫其人命之不淑，則近于黄鳥之詩；本于人子所追慕，則近于蓼莪、陟岵之詩。頌彼之善，寄此之哀，雖不相知可以請托爲之，習于見聞，遂成故事。不如此，則人且有無所用情之譏，蓋士夫之告哀乞詩，類于俗人之飰僧追薦，勢不能自已也。

户部郎中文君志貞奉其母宜人輓詩一帙，過予泣請曰：「詩必有序。」予讀而悲之，曰：「此亦可謂用情矣！」夫古詩幾三千篇，孔子删之，存者三百有畸，而致哀于人、追慕其親者，僅一再見，又每不過三疊、六疊而止焉，蓋如此其慎之也。慎之，故足以昭當時、訊後人。而近世爲之者，動輒累十百不止，徵之累年不足，借曰「君子疾没世而名不稱」，則亦何其詞之費、慮之周一至此哉！蓼莪、陟岵之詩，人子所自爲，未嘗借重也。黄鳥之詩，得諸其國人，未嘗出于大人先生之口，皆孔子所不棄，則人固實有善之足貴乎！

宜人姓王氏，世家山東，徙陝蘭邑之東川。既嫁，從其夫君子謫戍涼州，中歲而歸，晚就養京邸，受封恩，年六十有六以卒，葬蘭之華林峰下。本其爲女、若婦、若母，皆有善聞其鄉。郎中起進士爲行人至今官，其顯揚之業，固將有出于此帙之外者。雖然，此豈不猶善于世之飾僧追薦者哉！

送方君引

方君秉彝，歙諸生也，少從鄉先生學春秋。學成，赴南畿秋試，屢弗利，而年益茂，學益邃。會其家有尺籍死無繼者，有司將逮君，而儒生從戎者，令當送試其才否罷遣之。君持牒走京師，兵部請就試文淵閣，閣老彭安成先生才君，君乃得釋。

予與君家同郡，竊爲之嘆曰：周禮凡國子遇兵甲之事，「則授之車甲，合其卒伍，置其有司，以軍法治之」。夫周盛時如此，而況叔季乎？於國子如此，而況郡縣諸生乎？惟我列聖以文教弘古之治，恒思一才之遺，故於儒生曲成之如此，方君不已大幸哉！詘伸者，數之常也。君之去此，其必翹然出群，以上副朝家涵煦之大恩乎！然則今日之詘，固後日之伸兆也。

君族兄貢士良弼與予善，故輒書此以爲君之歸。

洪氏族譜序

知鄭州徽人洪君寬奉其世譜一帙，請走序其前，曰：「將板行族中，庶其所藉而不朽也。」

洪出共工氏，受封河内之共城，子孫推本水德之緒，加水于左，世望燉煌。在唐有諱經綸者，德宗朝爲河北黜陟使，議罷方鎮兵，左遷宣歙觀察使，自下邳徙婺源之官坑，徽之有洪，蓋始此。觀察七世孫鈹，又徙休寧之黄石。鈹七世孫中孚，宋進士龍圖閣待制贈少師，徽宗時嘗諫伐遼，忤内侍，落職致仕。待制五世孫大六，再徙歙之西南境，因姓其地曰洪源，則今洪所定居也。大六十世孫伯祥，自號洪厓老人，元至正中與其弟震爲洪氏木根水源録，序而藏之。鄭州上距震，蓋四世矣。然自洪厓兄弟剏譜之後，子姓益蕃，爲世益遠，而舊編之傳者日益譌，於是鄭州又復定爲今譜，凡若干卷。

洪厓之譜，有鄉先生唐仲寔及史官徐旭之文，所以叙譜之故，略已盡之。然走獨念徽之洪氏自唐至今，視他族積久彌盛，亦有二公所不及言者。夫唐之亡成於方鎮，宋之分裂始於伐遼，而觀察、待制兩公，獨於其時慨然以天下爲念，不恤强臣、巨閹之害己而言之君父。雖其言不行，而守官之正、謀國之忠、建事之勇，萬世如一日也。其子孫之盛且久，不有自而然哉！是則斯譜之行，豈直叙親疎、别真僞？所以不忘前烈而迪其後之人，固鄭州謹嗣葺之意也。

鄭州起鄉進士，自桂陽徙治鄭，皆有賢聲，子遠，亦舉鄉貢進士。而鄭州故與走之宗兄同知汀州熙有婣好，知洪氏者莫如走也，故論其世而以兩公爲首稱，使後之觀斯譜者有考焉。

贈廣東按察副使張君詩序

廣東凡十郡，七瀕于海，一居海中。環其境，諸蕃相望，而倭人最慓黠難制。朝廷爲設按察分司于海上，副使一人，奉璽書以巡視海道，爲名一方，安危隱然繫焉。用失其人，必且僨事，故擢任之際，往往慎之。吾友華亭張君汝欽之赴茲役也，同年友一十人約賦詩道其行，退予爲之序。

廣東大藩，水陸之交，警備甚嚴，三司皆治廣州，而按察又分五道，各署印以糾諸郡。獨海道上下數千里，責之一人。然比年以來，倭人出没最少，而猺賊弄刃于谿峒之間無虚歲，至于焚縣治、逐長吏、俘戮其子女，屢勤大將出兵攻之。稍靖矣，而復熾，此其故何哉？危者平，易者傾，理之常也。

汝欽長身玉立，性敏而志鋭，自翰林庶吉士爲監察御史，出按滄、濟、荆、湖之地，不縱不刻，所至燁然有聲焉。海道一事，固優爲之。雖然，巨浸排空，戰艦如林，以孑然之身日虞寇至而圖其成，此水道之所以長安也。谿峒不險于海，猺賊之慓黠不勝于倭人，然事未至而議之，甲可乙否，有事相顧莫可與當者，此陸道之所以多危也。夫廣東偏師屯境上，至今不解，其勢殆有可平之漸，而海道之無虞也，久矣。易曰：「無平不陂，無往不復。艱貞無咎，勿恤其孚，于食有福。」汝欽往哉！服金紫食大夫之禄，日坐行臺，兵民環立，以聽乎教令，豈可一日而忘艱貞邪？謹自治，勿恃其安而毁于盈，事之涉利害者，亟罷行之，使海波不揚、戎備閒暇，島夷聞之不敢乘其隙，素餐者望之有儆焉，則豈惟無負其平生與今日慎選哉？福禄日臻，誠有如易之所云者矣。諸君子詩多致愛助之意，而無留連光景之詞，固將有可傳者，不待序也。

送范邦祥知嶧縣序

徽之貢士范邦祥以戴氏學凡七上禮部，舉進士不第，既入吏部銓，其下邦祥者類得府上佐及州長，而邦祥僅得爲嶧令，又遠去其鄉數千里于江之北，徽人之客京師者重惜之，因相率請予爲贈别之辭。

嶧，山東之縣也。秦漢帝王率嘗遊其山之下，刻石頌功，或道海上求仙人，以徼永譽而逞其大欲。計當時扈從輿馬，紛然交于馳道，供億之需百出，而嶧之士民奔走服役，轉竄死亡，爲之令者，亦疲于事上，日虞罪責，雖有子惠循良之志，將安所施？方今聖天子端拱于上，無盤遊生事之好，四方靖謐，不特一縣爲然。然則邦祥去此而綰黄綬爲郎于大府之下，以今百里之人所據者，儼如古子男之國，謂非聖天子之明賜，不可也，而又何重惜之有？

雖然，古之善治，不過富之、教之耳。三五年來，山以東非水則蝗，疫癘薦興，郡縣之間，十室九空，村墟蕭然，至於無人，此豈君子可樂之時邪！邦祥往哉，尚旁求舉措之蹟，使饑者得食，蕩析者反其居，而病者無夭札之苦，然後乘國家閒暇之時，進其諸生，相與推明孔、孟之遺書而復行之，俾嶧之人忠信長厚，無盜無訟，以還鄒、魯之舊。此則予所重望于邦祥者，餘不足道也。

送太學生于君還鄆城序

我朝准先代之制，士必養于郡縣學〔二〕，升于太學，以次入官。蓋儲之有素，而後任之得人也。予獨怪夫近世士不知所自養，凡在郡縣者恨升太學之遲，在太學者惟恐出之不速。故未升則上粟馬以求進，甫升則投牒吏部願就禄學官。甚哉！失其所以爲士者。夫士之居學，其猶農之在田，賈之坐肆乎？農蔑其田則餒，賈厭其肆則貧，士疾視其學則爲棄人。士之在郡縣學所讀者，先王之書，所友者，一鄉之良。士無耕耨貿易之勞而有弦誦之樂，一日居之，則修己治人之業有一日之長。其上太學也亦然，且所與遊者天下之士，歲考月計，而吾之業鮮不成矣。顧皆僕僕然有濡滯之嘆，幸而去之，動色相賀，是何所見之與農賈異邪？

于君本深鄆城世家，爲縣學弟子員，以所業尚書赴山東鄉試者，屢矣。每赴輒不利于有司，而業益精。成化丙申始升太學，其同升者多願就禄學官，君笑曰：「方將受教于人，而强爲人師，士之恥也。」乃謁告省親東歸。噫！若于君，跡其心，顧豈可以今之爲士者求之邪？國初，太學生逕授京秩，而進士多外補，凡試禮部未第者，增廣諸生不得入太學，太學之重如此。正統以來，斯例漸塞，由是科目重而太學輕，假使人皆好修如于君，則世烏敢有輕太學之士者哉！惜乎蘭茝之一二，不禁蕭菅之千百也。于君之歸，奉親讀書，其所養益厚，必且大成于科目之間，以副上之任使，抑豈僅爲一鄉之良士矣乎！

監察御史伯大器亦鄞人，予同年進士也，素厚于君，請予文以爲君之别。大器之友即予友也，故不以辭。

贈兵科都給事中章君序

給事中非言官也，唐、宋之制，給事中治門下省，佐侍中詳命令，封駁章奏。别有拾遺、補闕、司諫、正言，謂之言官，其治曰諫院。我太祖高皇帝罷言官，而每著之令曰：凡朝政缺失，軍民利病，許諸人直言無隱。大哉王言，其視唐、宋之淺謀狹制，蓋萬萬矣！國朝給事中設科六，有長有佐，其責愈分，而職愈專。然今之人，見給事中猶曰言官，其自諉亦曰言官，予恐責之者非其罪，而自諉者無當也。

鄞之章君元益，天順中與予同領京闈鄉薦，成化初同舉進士，同教養于翰林。元益長予四歲，磊落疏闓，予兄事之。予承乏史官，而元益擢兵科給事中，朝夕敬共，以求盡其職。而竑論崇議見于設施者，士論往往以爲得體。既進都給事中，凡同年者又皆喜，以爲吾榜得人，而鄞士之喜尤甚。於是刑科給事中盧欽玉、刑部主事楊志仁來請予重之以辭。予於元益交久語熟，蓋無可爲辭。然予所以敬厚元益者，寧有已乎！

夫内科外部，實相對峙，雖禄有崇卑，而其責常均。矧兵，國之大事，固難乎其爲長矣。今之仕者，爲寮佐遇事則曰：「有官長在，吾何能爲？」至於爲官長，將何所逭其責哉！上嗣位以來，屢勤兵于四方，雖不旋踵怗然無虞，意所以弭之之術，尚有所未盡也。元益嘗佐兵科，有聲矣。今爲官長焉，其必有以審處乎此。語曰：「有官守者盡其職，有言責者盡其忠。」今之給事中，固非若古之言官有專責，然令許諸人直言無隱，則夫職之所在，法無不得言者。合群議而告諸朝布之天下，偃兵息民以輔成今上垂拱之治，予寧不有望於元益也哉！

贈鄧州守禦千户党侯序

天下武官自開國、靖難兩功之後，有事于四方則以捷進者千萬計，由是衛所之上，多者數十，少者十數，蠶食其下，戎政以隳。往時天子用廷議，詔簡汰武官，拔其尤者爲軍正衛三人、所一人，俾之綰章以治事，餘不得預。三歲則聽行臺守臣覈其稱否爲進退焉。冗員肆虐，蓋庶乎鮮矣。成化十有二年，河南鎮守中貴人暨巡撫、巡按者籍其所覈軍正官于朝，蓋河南一都司所隸八衛四十餘所，進者若干人，而鄧州守禦千户党侯隆居其一。

侯，陝之甘泉人，世爲將家，自其祖父以靖難功至千户，侯謹嗣之，率其所部練于京營，有年矣。士卒甘苦，軍務弛張，閱知之甚稔，其膺遴選，殆可謂無負者與。所悉寓治衛中，有事可仰成于上，諉辭于下，鄧州一所雖附南陽，而軍于外以守禦結銜，其勢儼然與衛敵，專行獨濟，無不可者。然則党侯舉措，固將繫一州之重輕也哉！

鄧於前代爲重鎮，地瀕襄樊，山川阻修，劇盜往往生其間，間朝廷一遣偏師問罪，必先駐鄧，故爲鄧也難。邇者天子命大臣行要害、立官府、綏流人爲久安之策，鄧之易易，蓋自此始矣。雖然，古語云「太平不可忘戰」，侯勉哉！慎隄封，恤士馬，戎政之涉利害者罷行之，使一州晏然，兵民胥悦，則豈一得之足慶？將三歲之覈，亦孰能易之？侯勉哉！

鄧之仕者相率請予言爲贈，予外舅鄧人也，故不辭而與之言。

贈工部主事吴文盛序

世有謂文學不足以得士者，非通論也。予觀兩漢之人，鄉舉里選，雖若無事于學，至誦其所著述皆平實可法，大抵人必深於學，學必本於經，故見諸行亦有所據而不悖。今之所謂學者，何學哉？以詞翰之工拙爲高下，遂使經生不齒于才子，士習之不迨古，有由然已。吾徽之人，於所謂詞翰者，類出列郡下，惟舉於兩京上禮部者，率以一經占首選。蓋徽之爲郡，自朱子以來，儒先輩出，經學之漸被者久，後生小子口誦手録者不雜于他岐故也。若休寧吴文盛，其一焉。

文盛之春秋有聲郡學，成化辛卯以是經舉南京鄉試第二人，壬辰魁禮部會試，主司皆録其經義，式來學。廷對賜進士出身，值外艱而歸。丁酉服闋，乃授工部都水清吏司主事，出莅淮安清江浦河道云。文盛爲人，恂恂儒者，若不勝衣。至扣其所得，亦霈然莫能窮。雖性和易，人樂親之。家居三年，未始有私謁。蓋非深于經者，不能也。彼施施然驕其詞翰之工于人，實足以暴其浮藻耳，其中豈必有本哉？

雖然，詞翰之工拙不足計，而近世乃復指談經者爲迂闊，甚矣乎，士習之陋也！窮經將以致用，春秋者，聖人之用在焉。文盛幼誦習之，今壯矣，是非舉措，如辨黑白，數一二推而行之，豈不綽綽然有餘地哉。矧篚屬列部，有不能事事者，多借上官以自諉。文盛之去此也，本之以平生之學，加之以獨任之力，將賢聲煒然起于淮之壖矣，振華履亨，必兆于此。淮，南北往來之通衢也，吾願與鄉人士之客京師者拭目焉。

宋遺民録序〔三〕

予嘗讀宋王鼎翁、謝臯羽、唐玉潛三子者之事而悲之。且名不載於史，而其平生著述，兵燹以來，又多淪喪。獨其倡和稱述之間，見於諸家别集中者，猶可考也。齋居之暇，因裒輯以傳，而附以其一時意氣相與之人，爲十二卷，題曰宋遺民録，序而藏之曰：

嗚呼，甚哉，宋待士之厚，而獲士之報如此也！江，南北矣；帝，子臣矣；勤王捍難之卿相，擄且死矣。而三子者，皆布衣，爲文丞相客，初未始都高爵、享厚禄也，乃獨拳拳思宋之不置。或欲死其主於方生以成其名，或欲生其主于既死以暴其志，或欲存其廟食于既亡、續其王氣於已斷，以求盡此心而不負其主。天理民彝，藉之以不泯焉。夫然後知宋貽謀之善，而士厚報之，可以爲有天下國家者鑒矣。

吾嘗見前代亡國之君，暴虐備至，其臣有駢首就戮甘九死而不悔，初未始繫於國之貽謀焉者，誠以君臣之義，截然有定，而秉彝好德之良心，不容已也。然亦有以其綱常之身與其君父之國委而與人以偷生苟活、倖富貴于一時且自以爲得計者，雖本諸其人之知愚賢不肖，而國之貽謀，亦容有未盡耳。此秦、隋之君一經敗亂即如潰瓜不可復救，而靖康之末，忠臣義士死者接踵，又相與維持立國至于百五十年之久，國亡主執而猶有如文丞相者，挺然以其綱常之身，百折不屈，就死如歸，以明大義於天下後世。而三子者之志，於是誠可悲矣，至今言者，每以其名不載史爲恨。

然予嘗竊觀三子者之事而得其心矣。方其運去物改之後，徬徨徙倚于殘山剩水間，孤憤激烈，悲鳴長號，若無所容其身者。苟可容力，就白刃以不辭，環而視之，非不自知其身滄海之一粟也，而綱常繫焉，故寧爲管寧、陶潛之貧賤而不悔者，誠有見夫天理民彝之不可泯也。然跡其平生，則亦將求以不負此心而已，豈必人之已知也哉！而其志則已光耀研鍧于青天皎日之下，雖歷萬世，光景常新，不與海桑而俱化矣，固非若世之淺丈夫建尺寸之功必待銘之鼎彝、刻之琬琰而後名可永也。由是觀之，夫三子者，豈以史之載不載爲加損者哉！

區區孤陋，每摭拾其殘編斷簡而伏讀之，其言勁如風霆、煒如日星，而黍離、麥秀之感，溢于言意之表，殊使人不能終篇，固以毛髮上指、涕泗交頤，如見其人于九京，凛有生氣，欲從之游而不可得也。矧夫一時相與者，又皆慷慨悲歌之士，或倡和焉，或稱述焉，皆足以起人心之忠義、振末世之委靡。百代之下，讀其文想其人，將必有任天理民彝之責于一身，而與之冥契神交於百代之上者矣。然則有天下國家者，可不鑒於此哉。編之末，復附以元主爲宋裔之説，一本諸故老之傳聞，參之史傳之登載，卓卓乎可以信後世而無疑。蓋又將以慰夫三子者不忘宋之心于地下，而宋貽謀之善之報，亦于是乎見焉。

校勘記

〔一〕夫周官小史掌郡國之志　「郡」，四庫本作「邦」。

〔二〕士必養于郡縣學　「士」，原作「事」，據四庫本改。

〔三〕宋遺民録卷首此序署：「成化己亥春三月上浣新安程敏政序。」

篁墩程先生文集卷二十二

序

贈三氏學録孔君序

成化丁酉春，衍聖孔公上疏言三氏學官闕員，族人公璜有行有文，請注爲學録。上京師，吏部以聞，詔可。公璜字輔文，宣聖五十八代孫也。治任東歸，凡姻于孔氏者，醵而餞之。又過予，請贈之言。謝不敏，不獲，則告之曰：

聖人之言，具在方策，學者所共習也。雖得之有淺深小大，皆足爲教養之資。顧予之蕪陋，縱强之有辭，亦輔文之所前知者矣，將何言？仰惟我列聖於宣聖之宗子，世祚爲公，開府置官，屬得自辟。三氏學，其一焉。學之爲師者不考績，爲諸生者不貢試，優游卒歲，視諸王府。近世始更著令，考績貢試，比于郡縣學，提學、按察官得臨之。蓋因時制宜，勢不得不然。

則今之爲學録者，視昔加難矣。且郡縣學之師徒，誦法孔氏云爾，非其後之人；諸生亦雜出于兵民子弟，不必皆聖賢之裔。或一不副其職，人尚得訾議之曰：「非孔氏之徒也！」而況輔文乎？如使聖賢之裔，有一之違越禮法、學行後于庸衆人，則人責備其師矣；又況主鬯者聞其賢而舉之，則夫酬酢事變、周旋禮文，固將挾之自輔以求立于無過之地，不思其難，可乎？

輔文之考經伯，正統中爲學録，曾祖克堅，仕元，遠祖穎達，仕唐，俱爲祭酒，而安國仕漢，爲博士，皆師儒之官。其聲光播于史牒、家乘者，炳如也。輔文淳行篤學，雖漸漬乎其先世者有素，是職之舉無難焉。然未可以自足也。踵芳邁烈，由考而祖，又上之以闖于穎達、安國之堂奥，使禮庭之訓勃然一新于鄒、魯之間，斯下無負聖孫之推薦，上無負明天子崇儒右文之優渥矣。經不云乎，「惟斆學半」。此贈言者之意也，輔文勉哉！

山川鍾秀圖詩序

新安山川甲于東南，而婺源又一郡之勝，晦庵先生文公朱子之闕里在焉。初，文公父子生時，有紫白二氣出家之井中，宋號曰虹井，建亭其上，其後韋齋因仕而家于閩。迨元至正暨國朝洪武，有司皆請還其子孫一人于婺源，俾奉祠墓。曰湛者，距文公八世矣，用長子櫶貴，封户部主事，櫶起進士，歷浙江都轉運使。景泰中，詔禄朱子後，於是居閩者曰梃世爲翰林五經博士，居婺源者曰楙世爲國子生。楙於櫶、梃，兄弟也，歷餘杭永年丞。兩派並顯于時，而推其慶之所繇來，則婺源其祖也。

考之朱氏家集，韋齋常以「紫陽書堂」鍥其印章，紫陽，蓋新安之名山。又聞之長老，淳熙中，文公歸展祖墓，慨然思返其故廬，因挾西山蔡氏與俱。蔡氏雖精于堪輿之説，而實則閩産，力勸文公還閩。則二先生平日眷眷于新安之山水，可知已。

噫！大賢君子之生，其身繫天下後世，斯道之絶續、其後之昌否皆天也，豈悉假于一郡縣之山川哉？然尼山禱而得宣聖，有賢嗣人世不失爵，則地之靈或相之，亦理之所有者。吾以是訊井虹之説焉。雖然，陟降于廟庭，行視其丘壟，使觀者指其父子兄弟紆金拖綬相望于松楸俎豆之間而曰：「斯山也，斯川也，其秀之所鍾如此。」則未也。賢者之後，固有在彼而不在此者。

夫朱氏之言，著于書而行傳於史，天下後世，人知誦習之，而況其子孫也哉？矧簿尉、茶鹽之職，二先生皆嘗爲之，迹其舉措，無非道之所在。苟爲子孫者言行不失其世守，則豈惟名位之進足以榮一時，將赫然增輝于故鄉山水，而大賢君子流澤之長所以出乎天者，愈可徵矣。

湖廣按察僉事汪君希顔於朱爲婣家，既作山川鍾秀之圖以贈永年，又託諸公賦詠之。

而以走新安諸生也，請爲之序。

送孔君廷佐知環縣序

環於前代爲邊州，宋至以重臣開府控諸路以扞夏、金。國初天下平一，西土歸於職方，乃易州爲縣，屬慶陽。蓋自是令於斯者，晏然與其民相忘，號爲善地。中世以來，有孽虜潛于河間，入我西鄙，而邊人燕安，虜稍得志，以蔓于内地。若環，則亦嘗有小警焉。榷募既興，奔走不暇，由是繼令者始以環爲難。今天子嗣位十有四載，屢勤兵于關、陝，諸將遂以捷告，而虜益衰，環益壯。鄧之孔君廷佐以諸生待次吏部，而得令于環。予與尚寶丞李君士欽皆於廷佐有葭莩之好，則相與慶其行曰：

甚矣！廷佐之宜於環也。何哉？業本于世守而才成于積學。廷佐之先家靈璧〔一〕，其曾大父烏撒府君從高帝起江左，自將五千人北渡取鄧州而城之，創宫府、綏流人、戢群盜、掌兵民之政者十五年。後雖去之，而鄧人懷思，禮其子孫之留寓者不衰。廷佐在諸孫中，翹然秀穎，得諸其家者既深，而又發跡庠校，通經術、友國士以充其所未竟，使環如昔者之難且將易之，而況戎馬載旋，河外無事，治環之蹟，固有不煩于旁求遠睨而得之者矣。

雖然，居安思危，相古所戒。廷佐往哉，劭農飭吏之餘，按行其山川與其故砦遺城之下，進其父老，以考知前代扞守之宜暨我朝更化以來治狀難易之故，凡事力可及者罷行之，其大者或專達，或舉以副行部者之周諏，使因廷佐而有取焉，以福環之人，則究其所施以無愧於祖武者，將不止乎一令矣！廷佐勉哉！

贈覺義祖庭上人序

我國家董正治官於内外文武諸司，悉准古制，又以釋、老二氏前代處之無定法，而禄其徒也無定員，故或尊禮之太勤以至于速咎，或偏重之升彼抑此使不相能。之二者，皆非也。於是定京師置僧、道二録司，隸禮部，秩視六品。又置僧綱、道紀司于諸府，二正司于州，二會司于縣，並隸二録司。俾率其徒事其事，以自别于齊民。蓋高帝之仁如天地之覆載，雖荒裔之遠外者思有以綏之，俾無一夫不獲其所，而况老子中國人，釋氏之先，本慕中國而來者乎！故不問其説之何似，一切以官府處之。由是二氏之徒得相安于德教之下而無過寵之虞、偏重之厄者，我高帝之仁也。

祖庭上人良家子，不樂昏宦而從釋氏者游。其師曰翠岩，仕爲僧録右講經。翠岩之師曰本宗，仕爲僧録左闡教，皆以能官名于時。上人既得衣鉢之傳，遂出游四方，廣其見聞，以求所以嗣其二師之業者。既乃浩然返于京師。於時御用太監傅君方肇建大刹于都城之北西湖渠，請于上，賜其額曰廣慈，又特薦上人爲僧録右覺義，使兼住持。上人於是，可謂能嗣其師之業者歟！

雖然，正會率其州縣之僧以聽于綱，綱率其府之僧以聽于録，猶令率其民以聽于守，守率其民以聽于中朝之大臣也。其秩雖甚懸絶，而正己率下以求盡其所當爲，則皆然已。反是，豈有不干憲于官府者哉？上人勖之，仰思我高帝之仁以無替上之寵命，則庶幾乎有光于所師而不忝其所舉者哉！

錦衣户侯趙君廣本大監公之客將，而予赴兩試之館人也。將合所知者以慶上人，固請予爲之序。

送湖廣布政司參議林君序

今之升朝官，惟户部所理諸場廩帑藏自京畿以達四方，其事比諸曹爲繁難。子部十有三，計官屬常五六十人，其轉遷比諸曹爲濡滯。故仕者憚居之。居之而有成績被顯擢，則其人可知也。以予所識，若林君允吉其一人焉。

允吉以一經試魁其鄉，既而舉進士，爲工部主事。天順中，覈群工於荆、湖，荆、湖之人稱之至今。其在户部，自主事進員外郎中，課其績，蓋二十年矣。部長貳任之不疑，而寮宷推遜之無後言。其有所歛敬通融，終其去而下人罔敢嘵嘵者，其爲人如此。成化戊戌之秋，吏部舉之，遂拜湖廣布政司右參議，奉璽書專督區賦焉。蓋吏部之不忘其前政也者，懼朝廷用枉其才也。允吉將陛辭就道，其同官主事任君文遂合鄉人出祖之，請予言爲之贈。

予觀布政司，古方伯之任，自使以下，皆尊官。然其往莅，率以部牒行，惟兵馬食貨繫國用之大者，置官專領，則特降敕以告諭其人焉，蓋重之也。昔「文王罔攸兼于庶」，「慎惟有司之牧」，夫是訓用違，而尤謹於吉士之求、憸人之戒。我朝之任法與人，蓋體諸此。然則允吉之膺慎選，其不思有以副之可乎！荆、湖地數千里，視諸司最大，又多羡腴之田，其民樂土而厭他徙。獨其西南境二廣、貴州者，屯控蠻之師，西北境陝、雒者，多流人其間，蓋不能無坐食之費、轉饋之勞，則起而爲之所者，非允吉乎，其誰屬之？

允吉閩人，外若長厚而内廉隅，處事精覈。其於職務之難易繁簡與其進之遲速小大，蓋無容心焉久矣。其去之荆、湖，固當益修其平生，堅其守、弘其施以不隳其舊望而卒有以副乎上下也。他日績成而來，加再命、三命之寵焉，以增輝其鄉邦而成予之論，亦固有可以前卜者哉！

贈同知徽州府事張君序

同知徽州府事張君拜命之明日，予往候之國門之外之寓舍，君留款焉，語馴而色温，心竊幸之，曰：「豈弟之君子也！我徽之民庶幾其有瘳乎！」時通政參議李君和在坐，屢顧予曰：「張君昔判我彰德，其政也不亟以困民，不徐以廢事，彰德之人頌之至今。今去而佐徽，子郡之幸也。敢竊以爲賀。」又明日，行人洪君漢與徽之仕者相率而過予曰：「漢嘗奉使道出黄州，識張君，蓋及其境則士民相與誦其倅之公平，漢謹識之。今起而佐徽，我郡之幸也，敢請所以賀。」予不敢當，曰：「我聞張君之治彰德也，巡撫都憲廣平賈公上其政于朝；其治黄州也，巡撫都憲太平吴公、江右劉公又相繼上之。蓋更兩任踰十年，前後不易其守，故吏部長貳重其人、奏其最，加大夫之命焉。以幸我徽人，則張君之功名固已升諸廟堂、通于天子，可以聞四方爲後勸，其賀之也，亦奚假于予言？」

雖然，我輩皆徽人也，若徽之詳，則豈非張君之所欲聞者哉？夫徽，南畿之一郡耳，僻處萬山之中，非往來通逵，無迎送之擾、征役之繁，其四民各安其業，而良賤秩然有等差，無游惰之習，陵犯之風。若上之人以無事臨其下，則下之人以無事應其上，而徽之政成矣。失繁簡之宜，篋良賤之序，一切拂其下之心以求異政，則徒見其紛紛惟日不足，而曰徽不易治，此豈徽之罪哉？張君連治二劇郡，有聲焉，其何有於徽？而我輩獨不能自已者，愛助之意也。張君其終聽之！

君名英，字廷傑，陝之金州人。其先君子嘗爲浙江都司都事，君侍學焉，遂以鄉貢進士入仕，而後此名位之來者，蓋未艾也。

東谷遺稿序〔一〕

東谷君死西事之又明年，予從其壻錦衣指揮使孫璡求其平生之稿，得所謂五雲漫稿、風雅遺音、蛙池鼓吹、演雅秋聲、東谷集者若干帙，大抵皆零落之本也。云自其家東歸時失之，而又間亡于借者之手，故所存止此。以予平日所見，東谷詩文之可傳者，蓋多不在焉。其亦有可惜者矣。臨卷憮然，爲就其中詮擇之，得諸體詩若干篇，文若干篇，釐之爲十五卷，付錦衣君與東谷繼子府軍衛鎮撫齊，俾刻以傳。未幾，兩人者相繼物故。鎮撫所生父胤嗣，東谷之母弟也，來自江南，爲即其工焉。

予觀東谷君邁往之氣，高世之才，當其抵掌雄談奮髯長嘯，謂世事無足爲者，固自以爲一代之人豪矣。而志卒不遂，以身徇邊，於此蓋有遺恨焉，豈獨以是稿爲輕重哉！或乃以東谷之可傳者在此而不在彼，何也？豈旁觀者有定見，而厚善者固有所不知邪？雖然，是非不定於身後而尤有望於千百世之下，則其人可知已，予於是蓋有感焉。

東谷姓湯氏，諱胤勣，字公讓，濠梁人。故開國功臣東甌襄武王之曾孫。初用周文襄公薦入京師，又有胡忠安公薦迎裕陵于沙漠，晚受知于李文達公，歷僉都指揮事充參將守禦延綏西路以終。

椿萱齊壽堂詩序

人生之最可樂者，蓋莫如具慶，若既賢且貴，而又偕老于一堂之上，不尤難哉！元楊仲弘壽饒國吴公之詩，蓋具有此意。味其詞，想其人，亦可謂善頌者已。三山林太史亨大析其首句十四字爲韵，與搢紳大夫各爲一詩以壽户部員外郎葉亨叔通之父母，莆田吴太史汝賢又總十四韻爲一詩。離而倡之，鏗乎其金之始也；合而和之，戛乎其玉之終也。諸君子其又可謂善頌者哉！叔通之獲是詩也，將萃爲一軸，馳歸爲親壽，以詩必有序，請予爲之。

叔通之先徽之休寧人，迨其祖始以客遊而家于閩，故登科之記猶署其籍曰休寧云。予家亦休寧也，與叔通相識于京師，而知其世之詳。蓋叔通之父仁甫君最孝友，嘗追慕其親作官林風木之圖，人重其志，爲詠歌之。嚴事其兄，凡資橐能少取而多讓。然愛育其從子與子埒，無厚薄也。別墅之間，有古松數株，引泉作磵，徜徉其中，自號松磵道人。其高情逸韻，談者尚之。而其配林君復以敬正慈淑之德佐成其家，蓋凡閩之爲父母者有不如志輒相與嘆曰：「安得有賢如葉翁、林姥而家之不淑者邪？」其後叔通以進士歷官户曹，當成化乙未之歲，用考績書最恩受敕封父爲承德郎，母爲宜人，奉品服以華其身，積郎大夫之禄以供其養。而兩君俱年六十，無恙在堂，蓋凡鄉之爲子者有不如志輒相與嘆曰：「安得有才如葉氏子而親之不樂者邪？」所謂具慶而賢、而貴、而壽備一家，蓋一鄉樂如葉氏者誠寡。諸君子之詩，其果謂之善頌，不誣者已！叔通方以其學術進于用，名位之來益高，則二君受封命之榮益多、壽益臻、德益卲，其樂當益有大焉。能言之士，聞其風而播之，渢渢乎益且有不能自已者哉！

予聞之，莊子大椿以兩八千歲爲一春秋，本寓言。至宋人有「一椿五桂」之句，乃始以之況父而兼致壽意。詩「焉得諼草，言樹之背」，背，北堂也；禮「婦洗在北堂」；而醫書又稱萱草爲「宜男」，萱之況母，殆取諸此。然萱、諼實不可以相通，説文「萱」一作「蕿」，蓋自唐改古文六經説今文，而遂易「葌」爲「諼」也，不知者乃謂「諼」爲本字，「萱」爲俗書，豈其然哉？因序此堂而并及之，蓋先義意而後訓詁，亦著述之體所不廢哉〔三〕。

慶通政使司右參議王君序

靈璧王君必照與予同舉丙戌進士第，出知江西樂安者三年，其政有成，吏部請于上而召之還，授監察御史。一日，奏事奉天門下，音吐鴻暢，舉止不愆，上爲之動容。既退朝，薦紳大讙，輒相與問奏事者爲誰。蓋王君之名一日播諸朝而聞四方。久之，鴻臚以少卿缺聞，上注意焉，不果。成化戊戌，通政以參議缺聞，上復注意，而吏部適以君名上，遂拜命焉。廷謝之日，薦紳又相與嘖嘖曰：「宜哉王君！」當是時，吾榜之士爲御史者最盛。於是楊君維禎、屠君朝宗合諸同官之意，請予言致其私。

予不得辭，則告之曰：虞廷九官，龍爲納言。中古以來，置門下省與中書、尚書，分宰相之責，蓋即今之通政也。夫中外百司，章奏文移，叢至山委，一一審之以告于上而下之所司，又受其成，一一審之而後行天下，嚴矯僞之防，謹功緒之稽，固非一二人所能理者。故有參議兩人，分日莅事，以副其長貳，其出入謀議、進退恩禮，率與六部均，苟非其人，則固不足以當上心、協士論。而王君通經學古爲名進士，律己愛民爲良吏，守法盡職爲才御史，其聲稱在人，非一日也。蒙知遇而被顯擢，固所宜有，豈獨以其言語之暴于外者哉！

然竊聞之，舜命龍之詞，蓋深懼夫「讒説殄行」、「震驚朕師」而望其出納之允，則其責任之難，可知已。今之通政，古之納言，其職雖稍不同，而士君子抱體用之學，懷致澤之志，則固無所往而不究心焉。矧於食大夫之禄，日對揚于天子之庭者哉！王君勉之，崇階栐恩，所以待成績于異時者，蓋未艾也。

存思四詠序

存思四詠一編，薦紳大夫士爲無錫人華春所作者也。初，春之祖源長有至性，嘗刲股以愈其母顧氏之疾，不幸年二十有六以卒，鄉人稱爲孝子。源長之卒也，以子屬其母而不及其婦鄒氏，鄒以夫之未諒乃心也，乘其疾未革潛入室自經，時年二十有二，鄉人稱爲節婦。遺孤本常才三歲，賴顧氏教育之。比成，而顧亦去世矣。本常以早失怙恃而不克竟其祖母之養，又不克顯其母之節，題其所居之堂曰存思，感憤終其身。計華氏自顧以迨春，蓋更四世歷數十年，音容不接，亦已久矣。而春方且拳拳焉思慕之不忘，亦可謂之賢也已！

四詠者，其一曰託孤撫胤，所以著顧之慈；其二曰舍生明志，所以著鄒之節；其三曰烏鳥私情，著本常之好其祖也；其四曰陟岵瞻慕，著本常之孝其親也。慈節孝義，萃于一門，在朝家當被之旌典以勸一鄉，在史氏當爲之立傳以風一代，固不以四詠爲重輕。然朝典史傳，其所繫在一鄉一國者，公法也，非其子孫之所得爲也。旁求名公碩儒之詠歌，播其事於後以存其思者，家法也，豈非子孫之所當爲者哉！豈曰補家乘之闕而示人美觀者哉！

予嘗考南齊書，有華孝子寶方八歲時，其父當戍長安，與之約曰：「俟歸爲爾上頭。」其後長安陷，寶年七十不冠。人問之，輒號痛彌日。蓋凡燕錫之華，皆出寶後，而源長之高祖鉉仕元爲都功德司都事，早世。其配陳，至老不奪志，當時旌其里曰「貞節之門」。然則華氏之慈節孝義所以開於先者，非一日矣，宜其繼於後者代不乏人焉如此。記云：「致愛則存，致慤則著。」詩云：「永言孝思，孝思維則。」其華氏之謂乎！春淑慎好文，有故家訓厚之風，蓋華之佳子弟云。

西巡紀行詩序

詩有六義，而風居其首焉。故先王五年一巡守，命太師陳詩以觀民風，因其聲之正變以求俗之澆淳，而國之治忽，從可知已。中古以來，巡守之禮不行，乃有繡衣直指、採訪、觀察諸名，猶號觀風之使。國朝歲命監察御史十有五人巡按四方，所以酌古今之宜、廣求治之端也。

我外舅御史公志德先生以成化丁酉出巡山西，蓋自其始至黜吏之不法者若干人，破獄之不決者若干事，恤民之隱，興俗之善，所以罷行之者，不遺餘力。蓋山西之仕者服其公，而行者歌其化，居者恐其去而幸其復來也。先生既受代東歸，走伏拜于邸第，得其紀行詩一帙于橐中而讀之，則仰而嘆曰：「此先生之所爲有得于西人者與！記節候之過續，道山川之險易，與其閭閻畎畝之苦樂豐歉。蓋凡耳之所聞、目之所擊、口之所咨諏者，一寓之詩。雖近代之聲，不能不互出于正變，而忠君體國之念，藹然詞意之表，可以觀民風、察吏治，不必工而自工者也。彼世之言詩者，率不過流連光景、嘲咏風月，其弊至於蠱善人而壞雅俗，則先王陳詩之制，如之何其可廢哉！有編皇明正音者，擇此卷之詩而附入之以備六義之一體，當必有識者爲之監賞，小子烏足以知之？」謹爲序以授公子珍，俾什襲而藏焉。

送湖廣按察僉事汪君詩序

成化丁酉之秋，吾友婺源汪君希顔以山西按察僉事服闋改湖廣，刑部員外郎黄君宗器，行人汪君仁夫於希顔有鄉族之雅，約薦紳賦詩道其行，而予爲之序焉。

湖廣楚地，延袤數千里，視諸司最大。所轄府州十七，衛所三十有六，而按察者得以時刺其吏之勤惰，平其刑，罷舉其事之利害。士君子至此，亦可謂得志之秋矣。雖然，獠峒蠻區，相望于境内，而荆、襄故地，又易以變，朝廷長宿重兵，簡命内外文武之臣彈壓之，悉開幙府與三司共治武昌，則爲三司者，職務繁勞，亦不可不謂之難已。

夫蠻夷盜賊，恒起于訟之不平、政之不理與吏之不得其人。嗣歲以來，方以征苗之捷告，而盜起岳、鄂之間，至燔劫官府戕殺其吏民，勢以滋蔓，明天子蓋不無南顧之憂。跡是論之，則湖廣四境之責，按察首事，無所與辭者。希顔以春秋舉進士，歷刑部主事、員外郎，嘗奉詔治獄于四方，亟有聲稱。又嘗試其能于山之西，其於湖廣，固優爲之。然古君子恒恐不得盡其忠，而時之難易、事之繁簡、己之勞逸，弗計也。吾於是知希顔矣。當其提印分巡專制一道，慨然耻其四郊之多壘而周思其職務，益佐其長官以飭乎其所部文武之下吏，使其訟清、其政平，蠻夷不興，盜賊用寧，而廟堂益無事乎兵，豈不庶幾與古君子同其功名哉！受薦而升，循次而遷，皆無足爲希顔道者。考諸公之詩，意亦多與予合，蓋不待序也。

無逸子詩序

句容有凌永澄先生者，躬孝弟之行而旁力於衆善，至于老弗衰，因自號無逸子。其鄉之人無問旄倪，亦合口一辭稱之曰無逸子。翰林學士丘瓊山方職太史，采其事爲之立傳。好事者聞江南之有是人也，多爲無逸子詩。由是無逸子之名益暴。無逸子之子鄉貢進士傅上禮部，以其所得編次成卷奉以見予。予讀之竟，則爲之憮然良久曰：

世降俗偷，人之去道也益遠，故有逸於其身而勞其心者，有勞於其身而逸其心者，身心之勞逸相乘，而人之德僞繫之矣。若無逸子，則固勞其身以逸其心者與！予竊怪夫世之頌無逸子者，皆徒知其無逸而不知其有逸存焉爾。周武王受丹書之戒，退而銘諸几席〔四〕，諄諄乎敬怠、義欲之間；衛武公作抑戒之詩以自箴，而尤致力於慎出話、敬威儀。考之當時，二武皆年九十餘，而不自暇逸者如此，此其卒皆以聖稱，而記禮編詩者謹取之以垂訓後世者也。

無逸子少而爲士，喜誦法詩、禮，今年且八十，其有得於斯乎？否耶？夫既以施諸身，又以成其子而不失其令名，其心休休焉，其資固近於道矣！宜乎聞之者有取於其人而詠歌之也。彼利趨而欲征以求逸其身而勞其心者，讀無逸子之詩，考無逸子之行，其不慨然有感於是編者幾希！

戚里重慶録序

今戚里中以敦睦好文稱者曰孫氏，孫氏之耆彦曰壽樂翁爲之父，雪亭君爲之子，當成化戊戌秋八月丁巳，壽樂翁年七十，而雪亭君亦年五十矣。雪亭之子頤奉其父與其母周淑人舉酒于堂爲翁壽，甚樂。已而親黨畢集，以次稱慶，彌月未已。相與嘉羨歆慕其祖孫父子一時慈孝之盛，因大書其堂曰重慶。頤徵諸聞人而得賦詠若干篇，彙次成帙，題曰戚里重慶録，鋟梓以行，而以序屬予。

孫氏世家山東鄒平，壽樂者，翁别號也，名續宗，字光裔，故贈會昌侯諸孫，太師安國恭憲公第四子，聖烈慈壽皇太后之母弟。昆季子姓，自太傅大總戎而下，以勳戚並進官禁衛服金緋者十餘人。翁歷事宣宗、英宗暨今上皇帝，官錦衣僉都指揮事，巋然叔舅之尊而不驕。當宣宗臨御日，奉宸扈蹕，翁必在行，賜賚駢蕃，不可殫紀。其大則龍敕鳳詔、蟒衣繡鎧、番國之貢刀、秘府之圖籍、内地之嘉畛名園，翁必預賜，隱然與國之富而不侈。翁嘗侍射上林，馳馬左右，發皆中，宣宗稱之曰奇才。而英宗復辟，翁兄弟擁佑之功居多。嘗一將命往訊臨川王，入奏稱旨，居然良將之能而不伐。蓋翁之所得如此，故慶之鍾其身則既壽且康，衍于後則由子及孫，非偶得倖致者比。名堂之意，於是爲稱，而賦詠之作，不可無傳也。

雖然，慶本于善之積，壽、富、康寧主于德之好，然非上有膺乾錫福之君，則亦烏足致之？是編之行，使居戚里者知皇太后以備德盛福誕重華之主，啓重熙之運，推一人之慶而錫萬邦，其聖善所積，遠且大焉如此。孫氏獲際其盛而尤於壽樂翁父子見之，誦其詩，想其人，益思秉禮奉法爲植身保族之基，而以驕侈矜伐爲戒，則是詩雖出于一時嘉羡歆慕之餘，其所以範子孫、驚流輩而興起其尚齒好德之心〔五〕，將不有大焉者哉？豈徒著觴詠之樂而已！

翁性清簡，喜儒素，種竹甲于京師。予每過之，必留款。涼陰蒼翠中，竟日遊從歌嘯之適，不自知其身之貴且老也。雪亭君名瑛，字廷璧，其官爲錦衣指揮使，以雪亭自名，思與文人韻士角而遠外聲利，所以承翁之慶而啓其後者，未艾也。頤字養正，益敦睦好文如其父，且拳拳于是編，尤可謂孫氏佳公子云。

篁墩十二詠序

凡我程氏在新安者，其先出梁將軍忠壯公。公之生也甚異，嘗手殪妖蜃以奠民居，起鄉兵以拒侯景，遂爲大將，屢破魏、周之師，而卒于軍。其卒也尤異，鄉人感其全郡活命之功，相與祠焉。水旱疾疫，靈應如響。自宋以來，遂奉以王爵而神事之。今千餘年矣，子孫益盛，鄉人之祈報益嚴，禮所稱「以勞定國」、「以死勤事」，而兼有禦菑、捍患之義者，殆公之謂乎！

公本居休寧篁墩，後割其地以畀歙，凡窀穸壇壝之所奉，與一臺池之所遺、一木石之所峙，居人過客，尚能歷歷指其處于山之椒、水之澨，類有川靈、河伯爲之呵守禁衛而莫敢褻焉。其盛烈在人如此。走不佞邇者獲請于朝，來展墓于故鄉，始克伏拜祠下。顧瞻徘徊，得遺跡十二處，病其散出無統也，各爲一詩而繫之事，奉以質諸大人。大人甚喜，俯而和之。諸昆弟子姓與鄉人、寓公聞之，亦群起而有作焉。遂成巨編，人書一通，藏之家以示來者。

嗚呼！公之盛烈，豈待小子有所稱述而後燁然于世哉！特其存歿之間，所以獲乎天而巋然炳靈獨異乎庸衆人者，或逸于史氏而未書，或登于郡乘而弗備，或相傳于故老而失真者。取是詩以訂之，將有裨于故實之萬一云爾。

成化十四年歲次戊戌冬十有二月哉生明三十四世孫敏政拜手書。

贈朱克紹處士序

徽歙大夫以成化己亥春正月望日舉鄉飲之禮于學中，而歙之人有朱克紹處士者與焉。屬酒之際，介僎相與遜其坐，郡縣大夫相與嘉其來，學官弟子相與樂其食。禮成，又將相率而致敬于其廬，則使伻來請曰：「願有辭焉，以勸於故鄉之老者。」

時予方以賜假省親南還，蓋未及識處士，而得之人曰：「朱氏世居環溪之上，有希生君者，以文行稱于時，號止足，構亭以居而佚老焉，故大司寇楊公實銘之。處士其孫也，性淑慎，喜問學，嘗出遊西京以及吴、楚、齊、魯之邦，浩然來歸，却掃一軒以事琴，號友桐。聞之者曰：『雅哉朱君！』治親之喪盡禮，斥浮屠法不用。結廬墓側，號慕庵。見之者曰：『孝哉朱君！』夷甃黄茆嶺及徐潭諸畏途以濟往來，割汪村林地以瘞貧者，號義塚。過之者曰：『義哉朱君！』由是處士之賢，隱然蓋諸乎一鄉，故鄉飲之行也，郡縣大夫禮之莫敢後焉。」

夫鄉飲之禮，所以示敬讓而明教化者也。敬一人而民不偷，讓一人而民不爭。不偷不爭，教行化成，其繫于王政也甚大。使夫齒德之爽者一或位其上、當其人，則幾何其不爲虚文也哉！觴豆之間，可敬可讓若朱處士者，其無愧矣。學官弟子從而張之，是故君子與人爲善之意與。孔子曰：「吾觀於鄉而知王道之易易也。」由一郡以占海内，則我朝列聖涵煦滋久，教化聿興，當不有大老者含哺擊壤以歌太平于春風土屋之下者乎！輒因處士而置思焉。

處士凡九男，其爲郡學弟子員者兩人，曰祺、祐，皆淳謹好修，當顯其家于異日云。

壽汪君尚愉夫婦六十序

予以舊歲冬請于上，得省祭歸新安。抵家之三日，即伏謁先世祖梁忠壯公廟于篁墩，行視墓田所在，則程氏子有居長翰山者以所居相邇，世掌其入。長翰之程雖多，有名瑞者，能歷歷指示忠壯射蜃、禦寇諸遺跡，蓋不負吾族子矣。明日，又進謁唐越國汪公廟于烏聊山。蓋二公者，皆有大功于新安，故廟至今，子孫繁盛，亦略相等。

嗣歲之春，予還京師，諸族人子弟多送至浦口别去，獨瑞依依有不釋然者。又明日，至淳安，拜請曰：「瑞之外舅尚愉汪君，亦出越公後。其人以好禮尚義聞鄉閭，鄉閭人謂之長者。今年蓋六十矣，其生在五月十有二日。外姑鄭氏，進士永清令行簡之女，與外舅同庚，其生在十二月十有五日。偕老一堂，樂有子女之奉而無衣食之憂，願宗長賜之一言。」蓋程、汪世姻家，予平生所爲致慶者，惟汪氏得文字最多。自予之南歸也，以賜假甚逼，諸應酬之作皆謝絶之，獨以瑞尾舟而來，其情真其請篤，故莫能辭焉。

新安在萬山中，其人樂耕而務學，歲歉不轉徙，良賤有等差，故大家世族得相保而不散，若程、汪，其尤也。山川四塞，風氣厚完，人食其土以有生者多壽。以予所聞見考之，若潛口汪氏、横岡胡氏之老，皆以九十被冠服之寵，又有節婦葉氏至百歲乃旌其門，其壽蓋不獨聞于鄉而遂通名于朝堂之上如此。況於先世積累既厚，而己之德又足以迓續之者乎？吾知尚愉夫婦之壽由六十而踰七以望八九，又或至于期頤，蓋未可知也。因書以授瑞，俾書以張其堂爲稱觴者先云。

志雲先生集序

志雲詩集若干卷，錢唐方先生之所著也。先生名冕，字元服，别號志雲。雖家錢唐，而居金陵最久。少嘗有志爲世用，中弗利于場屋，乃盡棄其所習，大肆力爲古文辭，有聲搢紳間。正統中，翰林侍讀學士石溪周公以其文行薦于朝，不報。先生益潛心六籍以及百氏之書，開門授徒，無復用世之志。時周公分院南京，職務清簡，約先生數人者爲詩社，日尚羊乎白下山水之間，故先生雖諸制作皆擅所長，而尤莫如詩也。平江侯陳莊敏公受詔留守南京，雅知先生，復薦之，俾授諸子經，於是始有訓導之命。莊敏既没，先生亦且秩滿。其嗣子平江伯陳公懽先生一旦去，已失所師資，上書請留，於是再有教諭之命。成化初，公視師二廣，既又以漕運之節駐淮陽，凡易兩鎮，先生皆在行。由是南涉湘，踰五嶺，下蒼梧以盡百粤之地，北渡大江，歷重湖，往來徐、邳以極楚之故疆，所與皆名公碩儒，所聞既廣，所見益壯，而詩益昌，足以鳴一時之盛矣。公於治戎之暇，取先生之藁各以類從，輯爲是編，將刻梓以傳，屬予序。

予閲之累日而得其大端，其詞豐，其語啚，其格調皆有所從來，非苟作者。然竊聞之，三百篇而後，若楚之騷、若漢魏之選，邈乎不可及矣。叔世以來，詩愈變而格愈卑，惟唐杜子美力追古作，號爲正宗；其次則楊伯謙所輯唐音，詮擇精審，成一家之言，談者尚之。先生風神清峻，性資淵穎，而又加以學問之功，固自以唐爲師法，思有以薄騷選，上求風雅之遺，極其才力所到，遂超作者之域有如此者，良可傳已！然子美夙與嚴挺之善，挺之子武爲劍南節度使，子美在館，武厚遇之，而未嘗事以執友。公世勳之胄，貴爲大將，於先生執弟子禮益恭，過武遠甚。觀其分閫于外，懋著聲猷，凡入朝有所論建，一皆剴切，可舉而行；退坐幕府，往往進其遺老，講求民瘼，或從賓客雅歌投壺以適其所適，居然古儒將之風。考其淵源所自，其有得於父兄師友者，深矣。跡是觀之，先生之所爲可傳者，豈獨詩哉！

雖然，詩，心聲也。讀其詩，逆其志，可知其人，此公所爲拳拳于是編者與！昔有評子美者，謂其入蜀晚年之詩尤精，蓋涉歷之多也。今先生年七十矣，平生足跡，亦不爲不遠，精力方健，應酬不衰，異日詩之所成，予惡可得而窺之哉！

恩養堂八詠送王世英員外南還序

皇明以孝治天下，凡庭臣之離親久者許歸省，親老而無他子者許歸養，著於令，蓋曠典也。户部員外郎王君世英家於閩，有父年八十在堂，無他子，而閩又去京師最遠，音問孔艱，乃以情上，得如令，拜恩而南，且預以恩養扁其堂，蓋志喜也。同年友禮部侍郎施君彦厚而下九人私世英者亦爲之喜，本其意賦恩養堂八詠道其行，而退予序之。

予聞諸孟氏，『孝子之至，莫大乎尊親，尊親之至，莫大乎以天下養。』「以天下養者」，天子之孝；等而下之，則諸侯以其國養、卿大夫以其家養，可也。自封建之法廢而諸侯無食邑，卿大夫無采地，則以上之恩爲養者，孝不已至乎！世英嘗以考最恩受褒封養其親之志，又積有郎大夫之禄養其親之口體，其恩養也，固矣。而猶爲未足，務解其宦鞅而退侍親側，欲奉其晚歲之懽如嬰孺之爲者，使其親慰悦之而壽益增，身益健乃爲盡其平生之心。噫！是心也，推而極之，可以光四海、通神明，蓋公台不足爲之榮，陶、猗不足爲之有，士大夫往往能言之，而求如世英之行者，無幾也。

世英早以春秋魁多士，登甲科，入翰林爲庶吉士，歷户部主事、員外郎，同考禮闈者一，總覈東廣、兩浙錢穀之事者再，文名政蹟，表表一時，而此舉尤足以占其大節，是雖天資之高、學力之勇有過人者，而我朝孝治涵煦之深、老人庭訓之篤，斯亦不可誣已！世英歸哉！閩之人有登斯堂而諷斯詩者，其必仰而誦曰：「聖天子能體群臣不遺其親之心而施恩于人之父子如此！」又必俯而嘆曰：「世英之忠於其職而獲乎上遂得養親以恩如此！有父善教而致其子之恩養如此！」殆於世教，有補矣。雖然，古之善治者，必責忠臣於孝子，吾知異時有起於子部之下，名位聿升播人口而當上心者，其必在吾世英也夫！

壽封刑科給事中怡庵楊先生八十序

走每讀前史，見孝友獨行之士言若訥而不能出口，行若椎鈍無以踰人，至考其平生，則其信順足以大維世教，其忠厚足以陰利人之家國，視彼能言捷行之人，雖足以快意取名一時，而君子終不以此下彼。我祖宗以來，若文華殿大學士權謹起孝子，禮部尚書鄭沂起義門，皆自布衣受官秩不次，百餘年來，風俗人心未甚底于乖盭者，豈非先朝有以倡率之歟！走之友淮人楊君貫之之父怡庵先生，蓋庶幾古之所謂孝友獨行者矣。

先生性謹飭，讀書明理，不爲口耳之習。早失父，居嘗授徒養母，母亡，廬墓三年，部使者及郡守相與上其事于朝，大書旌其里曰孝子楊某之門。中喪其偶劉，獨挈一孤教養之，不再婚，恐繼者之非人也。蓋鰥居三十年，長子貫之奉訓力學惟謹，遂舉進士歷官大理左寺丞，嘗貤恩封先生爲刑科給事中云。貫之迎先生就養京師，走嘗候風采聆緒言，再拜堂下，曰：「是每讀前史，思見其人而不可得者也！」成化己亥六月二十有三日，實先生初度之辰，於是年八十矣。凡納交貫之者，多作爲歌詩以壽先生，俾走序之。

竊聞之，詩：「天生蒸民，有物有則。民之秉彝，好是懿德。」而傳又云：「仁者壽。」世豈有好德如先生而不獲高年、享盛福者哉！世降俗移，民德不厚，寸長片善，侈然自多，而況受旌門之典、被貤恩之令，壽踰耄耋、慶延子孫，幸而得之，其侈必甚。先生方且言若訥而不能出口，行若椎鈍無以踰人，此其所爲不可幾及者歟！矧有子如貫之，其德性醇朴而不華，其才猷雋永而不露，駸駸乎執政之途，權、鄭二公之業，固有在此而不在彼者。天之報施善人，固如是哉！謹序其事以俟，且爲稱觴者先云。

送南京户部主事汪惟中序

士必有所試而後天下無難處之事矣。今士之發身者，蓋莫如令之難，中外鉅官臨之於上，民恃命于下，秩卑而事繁。令試之有成，斯其人可大受也已。歙人汪惟中令福建之長樂將六年，民德之不捨，上官才之，薦諸朝。吏部覈之曰：「是也。」請于上，如例旌其政。召還，擢南京户部江西司主事。秩尊矣，而事加繁。然予則意惟中於其無難處者，有所試焉故也。

惟中少以春秋取進士，不熱中于朝貴而安于縣久之，不病人之詘己也。不遠外其民而子惠之，可謂達政之體已。矧泉穀者，令之常乎？雖然，一縣之泉穀耳。南京户部，江西列郡之泉穀在焉，易視之，不可也。符曆山委，衡量在庭，務俾人之輸者。輸之人者交頌之曰「是不加以釣名損以負公者也」，長官禮其屬而譽之曰「處分精悍，有所試者也」，豈不副旌召之寵哉！抑未也，國朝之制，六部諸司，聞其清吏結銜。清者，士之常也，非一試爲之者也。惟中之爲令也，清矣，進于子部，將大受之，昉于此乎？克終焉，鄉人之所覬也。

校勘記

〔一〕廷佐之先家靈璧　「璧」，原作「壁」，據四庫本改。

〔二〕東谷遺稿卷首此序署：「成化十四年歲舍戊戌冬十月望日賜進士及第奉訓大夫左春坊左諭德同修國史經筵官兼太子講讀官新安程敏政序。」

〔三〕亦著述之體所不廢哉　「體」，原作「禮」，據四庫本改。

〔四〕退而銘諸几席　「几」，原作「凡」，據篁墩程先生文粹卷十改。

〔五〕鶩流輩而興起其尚齒好德之心　「鶩」，四庫本作「警」。

篁墩程先生文集卷二十三

序

贈都昌令吴君廷端考績南還序

吾友吴君廷端治都昌六年，上其績于京師而歸也，諸鄉人之在官者率相過予以請，曰：「疇昔之歲，吏部閲宦籍、考薦書而得起鄉進士爲縣之賢者若干人，將請于朝而徵之，用備臺臣之選，廷端與焉。已而事中格不果行。今兹之來也，政成而名孚矣，宜有異旌以勸四方之爲縣者，顧乃書一再最而歸之，與常吏等。於廷端固無所預，而吾人若有所不足，豈長銓司者固將有大意於廷端乎哉？吾子以爲何如？」

予曰：「是固有説焉。夫群庶官而彙次之，豈無求知向往之人？顧進之太亟，則或僨於中途，或隳其晚節，故長銓司者慎之。若廷端之不克就徵，非吏部之故爲此遲遲者也。

養之也久，則其成之也鉅。在萃之六二曰：『引吉，無咎。』吏部以之。夫仁者之初心，亦孰不鋭於功名哉？然一得之則或矜恃以棄其平生，一失之則或銷沮以遂至於無聊而不能自立者，蓋多也。是故必有慨然自許之人若廷端者，知敬正以盡其職，而進之遲遠，弗計焉。是雖若泰然無求於人，而功成譽興，有人將求我之不暇者矣。在晉之初六曰：『晉如摧如，貞吉，罔孚，裕，無咎。』廷端以之。執此以觀，則吏部之不亟於處賢者，謂無大意乎？不可也。諸鄉人以爲何如？」則皆憮然相應曰：「諾哉！」以予與廷端有世契之雅也，請紬繹其語以授行人洪君朝宗、鄉進士方君良弼，使書以爲祖道之贈。

廷端之吳出徽歙之新墟，少司馬致政先生之季子，其識廣〔二〕，其才充，其志弘，後今所建立者，予蓋弗及也。而廷端弟廷章及從子瀚又相繼舉於鄉，其世澤亦未艾云。

審濟録序

成化丙申、丁酉之歲，聖天子以星變、水沴之告警也，於是乎有審刑之使、賑濟之使奉德意于四方。惟時吾友張君存簡以刑部郎中連歲在行。張君之審刑也，分地在畿郡，釋大辟之囚若干人，大約主于肅風化、正倫理而抑强暴。其賑濟也，分地在兖州，禱于神，謀于衆，經畫勸分，無遺思焉，其全活者，蓋不可數計。由是感不死之恩、釋倒懸之苦者，或歌于途、祀于家，至今不衰。噫，聖天子一念之仁敷錫下民，思得才賢共圖治理，卒之天意感而民生遂，是固非張君一人之力，而上體聖心，下慰民望，求諸當時，有不可概論者矣。

張君以兩使皆有關于民命之大者，乃手輯其所經斷之案、規措之方，聯爲巨編，題曰審濟録，間持視予。予反覆數過而歸之，殆庶幾乎稱物之平衡、療病之良藥，傳之後世而可行、質之明神而無愧者與！昔裴行儉論士之致遠先器識而後文藝，歐陽公多教人吏事曰「文學止於潤身，政事足以及物」，古者賢人君子之心，爲上爲德，爲下爲民之心也。而近代以來，論士以詞藻爲高，凡梓行石刻者，非詩編即文稿也。士而至此，其器識可知矣。有取張君茲録而讀之，其弗以爲案牘之勞形，不終卷而思睡者，幾何人哉！

張君名文，泰州人，起進士高第，性端謹，不苟隨，憂時澤物之念，未始一日不宣諸口，達諸用。近受薦爲淛江按察副使，蓋廷臣重其平生而上悉其名也。

壽段叔誠先生八十序

走敬聞之家君尚書公，河間爲畿北大郡，當國初兵後，居民鮮少。其以宦學相承名郡中者，率多自他郡來徙，非其土著之人。若交河段氏，其一也。段之先居山東禹城，有諱準者，永樂中通判河間府事，有惠政在民。其卒也，貧不能歸，留葬交河里村之原，五子從而家焉。其長曰愉，賢而早死。其仲曰恂，即所謂叔誠先生者也，宣德中，稍出就禄食，爲陰陽學正術。先生仲弟恒仕爲唐府審理，季弟慎歷官湖廣布政司參議，兩人者皆起科名，與家君同學，相得最深。其後皆宦走四方，弗及事生産，而叔誠先生與其長弟怡身任家政，修明其父兄之遺教，以益大其門閥而成其子孫，人以是知通判公之澤，蓋未斬也！

中世以來，先生之昆季多物故，又念其髮種種，乃引退家居，以自適於田野之間，若與世相忘。而長子裕克世先生之官，次子祐爲郡庠生，治經術以待用。從子十餘人，諸孫六人。每旦暮以次升堂，問起居，杖屨所經，人必以爲榮。蓋一邑之間語世家者，必曰段氏。而先生年八十矣，參議公之壻禮科都給事中唐君章間相謂曰：「叔誠先生壽辰在歲十月之吉，章繪爲圖，縉紳士夫聞其德風而與章厚善者，又爲之賦詩凡若干篇，子獨可無言爲之倡邪？」走生也晚，不及拜先生牀下而敬聞諸家君得先生之爲人，知其醇謹之行老而彌篤，康彊之福當久而益昌也，則謹應之曰「諾」而著其世德之詳與通家之好如此。

噫！走家出新安，唐君出姑蘇，亦皆自他郡來居河間，且數世矣。傳曰：「光遠而自他有耀。」則於先生之壽，寧不樂道之，使吾老者益安其土而享有子孫之養，少者有所觀法而求不失其世守焉？豈非一鄉一時之盛事也哉！

績溪坊市程氏族譜序

惟我程氏居新安者距今千餘年，族之散處列邑又蔓于旁郡，其大且顯者，凡以百十數。族各以其地爲望，而一望之聚居者無慮數十百人，譜不能盡之也。於是各望之族自譜其中世以來之祖，下逌其孫、曾，以叙昭穆、别疏戚。若等而上之，則其始皆出篁墩，祖晉新安太守元譚，宗陳鎮西將軍開府儀同三司忠壯公靈洗，百世不能易也。程氏有總譜，起周而終五季，宋都官郎中祁之所論次，蓋績譜者必置之首簡而後及本宗，若績溪坊市之程，其一焉。

忠壯裔孫有諱藥者，唐光化中爲金鄉令，績溪諸程祖之。金鄉裔孫曰念五公始遷縣之坊市，念五之曾孫遂分天麒、天麟、文鳳三大支。天麒之子曰宜、曰祥、曰瑞。天麟之子曰福、曰平。文鳳之子曰潤、曰康。福子以恭精書數，洪武初事靖江相府，授漢陽河泊大使。潤子以忠，洪武庚申以人材舉知河南永寧縣，改潮之程鄉里，有惠政在民。平子以誠，以誠子彦亨。平坐事謫陝之延安，彦亨以太學生上書請還其大父，辭甚切，高廟憐而釋之。彦亭以洪武庚午舉應天府鄉試，時遣諸王行邊，以封建策諸生，彦亭所對第一，擢遼府紀善，進左長史，永樂初以忤靖難事，獲重辟。彦亭嘗手編坊市譜傳其族人，而宜之玄孫今太學生愈大又加葺之，蓋其先世忠孝之行、詩書之澤見于故春坊司直汪公仲魯諸君子之制作者，具存也，亦可謂盛已！

予不佞嘗有志大會新安諸程，發其所藏，參互考訂以爲一族之定譜，顧宗法之廢已久，勢弗能合，蓋每有望洋不及之嘆。獨幸族之賢者有如愈大之忠厚博雅，拳拳于斯求不失其世守而思有以迓續之，豈不可尚也哉！予見程氏各族之譜多，其間脱誤訛舛，亦往往而是。如忠壯公十三世孫有洎、沚、渾、澤、澐、湘、淘、汾八房者最盛，于唐季黄巢之亂，澐起鄉兵保東密巖以捍休寧開化之境，累官御史中丞，號巖將。蓋澐卒而淘以國子祭酒繼之，淘卒而沚之子旭又繼之，旭即坊市譜所稱金鄉令，一名蘗者也。然諸譜皆稱旭爲巖將，而旭有廟在開化龍山，宋賜額曰顯祐，以坊市譜證之不同，豈始迁者乃旭之子姓，作譜有推原其本而并書之乎？

雖然，世遠人亡，欲究其既往者于數十百世之上，此勢之所不能也；尊祖敬宗，思篤其方來者于數十百世之下，此理之所可勉也。愈大之族人，其尚有以体此意而後可與讀斯譜也哉！

愈大有才識，好學，兼通諸家，異日顯揚之業，殆有光此譜者，故爲序之。

詩壇叢韻序

滁陽吴君孟章雖世將家而博雅好文，喜爲歌詩，與學士大夫相遊處，嘗以韻之類書詳于平而略于仄，乃爲詩壇叢韻若干卷，四聲咸備，總若干萬言。予得而觀之，叙事纂言，有倫有要，誠有益于近世之爲詩者。蓋其蒐輯之多已數十百家，而志猶未滿；其筆札之費已一再易稿，而鉛槧未釋；其工力之勤則積之十有餘歲而後克成之，兹亦可謂難矣。

聲詩之説，始于虞廷，而備于孔子之所删定，其義大而能博，散出而莫可窮也。於是乎有類書之編以便學者，蓋不徒以爲詩之詁，而并爲學詩之地，考七略之凡、崇文之目，可見矣。然其間聲之偏正不倫，事之去取失當，觀者病之。我高廟當南北混一之初，首命儒臣爲洪武正韻，以一五方之音祛舊習之陋，嘉惠天下以求復乎虞廷詩歌聲律之制，萬世之功也。我文廟入繼大統，亦首召天下儒生爲永樂大典，其法以韻統字、以字繫事，凡有涉于興觀群怨之旨，可以爲博聞洽物之助者，囊括幾盡，亦近古所未有也。然藏之秘省，世不獲見。若吴君之爲書，本其獨任之力加以能擇之功，其弗畔于二聖之製而有得于「多識」之教者與！

方今同文之治，洽宇内百年矣。竊意有能言之士當出其間，著于雅頌以鳴一代之盛，以馴致乎古之作者，吴君之書，必有合焉。蓋夫舍繙閲之勞而圖簡便之樂者，固人情之常也。予又聞之康節邵子之爲學也，起聲音律吕以盡天下之詞，括天下之象極天下之變，統天下之占，與易聖人之道相表裏，蓋儒者先天之正學也。而其傳已泯，世之學者不得其説，往往訾之，以爲異。予竊愧之，思學之而未能也。吴君究心於聲詩之學也久，進而求之，觸類而長之，儒者正學，庶幾其有聞焉，又非特乎詩而已。吴君名綬，舉孝廉歷贊荆、湖諸軍，入典詔獄，僉錦衣指揮事，别號藻軒，孟章其字也。是爲序。

太守孫侯政蹟録序

予嘗觀前史，謂何武爲郡無赫赫之名而有去思，竊以謂史臣之溢美耳，世豈有實不副而名乃過之者哉？厥後得吾郡孫侯，乃知史臣之書何武，誠有未易非者。

孫侯爲徽郡幾二十年，去徽郡亦餘二十年，然人之思之無間遠近，無間知愚，無間小兒婦女，無間武夫悍卒。思之不置，則言之于行臺、于朝省，立生祠而烝嘗之，猶以爲未愜。

問之，至有泣下者，曰：「孫侯，良我父母也。世豈復有如孫侯之惠我也哉！」問其政，嗒然莫知所對。予然後知何武之不可及，而史臣爲不誣已。嗚呼！人情不大相遠，治之者往往拂其所性，此循良之書于史者常少也。詩曰：「豈弟君子，民之父母。」孟子曰：「所欲，與之聚之；所惡，勿施尔也。」若孫侯者，其知此乎！

歙漁梁姚君浩宗輯侯之行事爲一編，題曰孫侯政蹟録。予得而駭之，曰：「孫侯之政，誠幾于古人矣！」然蹟之所著，有未易窺者，予烏得而書之？閲之累日，不覺嘆曰：「史法不傳，久矣！」古之仁王莫盛文、景，賢相莫盛房、杜，循吏莫盛西京之世。然編史者於文、景無可紀之德，於房、杜無可傳之功，於何武輩無可蹟之政，何哉？功德政化之盛如慈母之煦子，如春雨之潤物，發于至誠，泯于無迹，而受惠者莫能爲之辭也。姚君慕孫侯，懼其政之不傳乃爲此集，然所書者多簿書期會之常，舉措禁戒之末，夫人能之，而欲以是爲孫侯去思之地，亦異乎前史之書何武者哉！

雖然，古有善觀人者舉其一可以概其餘，善言德行者因其所當然而得其所以然，姚君此集雖不足以盡侯，然觀者因是以得侯政蹟于言外，其亦不爲無補于世矣。因序而歸之。

孫侯名遇，福山人，起進士，始以户部主事知徽州，終以河南左布政使致仕。姚君讀書好義，能不忘于故守而惓惓於是，又捐金刻梓爲不朽之圖，其忠厚之至，亦賢于衆人遠矣！

唐氏三先生集序〔一〕

監察御史歙唐君希愷嘗奉其先世三先生之集請校而刻之，予蓋素慕鄉先達之爲人，謹爲之校已，且定著爲若干卷而序其出處之大略以告觀者。

大唐先生諱元，字長孺，少喜誦鶴山魏文靖公之書，因有所悟入。同時若雲峰胡文通公、定宇陳先生、師山鄭待制、黟南程禮部皆相友善。既老矣，始以文學起家，爲平江路學録，再調分水教諭，遷南軒書院山長，以徽州路教授致仕，學者稱筠軒先生。筠軒之文紆徐而典雅，有汴宋前輩之風，故元名公張起岩、王士熙、吴師道諸君子皆盛稱之〔二〕；詩則含蓄而雋永，不作近代人語，虚谷方公爲之序，美其格高，世以爲知言。

筠軒第五子曰桂芳，字仲寔，少從學鄉先生杏庭洪公潛夫，筠軒在平江，再遣從龔公子敬。學成受聘而起爲明道書院山長，調崇安教諭，清碧杜待制稱其清才懿德，爲儒官第一。升南雄路學正，以母喪不赴。會元末兵起，避亂山中，不復仕。龍鳳丁酉秋，我高廟將兵下江南，駐新安，延訪耆舊，而衛國鄧公愈以先生及風林朱學士允升二人名上，召對稱旨，有尊酒束帛之賜。會駙馬王公克恭來鎮新安，强起爲紫陽書院山長。未幾，以疾喪明，學者稱三峰先生。三峰制作雖本之父師而精采呈露，有脱穎出奇之意。

三峰長子曰文鳳，字子儀，以字行。其學得之家庭，以薦起爲歙學訓導，再用薦知贛之興國縣，有惠政及民。永樂初，文廟封建諸王，妙簡府僚，被親擢爲趙府紀善以終，學者稱梧岡先生。梧岡制作專以上世爲法而克肖之，不復以高視闊步爲能。

梧岡曾孫三人，曰佐希元，成化辛卯貢士，同知寧波府事；曰相希愷，乙未進士，今御史君也；曰弼希説，丁未進士。皆有文學，世其家。嗚呼！筠軒生于叔季，私淑考亭，仕不大顯。而三峰適際興運，其對高廟率皆應天順人、不嗜殺人之語，今其集中每稱「大丞相吴國公」，乃高廟渡江時事，考之實録皆合。宣廟之下樂安也，趙簡王亦在危難之地，其後卒以恭順孝友坐銷其變，則當時輔導之臣若梧岡者，容有力焉，不可誣也！然則三先生秉德蹈義以勤其身、陰利人之家國而不食其報，天必大昌其後矣。矧希元兄弟方繩其武以發軔于功名之場，異日所至，必將增光前烈，而三先生之志益以伸，澤益以長，名益以顯，豈徒託之空言而已哉！

重訂丹溪心法序〔四〕

醫之先謂出於神農、黄帝，儒者多不以爲然。予嘗考醫之與卜，並見周禮，曰醫師隸冢宰，筮人隸宗伯；並稱于孔子，曰：「人而無恒，不可以作巫醫。」「巫」、「筮」字，蓋古通也。然卜之先實出于羲、文、周、孔，則醫之先謂出于神農、黄帝，亦必有所從來。大約羲、文、周、孔之書存，故卜之道尊；神農、黄帝之書亡，故醫之道卑。然其書雖亡，而緒餘之出于先秦者，殆亦有之。若今本草、素問、難經、脉經此四書者，其察草木鳥獸金石之性，論陰陽風寒暑濕燥火之宜，標其穴以施鍼焫，診其脉以究表裏，測諸秋毫之末而活之危亡之餘，類非神人異士不足以啓其機緘而發其肯綮，則此四書，誠有至理，不可謂非出于聖筆而遂少之也。然則醫之與卜，皆聖人之一事，必儒者乃能知之，其不以爲然者，不能通其説者也。

醫之方書，皆祖漢張仲景，仲景之言與前四書相出入，亦百世不能易者。自漢而後，代不乏賢，中古以來，予所取五人，曰孫思邈氏，其言常見録于程子；曰張元素氏，曰劉守真氏，曰李杲氏，皆見稱于魯齋許文正公；曰朱震亨氏，實白雲許文懿公高第弟子。斯五人，皆儒者也，而朱氏實淵源于張、劉、李三君子，尤號集其大成。朱氏每病世之醫者專讀宋之局方，執一定之法以應無窮之疾，譬之儒者專誦時文以倖一第，而於聖經賢傳反不究心，乃作局方發揮、格致餘論等書，深有補于醫道。而方書所傳，則有丹溪心法若干卷，推脉以求病，因病而致藥，皆已試之方也。朱氏没而其傳泯焉，近世儒者始知好之，稍稍行世。然業醫者樂檢方之易而憚讀書之難，於素、難諸書，蓋皆不能以句，而於五人者之著述，則亦視爲迂闊之論，其茫然不知所用力，無足怪者。其以藥試人之疾，間一獲效，則亦如村甿牧豎望正鵠而射之，偶尔中焉；或從其旁問之射法，瞠目相視，不知所對。彼老成者日從事乎内志外體之間，雖或小有所失，而矢之所向，終無大遠。此觀射之法也，審醫之能，何以異此！

予宗人用光世業儒而好醫，其讀素、難之書甚稔，最喜朱氏之書。嘗以丹溪心法有川、陜二本，妄爲世醫所增附，深懼上有累于朱氏，乃爲之彪分胪列，釐其誤而去其複，以還其舊，凡朱氏之方有别見者，則以類入之。書成，將刻梓以傳，請予序。予故以多病好醫而未能也，輒以醫、卜並言于編首，使業醫者知其道本出于聖人，其書本足以比易而非可以自卑，則日勉焉以致力乎本草、素、難、脉經之書以及五君子之説，而尤以朱氏爲入道之門，則庶幾乎上可以輔聖主拯世之心，下可以見儒者仁民之效，而醫不失職矣。

用光名充，休寧汊口人，與予同出梁將軍忠壯公後。

麻衣相法序

近世相人之法，多宗麻衣。麻衣者，初不知其姓字，亦若鬼谷、鶡冠之流，蓋隱者也。或又傳其嘗以易授陳希夷，希夷之後有康節邵子。意麻衣之學，殆不止于相人，相人豈其一事邪？相人書有石室賦、金鎖賦、銀匙歌諸篇，相傳以爲麻衣所著也。好事者從而習之，試之多中，由是益相與喜其術，誦其説而師其人焉。

昔荀卿子著非相之篇，相若可非也。然予考之，世未有無理之器，亦未有無器之理。日月星辰之象乎天，山川草木之形乎地，耳目口鼻之貌乎人，器也，而有理存焉，不可以弗察也。班固藝文志占天爲一類，相地與人爲一類，其知此夫。蓋占天之災祥與相地之吉凶、相人之死生窮達，據其所已然而得其所未然，使人慎修弭、審趨避而安義命，豈非窮理格物之學哉！非相，非也。

吾友揚州同守鮑君粟之以明經登上第，而兼通諸家，以麻衣之書散出無統，集而刊之，凡他説之有涉于相人者，又取附之，其有意于窮理格物之學者與！惜漢以來，古相人之書多亡，而世獨知所謂麻衣者，吾固不能無憾焉。宋季傳麻衣心易，朱子以爲出于南康簿戴師念，至著論以決其真贋。若此編者，又安得起朱子于九京而一訂其説哉？

雪心賦句解序〔五〕

相地之書，蓋無出郭氏葬經者矣。然班固藝文志已有形法家，相地與相人書並列，疑葬經雖出郭氏，而郭氏實不足以與此。豈先秦之緒餘乎？今考其文，精深雅奧，誠有至理，而不出于「乘生氣」之一言，唐曾、楊諸君子，蓋得其説而行之驗矣。後之陋於術者，心目不逮古人，乃相與鬮合爲天星、卦例諸説，舍形勢而論方位，其義淺，其詞俚，其行之易售，故其學之易入也。

夫執羅經而以卦例格地，以天星論水，合則吉，否則凶，如是則人可以爲曾、楊，而何取于生氣之乘？使孝子慈孫陷其親之遺體于水泉、虫蟻之患而不自覺，甚可憫也！孔子曰：「人而無恒，不可以作巫醫。」甚矣！術之不可不慎，而擇之不可不審也！聽于庸醫而鬩其親之生年，聽于陋術而危其親之遺體，其爲不慈不孝，均也。

先少保襄毅公之喪，朝廷特遣使者賜葬南山之原，四方術者川湧雲集，言人人殊，大約多以天星、卦例爲説。其誦葬經者，蓋不能以句，而何望其踵曾、楊之故步哉？獨吾郡謝昌子期專以葬經爲主，旁通儒書，尤究心于文公及蔡西山父子之説，於天星、卦例則深絶之。其爲人扞穴，率有證佐，非出於揣摩億度之爲，庶幾如妙於醫者之用鍼，巧於射者之中鵠也。然陋於術者，反從其後訾且壞之，孝子慈孫，亦從而惑之。蓋世之真贋不分，往往類此，非至明者不能用其人，非至健者不能聽其決也。

子期以唐卜則巍雪心賦專祖郭氏，註者亂其彙次而失其肯綮，因句爲之解，謬者以正，晦者以明，誠足以祛積習之謬説而大有益于世之慈孝者矣。予竊因之有感焉。世之號儒者，舍聖經賢傳而從事乎詞章，比之庸醫舍素、難而執方書，陋於術者舍葬經而瀾倒乎天星、卦例之説，其失一道也。然則使子期而服儒之服專致力乎儒者之學，吾黨之士或當愧之，此予所以三復其書而不能已於言也。

諫議遺芳序〔六〕

謝氏得姓始于周申伯，以王舅受封汝南謝城，其後子孫之顯莫如江左，江左謝氏之顯，又莫如太傅文靖公安石，其家世人物見于史者，居他姓什九，可謂盛矣。新安亦江左輔郡，蓋有謝氏焉。在宋曰諫議大夫泌，葬歙東問政山，土人號諫議塢。按宋史傳，稱泌爲安石二十七世孫，意史之言，當無不實，則新安之謝，亦誠有出于文靖公者歟？歙岩鎮謝文達氏嘗取諫議公遺像一幅、史傳一通、奏議二通、墓記一通，萃爲一帙，題曰諫議遺芳，屬予序。

初予考新安先達最多，郡志所載事實最略，蓋拳拳焉訪録其餘文，尋視其丘域，存問其後昆，而於諫議公風節之偉、文學之優、德業之盛，尤所注意，然卒無以副之者。成化初，受命修宋元綱目以續朱子之書，盡閲秘府所藏，得諫議公之行事與其奏議，則誦而嘆曰：「其人雖亡，言不可泯也！」歲壬寅，家居之暇，又親至問政山訪其葬處，或謂與南唐聶真人之塚相隣，或以爲諫議塢者，別在山外，豐草茂林，不可復識，則望而嘆之曰：「其骨雖朽，名不可滅也！」孰意此帙乃出于文達而予獲見之也哉！

巖鎮爲歙休孔道，謝氏實居其間，文達凡四昆弟，有子四人，孫七人，其長子廷懋又與吾槐塘丞相文清公之裔聯姻，故予往來其間，謝氏昆仲必要致其家，盡款曲之情焉。文固不可斬也。嗚乎！諫議公立言，初不計其名之有無，而得名亦不繫其後之存否。予獨喜文達知先烈之可宗而敬述之，由是觀其儀而思有以繼其躅，數其行而思有以踐其實，誦其言而思有以咀其華，率其弟兄，訓其子孫，推孝恭之心、篤本原之義以爲今謝之倡，俾後來者嗣而守之，其誰不健羡曰此諫議公之後也哉！

新安程氏統宗世譜序〔七〕

封建之制不行，大小宗之法不立，天下無世家，久矣。然小宗之法，有非令甲之所禁者，衣冠之冑、詩禮之族往往忽而不之講焉，何哉？今有人焉，訂千百年之異同于一書，合千百人之昭穆于一家，見者必駭，聞者必疑。彼誠以爲事有所不可詰，勢有所不可齊，而安于久俗之不可驟變也。

惟我程氏自周大司馬休父佐宣王中興，封程伯，子孫因以國氏，望安定。其後國除，有適晉者曰嬰，立趙孤，封忠誠君，再望廣平。忠誠之後，在漢初起趙將從滅秦者曰歷簡侯黑，傳其子孝侯釐，再世失爵。歷侯之後，在漢末從孫氏定江東、破曹操，賜第建業者曰都亭侯普，子咨襲封，至晉初失爵。都亭之後曰元譚，當永嘉之亂佐瑯琊王起建業，爲新安太守，有惠政，爲民所請留，賜第郡之篁墩，家焉。太守之後曰梁將軍忠壯公靈洗，當侯景之亂起兵保鄉州，受封重安縣公，子文季、孫嚮，世其爵。而文季爲將死節于周，是爲重安威悼公，胤嗣蕃昌，世族弥著，乃更望新安。嚮之後，分南、北兩宗。

曰大辨者，始北徙廣宗，孫皓，爲定州刺史，又別居中山博野。皓生日華，當安、史之亂，戰河北有功，爲横海軍節度使。日華卒，子懷直代之，入朝封歸誠郡王，從兄懷信代之。懷信卒，從子權代之，封邢國公。蓋程氏凡四世有滄、景二州，至權不欲自同諸藩鎮，再請入朝，而程氏之兵始解。此北宗也。

當隋之亂，曰富者與汪華起兵定六州，賜廟食，宋追號輔烈侯。當黄巢之亂，曰宗楚者以涇原節度使會兵討賊，戰没，贈司徒，而其子金紫公勛亦以鄉兵守德興銀山鎮，捍衢、饒、信三州，傳其子彦光。彦光以御史大夫兼領白沙鎮，傳其子克柔。蓋程氏凡三世守德興。

曰澐者起兵休寧，守東密岩以拒巢，副陶雅爲歙州兵馬統帥兼捍開化，而其弟湘以工部尚書守婺源，子仲繁以户部尚書守祁門浮梁，仲節以兵馬先鋒守歙，南節以領軍大將軍守休寧。澐傳其弟淘，淘傳其繼子旭，旭廟食開化龍山，賜額顯佑。傳其從子杭，杭傳其從孫淮、沅。蓋程氏凡五世守東密岩。湘傳其子全禮，全禮以御史中丞兼領婺源都鎮，傳其弟全皐，全皐傳其子遁。蓋程氏凡四世守婺源。至宋下江南，而程氏之兵始解。此南宗也。

入宋以來，忠誠、忠壯皆受王封賜廟食，而族益華，雲仍益多且賢。其大者若文明殿學士羽、太師中書令文簡公琳，既以勳德重一時，而明道、伊川兩夫子遂以道學嗣聖傳、覺來世。迨我朝，特録其後爲翰林五經博士，世其官以奉祀，其盛于北方者如此。宋顯謨閣學士邁、華文閣學士莊節公叔達、吏部尚書文簡公大昌、樞密正惠公卓、丞相文清公元鳳、工部侍郎元岳、端明殿學士珌起于新安，刑部侍郎剛愍公振、徽猷閣待制俱參知政事章靖公克俊、龍圖閣學士瑀起于鄱衢之間。兩夫子子孫亦從南渡居池州，再遷新安。而程氏女適朱氏者一傳得韋齋，再傳得文公，正思、登庸、前村、月巖、徽庵、林隱六先生者，又皆宗朱氏以上求兩夫子之學，爲鄉碩儒。稍後則學士承旨文憲公鉅夫、太史以文顯于元，我先高祖萬户安定忠愍侯國勝暨先人太子少保襄毅公顯于國朝。其盛于江南，又如此。不有譜牒，則亦何以正其本、聯其支而爲子孫無窮之計也哉！

漢、晉、隋、唐以門地用人，有古封建遺法，而程氏率居大姓之一。自江以南，稍經變故，則程氏必有保障之功，故譜牒不罹于兵燹，子孫之世爵、世官者後先相望，而宗法未始不行乎其間也。宋紹聖中，鄱陽都官祁著總譜，歷世因之，分合本其族，繁簡繫其人，卒未有會之者。我朝正統中，歙處士文實嘗會之而未盡。敏政不揆，蓋嘗有志於是，積之二十年，頗盡得諸譜異同之故，因定著爲譜辨三十七條，凡例十條，猶未敢自足也。成化壬寅春，先公之服既除，乃發書以告諸宗人，諸宗人是之，各以其譜來會。理淆伐舛，將六踰月始克成編。爲卷凡二十有畸，會者四十四支，名之登于譜者踰萬人，先墓之可以共業者五十三世，相與告之先廟而命之曰新安程氏統宗世譜，鳩金刻之，俾敏政言其故于編首。

嗚呼！是豈徒以閥閱之盛驕四方、夸後代而已？惟先世有大功以得姓于其始，有大忠以保姓于其間，有大惠烈于鄉邦以著姓于今日，故以敏政之不肖而得衆族之賢者輔之，遂使統宗之志可充而譜可成，豈非幸歟！凡我宗人，其因是而毋忘水木本原之思，篤尊祖敬宗睦族之義，守其世業，誦其遺書，保其體魄之藏而不失，謹其名分之稱而不紊。宗法既立，則彝倫益明，風教益興，可詰者雖久而弗晦也，可齊者雖多而弗離也。若然，又豈獨一宗之幸而已！駭者安疑者釋，天下後世之有家者，將不取法于程氏也哉！奉斯譜者，其共勖之！

祭掃録序〔八〕

嗚呼！祖宗之所以望其子孫者，祠、墓而已。爲子孫者，孝乎則以祖宗爲有知而於祠、墓謹焉，不孝乎則以祖宗爲無知而於祠墓忽焉，二者甚可畏也。雖然，獨不反諸心乎？今日之祖宗，前日之子孫也。今日之子孫，後日之祖宗也。即是思之而不動心，則其遠于禽獸也者幾希。

惟我程氏自東晉新安太守府君暨梁將軍忠壯公、唐御史中丞都使公以下，有墓焉，有祠焉，以子孫之分處而難下經理也，則或立爲廟户隸有司，爲後人者，無容慮矣。自中丞次子兵馬先鋒府君諱南節始鎮休寧，定居陪郭，凡祠墓之可見者，十有九世，先五世叔祖諱峴處士，當元盛時，倡族人作永思亭爲烝嘗之所，捐贍塋田供拜掃之用，節目之詳，有圖有録，傳之一宗，俾世守之。今考其書，則其事廢于至正丁酉、戊戌之間，距成化壬寅，蓋二百年矣。敏政始得而讀之，觀其所以貽謀者甚遠，中遇兵興，繼遭家難，族衆散處于大江之南北，蓋自給不暇矣，雖有孝子慈孫，欲持麥飯一盂以澆墳土，豈可得哉？國家承平既久，荷列聖之恩，休養生息，日甚一日，業墜而復振，族散而復完，顧無一人倡言修復以還其舊，則不覺始焉以悲、中焉以幸而終之慨然以嘆不能已也。

惟先尚書襄毅公以疾賜歸，蓋不久遂捐館舍〔九〕，以是諸務未遑，祠墓之責在敏政，不得而辭焉。因與諸族人定議，取處士舊規而裁酌之，稍寓宗法，爲合族之本，兼用鄉例，通隨俗之宜，舉墜典以廣孝思，庶幾祖宗之所以望其子孫與子孫之所以報其祖宗者，兩得之也。反是，則爲不孝之歸，獲罪于名教，貽羞于鄉評，見削于宗譜，生無以會族衆于先祠，殁無以拜祖宗于地下，可不慎歟！凡我族人，勉之戒之！

歙槐塘下府程氏續編譜序

予會新安及鄱、衢程氏同出梁將軍忠壯公者爲統宗譜凡四十四房，歙槐塘程氏居其一。槐塘程氏以宋丞相文清公而顯，自分爲四房，下府居其一。下府之先曰元亮、元應、元亨，又分三房，皆文清公昆弟。元亮、元應之後已見統宗譜，元亨之後以稽會，故不及詳。

詳者，元亨以上世次而已。於是元亨之後曰添生將續而刻之，間請予序。

考下府本宗譜，元亨嘗贅歙琶塘胡氏，生二子，長光祀，没于宋季之寇亂，次道孫，憤兄之死，以復讎自誓，後果獲其人、正其罪而籍其家，終祀其兄不衰，其義如此。元初亂定，還居槐塘，增葺其田廬，不替益隆，乃置贍塋田，作孝思集，晝一以示子孫。子孫奉其遺訓，不懈益虔，其孝如此。父兄，人之大倫；孝義，人之大節。而備于道孫君之一身，是誠不愧于故家文獻之後者哉！

道孫君三子，曰觀、辛、山。辛四世孫蔭宗，有五丈夫子，及見五世孫，又及見其長子添興之子玠舉南畿鄉薦，壽九十餘，獲冠帶之寵乃卒，尤他族所未有也。添生爲蔭宗君仲子，尚禮而好義，故爲此譜以貽後昆，昭前烈，補其闕略，用備一族之書，可尚也哉！

予觀槐塘四房，號正、舊、上、下四府，隱然奠處于歙西凡數百年，子孫不下數千指，甲第與人物相高，皆祖忠壯。譬之陰、陽、老、少四象，其末分而同出于太極；伊、洛、瀍、澗四水，其流異而並入于大河也，可謂盛矣！雖然，巨家碩宗盛若槐塘者，固鮮，然爲子孫者，亦不可不以先世起家、裕後之心爲心，如有能廣孝思而崇義讓，篤親疏，謹昭穆，培其本，濬其源，使末益茂、流益長弗至于悴且涸焉，則庶幾乎前有光于統宗、後有光于續譜云爾！

詠史絶句序〔一〇〕

詩美刺與春秋褒貶，同一扶世立教之意，後世詞人遂有以詩詠史者。唐杜少陵之作，妙絶古今，號「詩史」。第其所識者皆唐事，且多長篇，讀者未能遽了。胡江東有詠史絶句，則自上古以至南朝，分題紀要，殆庶幾矣。顧其詞意併弱，作者未有取焉。

予家居，見塾師以小詩訓童子，乃首以市本無稽韻語，意甚不樂，因以所記古七言絶句詠及史者，手書授之。上自三代，下及宋元，凡二千餘年，以時比次，得數百篇。又以其猥雜而不便于一覽也，加汰之，存者二百篇。其間世之治亂、政之得失、人才之邪正賢否，大抵略備。然以其不出於一人、一時之手也，故或婉詞以寓意，或正言以示警，蓋有一事而史更數十百言記之不足，詩以二十八字發之有餘者。徐考之，亦不獨可教童子也。觀者諷詠而有得于美刺褒貶之間，感于善，創于惡，其於經學世教，豈不小有所益哉！

徽州府同守張公輓詩序

張君諱英，字廷傑，始以金州學生領陝西鄉薦，上春官弗得。久之，用吏部選人，出通判彰德府，尋以内艱去。起復改黄州，九年考最，受敇命之褒，予未識其人也。既而進同知徽州府，予始識之。其爲人也慧而達，予徽人相與樂郡之得賢佐也，以言慶焉。君爲郡不二年，嘗新府學宫，又新休寧縣學宫，予徽人又相與樂郡佐之留意乎斯文也，以言頌焉。居三年，上其績京師，予徽人又相與樂其政之有成也，以言餞焉。言皆出於予，而張君以爲「最善」名我，嘗謂予曰：「某死，亦何必誌墓？得子文足矣。」蓋予言之非諛，故君當之無愧，而予尤恨其詞之不足以達意也。

未幾，張君道卒于靜海舟次，年甫五十有三。靜海距京師不三日，乃不得上見天子、下掄于有司以考其成，而君又前一歲喪其偶，一子，爲金州學生，遠在數千里外，旁無强壯之僕綱紀其家，可悲也已！予徽人樂君之生，不能不哀君之没。於是聞君之櫬泝江而上，將道黄州、踰襄沔以入于漢中，蓋不勝其攀挽悲戀之情，咸作爲歌詩，悼君之不幸。太守王公、推府陳公裒而傳之，請予序其首簡。

嗚呼！哀樂之情，出于情分所固有，感之而興，觸之而動，有不知其所以然者，而莫甚于死生之際。然人於生者或因其可樂而後樂之，惟於死者，則不問其賢否親疏而惻然哀之無異詞焉，此薤露、蒿里之歌所由作歟？張君，故陝之賢者，其佐徽州，蓋有成績焉。至于王、陳兩公之厚于僚寀，寓公遺老之厚于邦侯，皆發乎情、止乎禮義，宜不可廢也。若予情之哀樂，則亦無不與人同者，矧嘗賢君而厚之者哉！厚予而重予言者，亦莫如君也，予其能喋喋于前而默默于後耶！

雙清圖壽汪君克敬序〔一一〕

汪氏世居休寧城北者自宣徙，其先蓋出唐越國公後，與元尚書文節公族相近。世居藥，而尤以製墨聞邑中。四方人之來者，非汪氏藥墨不售。曰恭克敬君者，益以其暇日讀古聖賢書，非其業弗之修也；樂交一時知名士，非其人弗之友也；構屋松蘿門下，題曰松蘿書屋，蓄書數千卷，日詠歌其間，非可踐之地弗之往也。其爲人如此。故予兄弟與之善而莫逆，恒相語曰：「子之藥足以濟醫而壽人之身，子之墨足以濟儒而壽人之心。之二者，有功于人，非一日之積也。子之壽，將無與之同乎！」

成化癸卯春，予北上京師，族弟宗弼實君之壻，告予曰：「明年七月二十七日，君壽六十，謹繪松竹爲雙清圖，寓慶頌之意，請一言序之。」未暇也。則又託人尾舟至姑蘇。少間，乃言之曰：凡植物之難老者，蓋莫如松竹，非一時早發先萎者擬，古人率取象于壽。而松之堅貞、竹之勁直，排風雲，傲雪霜，有不可犯之操，古人取辟若孔子稱「松栢後凋」，詩以竹美衛武，概可見矣。宗弼所望於汪君之壽、之德，其有取於斯乎！德者，壽之基也，德厚則壽益增矣。夫孔子大聖，老猶玩易，三絶韋編；衛武睿聖，年九十猶作抑戒以自儆。古人年弥高、德弥劭如此。汪君勖之，將無忝于故家文獻之裔而足以副斯圖者哉！

汪君父應祥處士，壽八十，爲鄉大賓。弟讓克和，治春秋，爲國學上舍，最相孝友，成于家而見重于鄉評。其世德固有所自，而君之壽，必有以副斯圖者矣！

送翰林五經博士朱君南歸序

封建之法壞而上古聖賢之胄鮮不降爲輿臺矣，惟孔子之孫歷代受封至上公以守闕里之祀，孔子明王道以師萬世，其功大，故其受報也獨遠。我朝景帝嗣位，文化寖洽，乃復求顏、孟、周、程、朱子之孫一人，俾爲翰林五經博士世其官以奉祀，著爲令。蓋六君子傳孔子之道，皆與有功于萬世者也。博士、上公，秩有崇卑，而承恩綸、被命服，率其族之人以時從事乎籩豆陟降之間，則皆有封建之遺意。

徽國文公子朱子九世孫益齡父景泰乙亥實應是詔，成化癸巳捐館，子孔輝君服闋上京師，吏部以聞，詔如令。於是中書舍人楊敬夫合建之大夫士請予言以榮君之歸。君初爲郡學諸生治春秋，屢上有司弗利，退而好修，不懈益虔，性恂恂如不勝衣，而發言中理，望之可知爲賢者之後。兹之榮，雖令所宜有，然非君之克家，則亦不足以迓承之也。

嘗觀商、周以來，聖賢子孫之有國有家者，不一再傳。或侵或削，以遂失其宗祧，雖不能繩武之過，亦上之人無以維護之故爾。今君生有道之世，借文學侍從之官優游奕葉而不知有督責之苦，奉祠之暇所不可廢者，繩武之道耳。夫繩武莫切于經史，我文廟嘗取諸經、傳及性理書頒海内，今上又以通鑑綱目嗣傳之，海内之士皆知誦法朱氏久矣，而況其世適者乎！君勉之，毋藉先澤以自榮而克世其學，如孔子子孫在漢有安國，在唐有穎達，垂芳史册，增光廟庭，顧不偉歟！

予家新安，與君之先爲同鄉；承乏詞林，爲同官。而韋齋獻靖公又程氏之甥，見于譜者，可考也。故於敬夫之請，匪直不敢辭，且重言之，以致區區之意云。

送新城僧會畟上人序

吾同年友吕君廷揚知建昌之新城，慎許可，凡撫民馭吏與夫戢訟姦、弭盗賊之方，蓋爲之不遺餘力，下至釋老之徒，亦處之有道，不以其微而略之也。於是僧會缺員，咨于衆而得懋畟上人。時上人隱天峰山中，聞命逃避不就者久之，吕君强之來，蓋非其志也。既受牒于吏部，將扶錫南歸，其縣人御醫張君復興方以嬰醫鳴京師供奉内庭，蓋候之者恒屨滿户外，而張君多不暇應，獨禮重哭上人，請予言以贈之。其辱過予者，數矣，哭上人何修而得此哉？

予聞之張君，哭上人俗姓李，其祖克宣嘗爲廣昌學訓導，父翔羽嘗爲新城儒學生。而上人獨不樂婚宦，絶葷飲，去從釋子廣照寺，戒行修潔，其徒難之。又間以其餘情爲詩畫，亦往往可觀。然則孔、墨異同之説，哭上人固嘗聞諸父師矣，予亦不暇爲上人言之。獨以上人昔而隱今而仕，請言所以仕之道。

孔子曰：「不患無位，患所以立。」蓋仕非難，而稱其職之爲難。使佛復生，其告人者亦不出此。然則哭上人可不勉乎！若吾廷揚之爲縣令，即稱其所以爲令者；復興之爲御醫，即稱其所以爲醫者。何哉？以有爲令、爲醫之實故也。吾又見中代以來，世降俗偷，士風不立，讀孔子之書者其進或不以道，屈膝而援上、挾賂以求升者，蓋有之矣。釋本出墨氏，其徒之卑瑣庸凡者，率以爲常，而哭上人乃獨肯逃名避利于一時，中不得已而後出應有司之求，豈非賢哉？吾於此蓋知其必有立也，而亦不能不爲世道惜也，於是乎書。

程君志亨輓詩序〔一二〕

弘治己酉夏，予以言者去位里居，臨溪族人天然過訪，持其父志亨君輓詩一册請序之，予既諾之而未暇也。越明年，予遘疾瀕危者數，天然請不少置，乃力疾而爲之序曰：

人之處世也，生樂而死哀，本乎人情，非有所强而然者。故樂有頌，哀有辭，亦緣情而生，足以致備物之孝。而世往往厭其數，譏其繁，豈不過乎！夫禮，始乎脱，成乎文，終乎隆，隆則仁人孝子之厚其親者，蓋無或不用其情也，豈獨哀輓一事哉？頌其生者，予弗暇論。若哀其死而爲之辭，則蓼莪、黄鳥之篇，薤露、蒿里之作，班班見乎經，著于傳記，其數與繁，固隆之意。

古者不葬以漸，爲之槥衾，卜其窀兆，置之祠饗，所以安其體者甚備。銘其玄堂之内外，而又奠之文、哀之詩，則固將以暴其行也。夫人孰不欲其體之安、行之著？爲子者，本其心而爲之，殆出于備物致隆之不能已者，烏計其繁且數哉！孔子曰：「君子疾没世而名不稱。」謂其無爲善之實也，況有其實哉！

君嘗佐予編刻統宗世譜，而進退語默，雖不事矜持而自中乎禮節，予因占君之所負必有大過人者，蓋於今才十有一年矣，孰謂遽有死生之隔也哉？君諱永禎，與予同出梁將軍忠壯公，其家世之懿事行之詳，則具于族儒志榮之狀，兹故可略云。

校勘記

〔一〕其識廣　「識」，原作「職」，據篁墩程先生文粹卷十一改。

〔二〕明正德本唐氏三先生集卷首此序署：「成化二十三年歲次丁未秋八月之吉鄉後學程敏政謹序。」

〔三〕故元名公張起岩王士熙吳師道諸君子皆盛稱之　「元」，原作「兀」，據臺圖本、篁墩程先生文粹卷十一改。

〔四〕重訂丹溪心法卷首此序署：「成化十八年歲次壬寅二月既望賜進士及第奉訓大夫左春坊左諭德同修國史經筵官兼太子講讀官休寧程敏政序。」

〔五〕雪心賦句解卷首此序署：「成化十八年歲舍壬寅春正之吉賜進士及第奉訓大夫左春坊左諭德同修國史兼經筵太子講讀新安程敏政叙。」

〔六〕新安田川中鵠鄉謝氏宗譜卷首此篇題作「新安田川中鵠鄉謝氏宗譜序」，文與本篇略有異同，署：「成化十八年壬寅歲八月既望賜進士及第奉訓大夫左春坊左諭德同修國史兼經筵太子講讀官同郡程敏政序。」

〔七〕新安程氏統宗世譜卷首此序署：「成化十八年歲次壬寅冬十一月既望賜進士及第奉訓大夫左春坊左諭德同修國史經筵官兼太子講讀休寧陪郭嗣孫敏政謹述。」

〔八〕休寧陪郭程氏宗譜此篇題作「續訂贍塋録序」，署：「成化十八年歲在壬寅冬十月朔日賜進士及第奉訓大夫左春坊左諭德同修國史經筵官太子講讀官陪郭嗣孫敏政謹書。」

〔九〕蓋不久遂捐館舍　「不」下，原衍一「敢」字，據休寧陪郭程氏宗譜删。

〔一〇〕詠史絶句詩注卷首此序署：「成化十六年歲次壬寅春三月既望賜進士及苐奉訓大夫左春坊左諭德同修國史經筵官兼太子講讀官新安程敏政書。」成化十六年係「庚子」，據程氏相關履歷，「六」係「八」之訛，當爲「成化十八年壬寅」。

〔一一〕城北汪氏族譜卷下此篇署：「是歲三月廿六日賜進士及第奉直大夫左春坊左諭德同修國史經筵兼太子講讀官同邑程敏政書。」

〔一二〕此篇底本原闕，據南圖本補。

篁墩程先生文集卷二十四

序

贈福建按察副使胡公序

淛江按察副使臨江胡公希仁以服闋至京師，陛見不數日而有閩憲之命，將陛辭矣。監察御史陳君叔振合閩之仕于朝者餞之，以古者行必有言以贈，乃因詞林舊誼來屬之予。

初，胡公以景泰甲戌進士授户科給事中，最以文學鳴，兩僉憲于廣東，一副憲于淛江，皆奉璽書提學有聲。今兹之閩也，乃始莅提刑之任焉，由是士夫間有以「釋教養之勞而獲考訊之拳」爲公喜者。予竊以爲不然。經、律之不相能於世也，久矣，吏之詆儒者曰「專經而迂」，儒之詆吏者曰「任法而俗」，皆非也。淑人之心以求治與刑人之身以弼教，其澤恒均，二者蓋相爲用。而經者，本也，經明而餘無所難理者矣，士君子安可輕此而有取於彼哉？

予嘗道淛江，見胡公迪士之勤、律士之嚴、閱士之公，心愛重其人，以爲由淛窺之，則廣人之所感慕可知矣。然則胡公教成于兩藩十餘年，化行不啻數千里，經生學子之出而授政于中外者，彬彬焉。斯不亦難乎！爲之難若是，則烏有本立而末之不舉者乎！閩自常衮興學，人知向方，而宋之南渡也，子朱子産於其邦。政教之説，所以繼絶學、開至治者，隨其力之所及而爲之，必效也。遺言昭晰，可舉而行。胡公亦既講之素矣，矧加之通練之才、英發之氣，推平生之學以副聖天子之明命，使閩人被政教之澤而士君子收儒吏之儁功，不在兹行也哉！

予於胡公嘗獲交往、同議論，知其人蓋深於經、律者，故竊以解提學之難而得提刑之易爲公喜也。於是乎言。

贈錢揮使序

成化十九年冬，五軍大將伏闕言：「天下武臣子集京師者，請大閱之如令。」詔遣中外文武近臣往監莅之〔一〕，得儁者若干人，大同中屯衛指揮錢鐸警時預焉。凡與警時有親好者，相率請予贈之一言。警時之内，予之從弟也，愛莫助之，亦烏能靳不一言？

惟國朝之制，武臣得世官。然自諸衛以上，都司、都府官雖尊而不克世；衛自使以下，諸部屬雖克世而非崇階。若服金紫、食萬户之禄而世不失尊者，惟衛使爲然。官及衛使，官亦美矣。世官之功，在洪武爲「開國」，在永樂爲「靖難」，其出于近代非一途。惟開國者上佐高廟却戎虜以清中原，萬世之功也，功預開國，功亦儁矣。世官之傳，或一再，或止其身，至於削秩投荒者，比比也。有傳其子若孫五世世其官，若禄百有餘年，非其祖考積慶，何以致之？慶至累世，慶亦弘矣。官之美、功之儁、慶之弘，斯三者，皆世之所難也，而錢氏則庶幾乎？

錢之先鳳陽臨淮人，自永寧府君以鄉人子仗劍從高廟渡江起虎賁幢主，累官明威將軍僉指揮事，南收吴、楚、閩、粤，北戰山西、遼東，略地摧堅，所向有功，而卒于閩，葬懿文園，特禄其長子于錦衣親軍。未幾繼逝，而弟代之，改大同中屯。永樂初移戍河間，從文廟北狩，卒于軍，而子代之，子老而孫代之，即警時之父也。警時年未三十而襲先世之美官、承先世之儁功、享先世之弘慶，又褎然得儁于天子閲武之場如此，宜諸君子歆豔之而思有以張大之也！

雖然，今之號武臣子者，坐有先禄爲著令，其弊多驕人；恃其先勞可自逭，其弊多玩法；負其先殖以從事于聲色，其弊多虐下。斯三者，皆有家之大忌也。而武臣子恒甘心焉，寡學故也。古者文、武無二道，俎豆櫜鞬，動必相資，非若後世之㓞然兩途不相能也。警時爲人，外和易而内廉隅，喜讀書，嚴于奉法，無紈綺之習，樂從賢士夫游，伈伈若諸生，先少保尚書襄毅公暨仲父瀋陽使君咸愛重之。兹之還任也，振祖烈，報國恩，知三難之不易獲而三忌之不可少徇也，益進脩于問學而不與凡子伍，以無負館甥之心與諸君子之厚望，語位、語功，必有大焉者矣。警時勖哉，以無忘于斯言！

贈南京太僕少卿唐君序

邇者聖天子以北虜假息塞下，數勤邊吏以動京師，詔發兵擊之，而國馬以時平多耗，於是下令修馬政。而兩京太僕適以少卿員闕聞，有詔吏部推擇一二臣名以上，俟親擢焉。於是尚寶丞河間唐君章受簡命之南京，士夫交慶，以爲得人。

有嘖嘖於傍者曰：「唐君起家經術取進士，歷禮科都給事中，職封駁者十餘年。以才以能，佐臺省，長藩臬，無弗宜者。乃轉丞尚寶，屈爲郎者數年。拔滯而通，奮跡以興，足自慰矣乎！」予曰：「不然。唐君豈遽以職之大小爲戚欣者哉！南京實祖宗定鼎之地，兵備不可一日闕，而馬者，兵之本也。聖天子不惜左右近侍之臣，俾往任夫攻駒考牧之事，豈直以君勞而姑以厚祿慰之者哉！起廢墜于積久之餘，振事功于維新之日，此聖意所望于臣下者，唐君其知之矣。古者問國君之富，數馬以對，而大司馬以馬名官，誠以馬之增耗，而兵勢之强弱、國計之豐匱繫焉，其重如此。今兩京太僕之臣終歲勤勤，奔走四出，非不求舉其官，而馬不加多，何哉？上臨之以姑息，下應之以文具，雖天下之事常然，而馬政又其甚焉者爾。」雖然，「恭儉惟德，無載爾僞」，此有官者之法守也。如有能恭以奉職、儉以律己，上下一於誠而不敢欺且肆焉，天下之事可從以理，而況馬政乎！迹是觀之，馬政之舉不舉，亦存乎其人爾。

唐君辨博警敏，於天下事固嘗論諫于廷，又親見聖天子赫然詰戎兵以揚大烈。茲之往也，固將佐其長、倡其屬，善於其職，如唐貞觀、開元之盛以副一時之慎選與士夫之厚望，斯非君之可慶者與！若夫貳九卿于留都，服金紫安坐以食中大夫之祿，雖君之榮，而非所以慰君也。君勉之！

南京太僕治江北滁州，蓋出高廟所親定，謂其地沃衍宜馬，故不與在京諸司相屬，先尚書襄毅公天順中嘗莅之。其後予省覲南歸，亦道滁，過太僕治所，望瑯琊之深秀，勺釀泉之甘洌，探醉翁、醒心諸遺蹟之佳勝，立馬道傍，徘徊不能去者久之，蓋至今往來於心猶一日也。唐君於予家同鄉、進同年，又素爲先公所器愛，名位所極，將先後之而未可量也。予故因其同寅諸君子之請序其事以贈，蓋於上之所以用君與君所得於人、予所望於君者，三致意焉。

贈馮君克遠知建安縣詩序

馮君克遠世家徽之績溪，少以俊秀爲儒學生，業尚書有功，蓋一鄉之談經者，莫或尚之。然以是經赴南畿秋試輒不利，最後以貢入太學，始克以成化甲午舉于京闈，赴禮部試，又輒不利，乃就吏部銓，以甲辰夏廷授知建安縣事以去。

初，君不利于兩試而退修于家也，以其經授之徒，蓋不數年而舉于鄉者六人，舉進士于廷者三人，其餘待捷者又若干人。故君之罷試也，多以大器晚成之説爲君留者。其入銓也，又多以不與府佐、州正之列爲君惜者。君不色動，曰：「是有命焉，吾知安之爾。」由是君子知君之所業久，所得必精且深，蓋不獨淑其身及其徒，而又將推之以澤民也與！

夫君子之學，成己成物而已。成己難，成物益不易，而君則知志乎此矣。矧建安在閩中爲壯縣，有先正徽國文公之寓宅在焉。而君又徽産也，淳樸而靖恭，碩大而疏通，誦其詩，讀其書，仰其遺風而施令於其邦，其所志將不伸于公乎！傳曰：「守令者，民之師帥。」師所以長民，師所以教人，闕一不可也。以君之資而加之經術，施諸其徒者既如此。茲之往也，均賦以厚民生，興道以善民俗，歲時俎豆，進趋于鄉先正之庭而無愧焉，則成己成物之效益大於前，而名之興、位之進，不卜可知矣。雖然，君，知命人也。因其業而究其成，豈役志于名位者哉？獨以三百篇風雅之間，所望乎其人者，非譽聞之淑則寵禄之光也，豈不謂名者實之賓，而位者德之章乎！

君學徒胡進士光方裒諸君子餞别之詩，以予同郡人以序請，故輒道君之出處與君之志而致遠大之望焉，亦將使後之人樂君之政成而相與取驗于發軔之初者，於是乎有考也。

贈崔君廷佩判歸德州序

我高廟制報功之典，文蔭武襲，著于令甲。澤厚而禮均，將俾世守焉。其後令格，莫知所從起。竊意當文廟渡江後，有司者不能以時建請之過與？成化初，始下建請者議，廷臣三品以上許一子入太學，如例授官，自鹽山王忠肅公而下三十六人。聖明仁厚，思還舊制以勵群臣，預者感激，聞者興起，戴恩圖報之心，惟恐或後，豈非一時之盛與？蓋於今十有八年矣，廣宗崔莊敏公嗣子珂始獲廷授，判歸德州事。珂字廷佩，在衆中特醇謹，無紈綺之習，種學績文，屢入秋試弗偶。莊敏公訓育之甚勤，公位冢宰總百官于兩京兼贊留務，責重望隆，不得顧其私。於是綜家政應賓客，廷佩惟所命而不失。公之捐館也，奉襄事無違禮，又翼成其弟璿，請于上得中書舍人之禄，以守公祀。孝友清白之風，求諸大臣元老之後若莊敏公者，豈不鮮哉！

歸德，開封支郡也，領縣五，有衛兵雜處其間，地大事殷，號稱難理。判之上有守有貳，其下也有幕有屬，又時臨之以藩臬大府之臣，仰承俯御而中處之，必有道焉。廷佩平日所得于父師者必熟，宜無待予言者。然予聞之，禮以蒞官不敬爲非孝，則廷佩於此宜必有所從入乎！夫公往矣，公之盛德所暴白于天下後世者，「莊敏」爾。「莊」以律己而弗肆焉，體之立也；「敏」以應事而弗滯焉，用之行也。二者不可偏廢也。大用之則大成，小用之則小成，亦不可諉之爲難能也。廷佩勉之，下不墜故家文獻之傳，上以答聖天子優崇耆俊勳賢之典，且使公卿家得相視其賢否爲勸戒，此予之望也。若官之内外、職之崇庳，豈君子所足計哉？

先襄毅公典兵于兩京，實與莊敏公同時，又先後領留務，交莫逆。予弟敏德入太學，復於廷佩同齋館聯硯席，通家之好，非一日也。故於其别，有愛莫助之之嘆，特序以贈之。

文昌坊程氏族譜序

文昌坊程氏族譜一帙，爲卷者九，爲圖者二十有二，爲詩若文附見者凡若干篇。故湖口令叔武之所編，今儒學生昭之所續，而儒士弁之所參訂者也。

江南程氏，莫盛新安，新安之程，實出廣平，又上出安定。安定之得姓，以周大司馬程伯休父，廣平之著望以趙忠誠君嬰。迨新安，則晉本郡太守元譚以其政顯，梁將軍忠壯公靈洗以其勳顯，姓益昌、族益蕃而望益有聞于天下，其詳則具于宋都官祁之世譜。休寧爲新安屬邑，程視他姓爲多。市道之間、村落之交，若櫛比然，皆程氏，而居文昌坊者，其一焉。

考其譜，謂忠壯十六世孫杭，周顯德中爲東密巖將，捍休寧有功，定居臨溪。四世孫秦，宋宣和中避方臘之亂，遷泰塘。子康，建炎初知泗州，嘗續都官譜，中失于兵燹。泗州三世孫克明，生煒。煒再世生應護，通譜于歙宗人丞相文清公，此則叔武所據以爲編者。煒弟烜，生可績，遷麋村。可績四世孫叔恩，元至正末避紅巾之亂，又遷五都湖村。叔恩生二子，以安、以善，始定居文昌坊。以安二子，長志遠，次宗遠，始以尚義得官。子孫復多游庠序間。此蓋昭所據以爲續者。二譜參訂，出于弁，而汊口宗儒隱預討論焉。要自以爲覈矣。志遠子五人，宗遠子四人，皆淳謹有立志，思亢其宗，蓋不踰時而良産華構將甲于一邑。昭之兄景厚，嘗及見先尚書襄毅公，公甚嘉之，故其昆季於予甚厚，間以此譜相屬，而爲禮甚恭以勤，則爲之序曰：

譜之於人，大矣，然豈獨以昭門閥、博昏宦以誇世俗如魏、晉、隋、唐之際之所爲哉？明昭穆以崇孝敬、廣恩義，則雖無譜也，奚患焉？使有譜而本之不立，則雖賢聖之後人且賤之，亦何貴于譜？譜固不可無，亦不可恃也。昭兄弟知譜之足貴矣，而不求所以大斯譜者，可乎哉？讀爲良儒，耕爲良農，出游而爲良賈，力其本焉弗怠，使昭穆以明、孝敬以崇、恩義以廣，則文昌坊之族，將以德善名其家，豈徒見重於文字之間而已！

予不肖亦幸出忠壯後，嘗會諸房作統宗譜刊布之，惜此帙晚出，不及會以遡其原而要其歸。又因以念新安之程如文昌坊者，計尚有之，顧宗法不行于世，莫能盡其親疏離合之由，益可嘅也！

王同守贈行詩序

成化甲辰秋，朝廷有事于北邊，議者請發畿内山東、河南之粟以濟師，各責其上佐一人董之，而同知廣平府事王君原常實預是行。原常董其所部諸縣之粟凡若干石，親跨馬屬櫜鞬，謹其芟次而撫其勞瘁，出居庸以達龍門，又走大同致命于大司徒青神余公。惟時余公方受詔督諸路兵，得專閫以便宜從事，而戎裝所需，莫良于陝，擇知兵者一人往辦之。而原常世居熙河，爲大司馬韺庵先生之子，又特有是行焉。過京師，告别于所還往，得詩若干章，而予爲之序曰：

若原常之行，可謂壯哉矣！夫古者文武一道，而士之有文事武備者，其常也。中世以來，始稱横槊賦詩、下馬草露布者爲難得，蓋士之齪齪者不足語此，而號儒者亦諱言兵。士之失職，久矣。原常以精悍出群之姿，加以倜儻用世之才，濟以家庭三禮發身之學，所養既弘，所閲既熟，故一出而以書生集難辦之事，以有司成佐軍之功，超乎等夷而無忝于爲士者如此。諸君子壯其爲人，播之聲詩以爲行李之華而備離筵歌吹之奏，宜哉！雖然，董軍儲于北邊，預有賢勞以裨國計者，臣道也；治戎裝于關西，便途歸覲以壽雙親者，子道也。二者兼盡，則忠孝之端也。士之大節，不可一日而不求所以充焉者也。

韺庵先生以三朝元老還政家居，正色昌言，聞者興起，况其愛子得于耳濡目染者有素，亦何藉于人言？兹行也，喜於暫會而樂之必深，念其遄歸而誨之益切，原常敬受而加勉焉，壯歲功名，當不止此。則是詩，亦不可以不序而留以取驗于異時也。先尚書襄毅公於韺庵先生爲同寅，交相孚而不比，故通家之好，予得以兄事原常，而原常壯哉之志，則予瞠乎莫知其所從矣。

贈周君德中同知蘇州府詩序

初成化乙酉之秋，安陽周君德中舉河南鄉試第一人，京師傳誦其程試之文而嘆曰：「中州奇才也！」然德中數奇弗偶，凡七上禮部。退而好脩不懈，久之，年幾可以服官政矣，門生子弟多舉于鄉、試于廷矣。甲辰之夏，乃入吏部銓，復舉銓試第一人。尚書以下覆其文而嘆曰：「制科遺才也！」奏授同知蘇州府以行。於是薦紳能言之士善德中者，分韻賦詩以餞，而予爲之序曰：

士之負卓越不群之才見用於時者，其自待必重，而君子亦必有以嘉予之，燕之以飲食，贈之以車馬，而或貽之以聲詩，其禮勤，其意周。然飲食以適口也，車馬以佚身也，其予之也淺；詩也者，所以作其氣而感其心也，其予之也深。此三百篇多贈行之什，學者誦法之至今而莫之敢廢也。

今天下東南大藩莫如浙，大郡莫如蘇，國家財賦所自出。而蘇以一郡敵浙之一藩，劇可知矣。德中一發解于鄉士，再擢冠于選人，其才亦可謂卓越不群者矣。以卓越不群之才佐財賦最劇之郡，位相值而力相當，其舉錯之拳、出内之等、利病之策，所以厭人心、紓民力而大有爲于句吴之區以增輝于古循良之傳，不有日哉！矧其家食之日長而學益精，出官之日遲而事益練[二]，其自待之重久矣，亦何俟乎人言！然君子成人之美者，愛莫助之，則禮勤意周而予之深者，非詩亦莫能致之也。況諸公之詩，或頌焉，或規焉，亦安知其詞之温醇、意之忠厚，不有脱凡近而上得古詩人之風旨可傳者乎！

德中爲故鴻臚卿拙逸先生之子，江西左布政使德明之弟，今駙馬都尉德章之兄，門第之華、文獻之盛甲於一時。然貴而不矜，富而不侈，皆士之常，不敢以是取足于德中也，故不著。

贈宋君廷貴知秦安縣序

太學生宋君廷貴於國賓王公司言有鄉曲之雅，公因聘主其塾訓其胤子焉。予數過王公，識其人，蓋君名在吏部銓籍甚久，將注官矣，然君念有母八十在堂，每對人語及之必與涕俱，一旦束行李告所知將往省于故鄉，或沮之不可。行且有日，而吏部忽得請揀府佐、縣正，其法甚嚴，君裒然在選中，廷授知秦安縣事以行。聞者嘖嘖曰：「舍宦鞅而急親闈若宋君者，孝矣哉！天不負之，命與事會，不徒一慰倚門之情，而遂司百里之民社爲母榮，得七品之禄食爲母養，計君之爲心，視毛義之喜，殆有甚焉！」然使宋君前期而行，則人必爲君後時而悔。於是王公嘆異而嘉樂之，請予序其事以贈。

噫，忠者，孝之推也，而鬱之久者發必宏。君誠孝矣，又所業者三百篇之經，上秋試十有一科不利于有司，而學益充，授之以政，宜其達矣。而予竊有所進焉者。今關中劇旱，民饑荐興，廟堂蓋不能無西顧之憂。勉哉宋君，促駕以往，拯秦安之人於溝壑之中而措之衽席之上，爲諸邑先，以無負遴選之公，昭宿學之成，答故人之厚望，不在兹行歟！諒矣，忠孝之相爲用而士不可以偏廢也！

先是，有著令：勳戚大臣，必進脩于太學。宋君嘗與恭順侯者聯硯席，諸公亦相率友宋君而禮之，故餞君以酒，贈君以言。王公倡之，而諸公悉附名其後云。

封奉直大夫知薊州汪先生七十壽詩序

汪氏在新安六邑最盛，率祖唐越公華，而越公實始居績溪之登源，故登源之汪尤盛。

曰裕清先生者，仁厚人也，以儒醫鳴其鄉。嘗用薦爲績溪醫學官，以奉其父甚謹。父安其養，年九十有二，及見五世孫，無恙在堂。而先生亦今年七十矣。先生訓育其子孫甚力，諸子曰溥起鄉進士守蓟州，曰瀅起進士尹玉山，諸孫曰度繼舉於鄉，而先生亦受誥命封奉直大夫如溥官矣。奉耄耋之親于堂，見曾玄之孫于家，而又迭享牲鼎之養于官，顯受綸綍之命于朝，有一於此，皆世之大慶，而獲備于裕清先生之身，亦可謂難矣！頌聲不作，其何以昭世德而風鄉人？於是其姻友上林苑丞程君京輩告諸搢紳，播諸詠歌，將寄壽先生，而謂詩必有序以見作者之意，爰屬之予。

予聞宣聖論壽必歸諸仁，易贊家慶必本於積善，蓋不易之理也。汪先生始以醫起家壽其親及其身，推之以活其鄉黨宗族甚衆，其仁之施、善之積，不已厚乎！而又兩子競爽，爲國家司民命于大郡名邑之間，仁聲淑聞，足以最考功之書、膺宣室之召，語善與仁，益又大焉。則宜其壽開於先者將底于期頤，幾于人瑞，而迓續敬承其後者，殆不可量也哉！

先生誕辰在歲之九月二十有二日，張筵於庭，長幼咸集，稱慶之際，命童子歌諸公之詩以侑觴，吾知先生心益休、體益康，禄養恩封與壽俱進。鄉之人顧瞻咨嗟，又必以爲仁人長者其所獲如是，有景仰企慕之心，則此詩於尚齒好德之勸，不既多乎！

予嘗過績溪訪登源，拜越公之廟而裴徊于丘壟亭榭之隅，崇山複嶺，秀拔環峙，大溪水經其前，盤迴百折而後出。竊以爲地靈所鍾，必有異人，況盛德之後，實家於此，庶幾見之以爲快乎！蓋今得汪氏，而後知人境之足以相當也。是爲序。

户部郎中官君輓詩序

平度官君汝清與予同治尚書，就天順壬午之試，君魁山東，予亦繆魁畿北，蓋相聞而未相識也。既舉進士，成化初，先婦翁太師李文達公卒，君以工部主事受命往治葬于南陽，始識君而未悉其人也。

戊戌歲大侵，君以户部主事奉璽書賑河間，予亦得請省覲還新安，乘傳而南，適與之遇。見君規畫舉措，不遺餘力，所活數萬人，心竊異之。既又訪予公館，聽君言弭災六事，鑿鑿可行。其一論水患尤切，云：「河間界滹沱、中堡二水，地最下，有九河故道，疏其委以入于衛河。河道久而淤爲腴田，則民據之，或舉而歸之貴近勳戚之家，知利而不知害也。由是水無所洩，加以霖潦，則四潰浸淫以壞民田，歲以爲常。誠使水有所歸，則歲入當倍，且疏濬視賑貸其費不啻什一，而議者或病于難集，蓋世之樂因循而憚興作者常多也。」予家中世自新安寓河間，嘗考圖籍、詢故老、按形勢，得其説而莫可語者，聞君言，爲之驚喜曰：「吾人自是其有瘳乎！」君亟草奏言于朝，而議者果以爲難，事竟沮。然畿北人感君紓國之心、裕民之策，口之不置，而有遺憾焉。

予既遭先少保襄毅公之喪，與君契闊甚久。癸卯夏，始上京師，道諏君出處，則已進郎中，再奉璽書督儲于薊。其所建白益多，聲望益振。予方覬其再見，相與傾倒，而君不幸已矣。嗚呼，悲夫！世固未始乏才，而求夫好古之學、經世之務可以備將來大用之選若君者，蓋屈指可數。奈何其年之弗永、才之弗究，而予亦安能不爲世道之惜也哉？

君捐館時年四十有一，有弟曰賢，亦學于鄉。長子曰熙載，方爲儒學生，能收君之遺文，狀君之遺行，又告哀于所還往，得輓詩若干章，奉以視予。予既悼君之早世，又幸君有佳子弟足以引其有餘不盡之澤而益長也，序而歸之。俯仰今昔，有不勝其泫然者矣。

贈葉君茂卿通判廣平府序

成化甲辰冬十月，葉君茂卿得入吏部銓，廷授通判廣平府事。凡同出新安而寓京師者，相與榮之，又從而餞之，俾予有言以重君。予於君交久，勢不可以無説。乃諗於衆曰：

世率以地南北異宜，人馴悍異性，治之所施者，寬猛異法，若君之行，何如哉？君生江南，眇然一儒者，筮仕而佐大郡于北方，將孰不以爲難乎？予則曰否。夫難者，勢也，而有不難者存，理也。學足以明理，則舉措之間，無施不可，其何有膠于一偏而不相能者哉？廣平，古晉、趙之境，號漳、河間一都會，風氣剛勁，士多義俠。若程杵之忠、廉藺之烈，望諸君之風概〔三〕、清河崔氏之孝友，遺風習俗，千載猶新，而例以北方爲難馴，欲一切以猛從事，亦烏可哉！

君學道三禮，於王制之詳、民志之辨，皆已素定。又數屈于禮部，齒益健，學益邃，人情世態，閱歷之益多。兹之往也，將大展其所藴，佐其長，率其屬，綏迪其士人，地之北猶南也，民之悍可馴也，寬猛相濟，而政無不成也。矧君以歙人涖廣平，皆帝都輔郡，何南北之不相通？被仁義禮樂之澤最先，何馴悍之不相化？政令之頒、建白之上，朝發夕至，何寬猛之不相爲用，而私憂豫計之哉！

竊有所告于君者。比歲以來，嘆荒民饑，江以北爲甚，廣平其一焉。雖聖天子憂勤，屢有明詔問民所疾苦，而有司奉行力不力，恒均也。若是者，將誰之責歟？夫建官以爲民也，民不被其澤而安居以享禄食、循資以待遷擢，儒者之耻也。君學術老成，宦途云始，舉而措之，將必有出乎常情者哉！願與鄉人共拭目焉。

贈平江伯陳公還鎮詩序

平江伯合肥陳公志堅將漕運兵十餘歲矣，歲一朝京師以爲常。乃成化甲辰冬，上書乞解印就第，優詔不許。於是節鉞還鎮有期，凡搢紳内交于公者，咸賦詩贈之，推予爲序。

惟我朝文廟徙都北京，國計悉仰于東南，特遣文武重臣建牙淮水之陽以經制之。而公之曾大父恭襄公首膺是任，論者以爲中興計臣第一人。其大功盟于册府，其遺愛存乎廟食者，不替益隆也。公以元勳世胄起而繼之，兵强食足，爲諸鎮之冠。而又識達政體，每有建白利病之策昌言于朝，以是主上嘉其忠勤，慰諭勉留，而搢紳懷憂國愛士之心，不能已於言者如此。

予竊觀召虎征淮南之夷，而周人有江漢之思；李愬平淮右之賊，而唐人有方城之雅。傳之後世，以爲美談。今國家承平，兩淮晏然，非叔季可比。雖連丁歲侵，得公坐鎮其地，拯之輯之，不遺餘力，休兵恤士，以收足國、裕民之功，視虎與愬，殆無愧焉。矧江漢之詩必舉公奭，方城之雅亦頌西平，視公之於恭襄，又將以濟美並稱于百代之上。盛矣哉！世臣之足爲國重有如是者。然則諸搢紳之作，雖比之江漢之詩、方城之雅，亦何讓哉？

公少承其父莊敏公之訓，喜問學，隆師親友，迨今不衰。每士夫道淮，必禮接之。或就而問政，有古儒將之風，故人樂與之言。而予交公尤稔，輒爲道所以作者之意。雖然，出入均勞，盛世所以優大臣也。公之勞于外也，久矣；上下之屬望於公者，厚矣。不日召還，留衛天子，建封侯之業以增輝于家乘、史册之間，諸搢紳嘉予之者，又將不止乎此。協聲律被管絃以鳴國家之盛，豈特公一身之榮而已！

怡雲錢翁六十壽序

先民之壽，大率以百二十歲爲期，六十則壽之始也。出而仕于朝，五十服官政，六十則指使。處而飲于學，五十者立，六十者坐。示將以漸而致其隆焉。蓋先王所以優六十之人如此，而況子之於親乎？當喜懼之交而致夫耄耋、期頤之祝，固情之不能已邪！

無錫有怡雲錢翁者，本吴越武肅王之裔，自其祖父伯叔以來，世以尚義聞。至翁益篤于孝友，盡父之喪，隆母之養，推上田宅以與兩弟〔四〕，而又屢矜其不立，三撫其遺孤，雖已産而藉是以日朘而不恤也。方且延師以誨子，捐粟以濟饑，輯其先世遺文爲襲慶編以傳世。而翁亦年六十矣，於是翁三子因予所善户部趙夢麟主事以請曰：「願有言焉，以爲翁壽。」

予不及識翁，而得觀其所謂襲慶編者，又及識翁之從子所謂鴻臚君楷者，知翁上顯其宗祊而下成其子姓不遺餘力，蓋孝友人也。語不云乎：「孝弟也者，其爲仁之本歟？」仁則壽矣，翁雖不仕而以尚義恩授承事郎，又以德善重其鄉，鄉之爲介、爲賓，且自玆始。跡是觀之，其心休，其體豫，由六十而底于上壽，不庶幾乎！

雖然，蘧伯玉行年六十而六十化，進德之功，不以老而倦也，豈惟六十哉？萊子年七十而孺慕，申公、伏生皆年八九十而傳經，張蒼年百餘爲漢計臣，多著述。古之人年彌高、德彌劭者如此。翁思古之人，益策其所未至而不强其所不能，使年與德俱進，祝以漸而致隆，將有不一之書，予言則其兆也。

翁名會，字孟津，別號怡雲。始生在嗣歲之元旦後八日。其配長洲徐氏，少翁十歲，賢而偕老。三子，曰本、相、榦，皆孝謹，克世其家云。

吕母太夫人壽序

走少以童子執灑掃之役于嘉禾吕文懿公先生之門，先生以清德正學輔英宗，退而執經以授今天子，蓋蚤莫汲汲，畢力於公而弗顧其私，凡區畫家政，一出於太夫人徐氏。太夫人淑慎之姿、貞靜之德、賢明之行，可方古人，蓋一時卿大夫家率自以爲弗如也。走獲與及門之士從公子今主客郎中秉之以歲時升堂，拜舞爲壽。太夫人推愛子之心以及諸生，由是諸生自幸爲得所依庇，率事先生如父，事太夫人如母，迨今幾三十年，而先生不可作，久矣。太夫人居嘉禾故第，無恙在堂，而春秋亦六十餘矣。及門之士，或顯或隱，多以星散，而走於秉之得侍同朝、篤世講焉。雖無復向時展敬修謁之勤，而此心蓋未始一日忘慈煦之澤也。

成化己亥春，走自新安省親還朝，過潮，始獲拜太夫人于堂。癸卯夏，復自新安起復而來，又獲拜焉。凡再見。而太夫人體益彊，德益劭，内政益脩而明，僮僕益恪而嚴，蓋不以老而怠其家者如此。然獨念秉之不置，曰：「庶幾王事有間乎，其遂迎我，我將從之，撫諸孫以爲樂乎。」人以是知太夫人之慈。走之至三月，秉之果以太夫人故，力請檄而南，將便道奉板輿北上，遂天倫之私而不廢乃公。人以是又知秉之之孝。夫慈與孝，皆出于天而性于人，順之則爲福，戮之則爲盭。若太夫人之慈歟、其子之孝而有不獲福焉者，寡矣。吾知其心之廓如，身之胖如，將壽之隆如，不可以言贊也。

走之先尚書襄毅公於先生爲同年，母夫人於太夫人有娣姒之義，方迎養於京。聞秉之之行，喜不可遏，知二母之相見有日，而獲伸其私也。輒先序其事以貽之，請爲歸壽之獻。

驄馬行春詩序

成化乙巳春，監察御史姑蘇奚公克新奉命出按于南畿，搢紳大夫作驄馬行春圖賦詩贈之，而以序屬予。

予竊觀國朝著令，每歲必遣憲臣分行天下，以飭吏事、恤民隱，其責最重，而在南北兩畿者，爲尤甚。蓋畿内郡縣地逼而事殷，地逼則毀譽易達，事殷則舉措不遑，誠非一藩省遠外之地可比。奚公少以明經領天順己卯鄉書，久之，舉成化壬辰進士，有起家之學。筮仕知青州樂安縣，凡三年，有及民之政。受薦而入爲御史，嘗奉勅理鹽法于河東，又奉勅綜邊務于居庸諸路，有奏最之績。兹之往也，固將有所罷行而適于緩急之宜，有所糾薦而明于賢不肖之察，使七郡之吏民畏而懷之，非議不興，而廢政畢舉，如是，則亦何責任之重之足慮哉？

昔桓典爲御史，時人有「行行止避」之謡，蓋予之也。鮑宣爲司隸，時人有「三入再入」之歌，蓋期之也。今送公之詩多出名卿才士之口，予之深、期之遠，亦皆本于善善之公，可以附古風人之義而傳者。行臺滯深，職事有暇，時取而諷之，固將惕然思有以副之而莫能已乎！不日還朝，風裁益增而名益振，天子益寵嘉之，將有進擢之命，以比跡于桓、鮑且有徵於是詩，俾一時號良憲臣者曰：「有奚公焉！」豈不韙哉！

贈守禦滄州正千户趙良玉詩序

滄州爲河間支郡，古燕、齊孔道，而其境東極于海，擅魚鹽之利，盜出不時，蓋嘗宿重兵委將吏，號横海軍節度使。國朝既一海内，於滄州罷兵置牧，專蒞其民。民相安而莫相恃者，餘百年矣。

成化乙未，朝廷始用議者言，徙河間衛一軍于滄州，號守禦千户所，以漸復前代之舊，有牧以養，有兵以衛，民有所恃以無恐而益安，蓋修廢之良策，經始之遠圖也。維時武進趙君恂以正千户將其兵以行，至則畫疆界，立營壘，開屯田而建牙于州中，不遺餘力，以成偉觀。庶幾一時良武弁乎！而間以勞役得末疾，久之弗瘳，乃遣其子瑛請代于朝，許之。

瑛字良玉，予季父之壻也。其爲人通穎而識事，謹愿而好文，予嘗器之而愛莫助之也。青宫直講之暇，爲請于同官，得詩十章以華其行，且序而告之曰：「守禦之官，誠美矣，顧知夫朝廷所以不憚徵調之煩、規措之費者，何哉？凡以爲民耳。夫兵民一體，勢若輔車，政扞則上之毁生，情否則下之怨興，而亦何有于守禦之設哉？如使蒞民者曰：『兵所以衛民也，吾民不可以不勞。』典兵者曰：『民所以養兵也，吾兵不可以不戢。』如此，則情相孚，政相濟，而爲滄人之慶也大矣。」

良玉自曾大父以來，預有開國、靖難之功，載于册書。而其父又以老成膺選擇，首事于滄州者也。良玉繼之，而年甚壯，志甚勇，他日不有以邁前烈、拓後效，以答世將之寵而無忘于搢紳大夫與進之盛心，是豈所望于館甥者哉？然則良玉亦安肯取足于是而不加勉與！

張氏世美集序

涪人有雲庵張先生者，以易名家，嘗魁正統辛酉鄉薦，有捷高科、取顯仕之地，而先生念失其父也早，獨賴母守節訓之成，欣然就乙榜以去，又援就禄之令，而得蜀之廣安學正，自署其堂曰榮養，蘁鹽之樂，不必鍾鼎也。既而親終，改陝西華州，九年升山東濟南教授。凡三主師席，門生多列官中外，而先生亦年才五十一耳，毅然引疾西歸，或署其堂曰恬退。蓋先生之出也可以勵觖養之子〔五〕，其去也可以勵患失之臣，豈非一時忠孝人哉！

今兵科都給事中本謙，其長子也，本謙世其經，舉成化丙戌進士，官瑣闥，久之，受貤封之寵，且得請歸覲于涪。維時張氏子弟以輸粟賑饑而爲義官者三人，以執經入學而爲儒生者四五人，或署其堂曰恩榮，而先生未嘗以喜。本謙奉璽書覈邊廩於湖廣、貴州兩藩，祛宿弊，杜私謁，竟爲譁者所誣訟，謫判陝西耀州，將署其堂曰遂休，而先生未嘗以戚。蓋先生飭其躬以淑諸人而施諸其家有如此者。本謙懼弗克承之，將取四堂所得名公記序詩歌，類爲巨編，刻梓以傳。或者爲題曰張氏世美集，間以序屬予。久無以應也。會本謙上疏伸雪，荷特恩進今官，而母訃又適至，則是編之託，予豈可以無説哉？

惟古人號世濟其美者，蓋有之矣。而美之小者不足言，若忠孝，則美之大者，然亦必不以外至者爲戚欣而後能之，若雲庵先生，殆有見于斯乎！先生通經學古，且聞道于至人，往往有脱屣世塵之意，宜其芥視軒冕、進退從容而先立乎其大者如此。勖哉！本謙尚以平日所聞于家庭者充大而光歘之，使功名焯焯于盛時，上報天子知遇，而下昭先生之德于無窮，他日所以世其美者，將比迹古人而無愧，當世名流所以嘉予之者，亦寧止乎是哉！

先生名玄，字成功，封兵科給事中，雲庵其别號。本謙名善吉，予同榜進士云。

贈知婺源縣事董君序

知婺源縣事董君惟和既受命將之官，而婺源之仕者大理評事汪君守貞合一郡之人在京師者往餞之，而以贈言托予。予亦素相還往，其何言之贈而爲有益于董君哉？雖然，則嘗聞之矣，爲政者必悉其土地人物，而後可與言治。不悉其土地人物，而惟吾意之所如，其治之有成者，鮮矣。

徽之爲郡也，領縣六，而婺源獨於前代嘗爲州。五嶺奠之，其峻極天，水之東出者爲淛源，西出者入鄱湖，山川相帶，風氣孔完。其土地，沃矣。忠賢之臣，史不絶書，節孝之坊，門巷相望，而子朱子之闕里巋然中處，道德之澤，萬世一時。其人物，偉矣。夫惟其土地之沃，則有所資給而民易足；其人物之偉，則有所漸被而民易化。使爲縣者知其然，易足者安之而弗朘，易化者導之而弗尼，如是而吾治之弗成者，亦鮮矣。

董之先蓋淛之鄞人，永樂初方占籍北京。鄞山水之勝甲東南，計與婺等。而君又喜問學，負才力，從禮部尚書箐齋周公游，周公器之，中成化辛卯鄉舉，舉進士凡五不偶，年益壯，學益成，閲歷益多且熟，筮仕而得婺源，其治之有餘地也，可必矣。董君行哉！履其山川而考其題名，前代之爲縣有去思與人所弗録者爲誰？奠于先正之堂而服其遺書，求夫爲令者之所當勉與所當懲者何在？切問近思而無待于外求，則其舉錯之宜、好惡之審、事上撫下之節，必有可觀以無愧于爲士，其較夫走阡陌、繙案牘而役精神于僕僕之間者，相去遠矣！竊誦所聞以答諸搢紳，致之董君，以爲少益而終聽之，則庶幾婺人之慶也哉！

贈麻城縣丞張君序

故華蓋殿大學士贈太師南陽李文達公中子錦衣户侯士敬嘗求塾師而未得，以語國賓易水王公司言，王公憮然曰：「吾友太學生成都張君孟，誠其人也哉！」士敬即日禮于其廬而致諸賜第之塾中，以教其二子鏞、銓焉。張君學顓而行馴，二子者受教惟謹。士敬之兄曰尚寶公士欽每語而器之，曰：「此殆蜀才之遺者乎！」久之，當上吏部，遂以成化乙巳春廷選爲湖廣麻城縣丞。士敬過予曰：「子獨可無一言以惠張君之行哉！」惟不佞執經文達公之門，且託有姻好，凡所以愛厚君者，蓋與士敬同。顧夫平日飲燕過從之間，有會必俱，服官、行己之方，亦略傾倒矣，又何俟乎離觴繾綣之際，而後有所譊譊哉！

雖然，士敬之請，堅矣，則亦無已而爲之説曰：子之欲得良師與民之欲得良吏，一也。是故師不良而子無所成者，一家之憂也；吏不良而民無所仰者，一縣之仇也。出處仕學之道，烏有二乎哉？夫丞，佐令者也，過則有犯分之嫌，不及則有曠官之議，而麻城又故楚之劇縣，境多秀民，尤長于春秋，非其人政之公、行之廉，求有能足乎一縣之望者，鮮哉！

張君之大父子英以布衣被徵爲蜀府賓賢堂訓讀，父宗器以鄉進士歷官同知河東轉運司，然則君得諸家庭，深且久矣，處爲良師，出爲良吏，以弗墜其先烈，有餘地矣。予言不足以輔君，君行哉，不自足而益求盡夫在我者，固君子之志也歟！

贈監察御史汪府君孺人江氏輓詩序

新安諸汪共祖唐越國公，其居婺源浯村者，在國初有春坊司直蓉峰先生，號最盛，諸汪皆莫之及。江氏祖梁宗室，云梁亡避地更姓，今不能復，而獨署其族曰蕭江，以自別于土著，所居曰江灣，皆碩宗也。

汪府君宗煴出浯村，六歲喪母，十歲喪父，能自立以不墜其先而振其後。配江氏，出江灣，又能佐其夫拓其田宅而訓成其家人，賢翁姥也。府君卒年七十有二，江氏卒年六十有七，當昇平之世而偕老獲歸全之樂。其生也。府君贈文林郎監察御史，江氏贈孺人，受天子之寵命于身後，足以發潛德、昭令名。其終也。長子奎，舉進士，職風憲，出按于兩淮、七閩，皆有聲，嘗抗疏論天下事，不以利害動，聞者壯之。餘三子坦、圻、坤，亦相與承其父兄之志，力善而無弗肖者。長婦爲太師徽國文公世孫，諸婦亦皆出良家。其後也。府君夫婦之喪，告哀于遠邇，遠邇之人無不盡傷，有奠有輓，聯編累帙，上足以勸人之親，下足以勵人之子。其德之徵也。夫其生于碩宗，動有師法而無過舉，故其累行之賢，由一身以及一家、名一鄉至於如此，而人言之可徵者，固不可無述也。

不佞獲與今御史君同年進士，有交承之誼，蓋嘗過江灣入浯村，望其山水之勝，而敬弔府君夫婦之賢，讀其哀詩，竊有感焉，故因其請而不辭，有説以告來者，尚德之義也。

校勘記

〔一〕詔遣中外文武近臣往監莅之　「遣」，原作「遺」，據篁墩程先生文粹卷十一改。

〔二〕出官之日遲而事益練　「官」，四庫本作「宦」。

〔三〕望諸君之風概　「望」，前當脱「十」字。嘉靖廣平府志卷一贊：「漢擬三輔，唐列十望。」卷二郡縣沿革大記：「唐開元時以近畿之州爲四輔，其餘爲六雄、十望，而洺列十望之内玉海。」

〔四〕推上田宅以與兩弟　「上」，四庫本作「讓」。

〔五〕蓋先生之出也可以勵鞅養之子　「鞅」，四庫本作「禄」。

篁墩程先生文集卷二十五

序

贈都督李公承恩展墓西還詩序

李公明遠世居陝之西寧，而以才武有聲于一時，蓋佐督府以贊廟謨，統京營而修武備以進于通侯、宿將之列甚久。一旦具疏言：「臣曩以母喪賜歸，祔先臣會寧伯之墓，而還朝命嚴，莫罄孝思，至于今不能忘，敢重以請。惟聖明恤之。」得予告展墓，且命有司給車馬、續稟餼，自京師達西寧。聖天子加禮還率以勵爪牙心膂之臣甚厚。於是縉紳士内交公者，繪圖賦詩贈其行，而博士陳君啓先來屬予序。

惟李公實先少保襄毅公所薦士，予辱知之，不獲以鄙陋辭。竊聞古者軍旅以墨衰從事，而傳有「臨敵忘親」之説。故中古以降，不以喪祭之禮責武臣，非不責之也，事有急于彼則緩于此，而不以常處變者，禮也。國朝因之，武臣請歸葬及展墓者不數見，見之而恩數優渥如李公，亦難矣哉！漢世祖中興，諸將得過家者，令有司具少牢行拜掃禮以爲榮，而宋岳武穆亦嘗以母喪還廬山，前史特書之。若聖天子以仁孝撫世，俾有勞于國者得遂其私，比于建武之詔，而李公不忘其親，兩被殊典，殆有慕于岳侯忠孝之名，宜諸君子播之聲詩，寫之毫素，以侈大恩、勵大節，豈直離亭繾綣之際，輸其仗劍對酒之情而已邪？

雖然，關、陝之境，兵荒相尋，宵旰之餘，屢勤西顧，發南甸之粟，出内帑之金，拯濟之策，不遺餘力。蓋自今歲以來，天心稍協，民力僅蘇，九重之憂漸釋，而大臣之私，始可白且遂焉。此公之所以得西也。河隴之上，山川相望，松楸鬱然，榮戟生光，使西人老稚因公之歸而舉手加額曰：「吾君之不忘勳舊如此！」又披圖誦詩而擊節嘆賞曰：「中朝縉紳之樂予人爲善如此！」其美談榮觀，不既多乎？然此猶孝之小者。公尚促還闕之期，乘時建功于四方，申河山帶礪之盟，致弭貂横玉之貴，以續先公之烈，以答聖天子之寵，以無負諸君子期望之盛心，斯孝之大者。公可不勉與！

公之子玐舉進士，官中書舍人，以經術顯于朝。詩云：「孝子不匱，永錫爾類。」蓋識者又以是占李氏之澤方盛而未艾云。

汪君自吏部待選還新安省覲送行序

成化甲辰、乙巳，關、陝并洛三省民大饑，亡者相枕籍于道，或連數村蕩無居人，木葉草根，發之一空，人相食至不恤其骨肉以苟活，旦暮流傳之語，蓋不忍聞。聖天子惻然軫念元元，時下寬大之詔，與民休息，屢出大臣挾内帑往賑卹之，又建行入粟補官之令于江南北，由是生員得齒國子，胥吏得附銓選。粟入既多，民稍得濟，而吾鄉之爲生員胥吏者，亦往往來預，若汪君文，其一也。

夫其所以傾橐不悋而上之有司者，蓋不獨於我有發身之階而已，亦將於官有活民之力焉。其名雖利，而陰則義行乎其中，較之他途，猶賢乎已。鄉人居京師者榮君之歸，請贈言于予。辭不獲，則告之曰：「民瘼復有甚于今日者哉！」言之愀然于色，聞之戚然于心，蓋人人同也，汪君之所親覩也。傾橐而濟之以預有活民之功者，非汪君之徒歟？然則使異時受恩命于朝，有民社之寄，亦何政術之暇于他求哉？惟無忘今日而已！」

汪氏爲新安著姓，皆祖唐越國公。其自唐模遷鳳凰者曰希旦，爲宋直秘閣。自鳳凰遷章祈者曰傑，爲元徽州路推官。率有民功，著于鄉邦。而君又將有禄仕以承其先祀、啓其後人，諒哉！其歸之榮矣！

於戲！水旱之災，堯湯之世所不能免，惟修人事則可以弭之，故上勤于公有所儲而不匱，下儉于家有所恃而不窮，則交相得而水旱不足以相病矣。君之歸也，在上者吾不得而議之，在下者，其爲我相告語、相勸勉，而以儉爲四方之倡，則庶幾吾郡之福也哉！

贈魯君知膠州詩序

初成化戊子秋，河間魯君舜卿以尚書亞魁京闈，京師人翕然誦其名而稱之，以爲大科可拾取也。上禮部，久之弗偶。君年益壯，學益邃，而無餘子瑣瑣得失之心，乃乙巳夏上吏部，舉銓士第一人。太宰以下又憮然曰：「此所謂名下無虛士也！」廷授知膠州。鴻臚高君時舉於君生同鄉、學同志，請縉紳之詩以贈別，謂予亦鄉人也，宜屬以序。

夫士釋韋布一蹴而至大夫，秩五品，持一道之印以奔走數百里之人，榮孰甚焉。然官高禄厚，則其副之也難，故不以爲榮而以爲懼者，君子之心也。膠爲山東大州，擅鹽鐵之利，地瀕于海，設守禦之師，兵民雜居，征調蝟興，而又有諸縣郎吏受成于下，藩臬大府之臣責成于上，守失其道，則榮非其榮而士之望也孤矣。學古入官，志大而才足，固不借聽于人。而贈言之義，則亦不可廢也。

竊聞之，清、慎、勤三言，古當官之法，可以終身服之而不易者也。言雖熟于人口，而克踐焉者或寡矣。請以是爲君誦之，可乎？君世父曰山西大參公，父曰郯陽令君，政聲德望，實相後先，且諸贈言者，又皆有責難之義而無流連光景之詞，吾知君承乎家庭漸漬者既深，獲乎朋友愛助者益多，其知所懼而不輕其土地士民也，審矣。官足其在公之分，禄稱其惠民之澤，豈弟君子之稱燁然起于山東爲諸州之冠，受朝家旌擢之榮，增輝鄉邦無負所學，發軔于兹乎！

魯之先兩君於先尚書襄毅公實相友善，近者吾弟敏德筮仕宫僚，又實從君之後，通家之誼，誠非一日之好、一面之雅者比，故特序其事于群玉之首，既以規之，亦以期之。

送都閫蕭君赴四川行都司序

四川去京師萬餘里，而行都司治建昌，領六衛之師以控扼諸番，尤西南重鎮也。邇者兵部以擇帥聞，蕭君大用受命以往，鄉進士馬君謙合諸婣友壯其行，乞贈言于予。

予不及識蕭君，然竊聞之縉紳間而得其人矣。蓋蕭君承其先世之烈，數奉詔使虜庭，從征伐起忠義衛正千户至僉都指揮事，智名勇功，出列營諸校之右。故總戎者以將才薦於兵部而上亟用之如此，豈非得人也哉！建昌，古越嶲地，南接滇池，西雜吐蕃，誠蜀之要衝。然國家承平百年，王化之漸被者日廣，冶場鹽井之利足以裕邊，學校弦誦之風足以興俗，近者諸番又鮮出没之患，則建昌之爲樂土也，久矣。蕭君提一道之印而守其土、撫其人，固綽乎有餘地矣。

或以爲蕭君夙將，且有志於功名，疑建昌一道不足以盡其才者。是亦不然。千里之行，始於足下，所以試之者，固將有以待之也。君豈可以所轄爲荒服、分閫爲偏師而遽忽之也哉？視篆之後，簡其士馬，修厥戎器，廣屯田，禮師儒，毋狃於宴安而常若寇至，使西南號令，斬然一新。又以其暇日履涉山川，指其不毛之地曰：「此諸葛武侯之所談笑而禽孟獲者也。」按行城壘，撫其樓櫓之具曰：「此李衛公之所經營而奪蠻險者也。」忠賢往矣，遺蹟具存，慨然興起于百世之上而思見其人焉，則三軍足食，諸番嚮風，朝廷無西南之虞，而方面果不足以淹君矣。大鎮元戎之選，弭貂横玉之貴，皆上之人懸之以待諸將之有功者，蕭君勖哉！

贈監察御史汪君序

御史秩雖下而實有天下之責，天下事無巨細，御史鮮不預者。大朝會則糾儀，大祭祀則監禮，大征伐則督軍，學校選舉，行河決獄，一切禁戒之政與夫稽考積弊，糾察非常，必參用御史一人。出按于外，則自群有司以及文武大吏悉聽約束，視其言爲進退；其立朝也，自宫闈以及將相勳戚有過，大政令有闕，必庭論之，一歸于禮法乃已。御史之責重如此。而祖宗以來，亦重其官。其理刑也，必試可而後與；其竣事也，必覈稱而後復。一不如令，則外補，甚則速竄，其出處與諸曹絶異，蓋慎之也。予嘗以謂御史皆其人、得其職，則天下無不集之事，無不韙之臣，明天子可垂拱而治矣。

汪君從仁舉進士爲行人，試監察御史一年，都憲報可，以實授請于上，從之。從仁起江南諸生，如不勝衣，而所居事理不以難易爲戚欣，胸中涇渭確然，私謁凛不可犯，殆知其責之難副而不取足于聲勢者歟！其尤難者，性敏而力學，有求益嚮往孳孳不足之心，視彼發無當之言以規大利、樂不羈之行以取大辱者，誠不可同日語矣。飭群工，熙庶績，以上副明天子責備風憲之盛心，固不繫一從仁，而從仁克當慎選，以倡其同寅，以比迹于古司直之臣，不在兹乎！

從仁世居徽之婺源，其從伯監察御史文燦，從叔按察副使希顔，從兄大理評事守貞，皆起進士，敭歷中外，爲時聞人。故從仁有得于父兄師友之間而加策以自進于高明光大之域，有可必者如此。予不佞於汪氏最厚，輒與諸鄉人舉酒相慶，而又緝爲之説以致萬一爰助之意焉。

贈中書舍人姚君歸省詩序

國朝進士甲科，惟正統壬戌翰林侍讀贈禮部侍郎吉水劉文介公榜最盛，而後嗣之通朝籍居京師者，視他榜亦盛。然歲時還往，疎密不齊，未有能合之者。吏部尚書贈少保嚴郡姚文敏公之子中書舍人吉甫首倡爲之，四十年通家之誼，藹然如昨日，由是喜有慶，戚有吊，麗澤之益有加。蓋自隋、唐設科以來，其嗣人之有會，實自今始。

未幾，吉甫將歸展文敏公之墓，且省太夫人于故鄉，舊之會者或注官而出，或予告而去，離合匆偶也，而吉甫又爲此行。於是兵部尚書贈太子少保新安程襄毅公之子左春坊諭德敏政、詹事府主簿敏德、兵部尚書贈少傅南京白恭敏公之子錦衣千户鑌、翰林編修鉞、太學生銓、翰林學士贈禮部侍郎嘉禾吕文懿公之子禮部郎中㦂、太子少保禮部尚書昌黎張公之子兵部郎中忱〔一〕、鄉進士慥、太子少保工部尚書固安王公之子鄉進士瑁、太學生璟、刑部尚書廬陵王恭毅公之子翰林侍講臣、户部尚書濡須薛公之子錦衣百户靖、都憲東安李公之子訓導德容、大理寺正德恢、中書舍人德仁、學士金城黄公之子琳、方伯三山王公之子兵部員外郎政〔二〕、參議慶陽倪公之子鄉進士英暨兵部尚書陝右陳公之婿大理寺副余君淵共十有九人，相與醵而餞之，且各賦詩以道繾綣不已之情，而推敏政爲之序。

於戲！士生斯世，富貴利達不足計，而能不失其世守之爲難也。蓋國必有世臣而重，家必有肖子而興，士必志於忠孝而貴，典籍所傳，不可誣也。今吾與諸君子藉先人之澤，誦詩讀書以有禄位于朝，或藏器以待用于異日，而又獲講世好于斯，豈直夸世而已哉？·喜有慶，戚有弔，固人情之常，不可缺也，而有大者焉。善相勉，過相規，使言行不戾于先訓，忠孝不忝於古人，聞者欣慕，觀者效法，而後斯會之光可書也。崇階之襲、懋賞之延，世豈無之，而君子所貴則有在此而不在彼者矣。

吉甫居近侍奉清光者九年，其才猷蓋未能盡見。然夙夜在公，謹恪不少懈，忠之端也。進陟之恩，旦夕將下，乃翻然告歸，惟掃松楸、奉甘旨之爲急，孝之端也。忠孝，士之所難，爲人後者之所當共勉也。然則文敏公之澤，其未艾乎！諸君子之詩，所以惜其遠別、徯其速來者，將責善於吉甫，有遠大之望焉，亦非直遊從之私而已！

北觀序

寶應陶成懋學早負大志，以經術取南畿鄉貢如拾地芥，其天才横發，如天馬之不可羈，識者疑其所出或難中繩矩，而懋學當作意處，反佌佌類處子拂士，一點畫不苟。蓋士之所負，有不可知者如此。懋學以其暇日隨筆作山水花鳥人物，往往逼宋人，不説近代五七言，古律詩宛有思致，篆隸書亦高古，不逐時好。予心異之，曰：「世乃有才子若斯人者邪！」惜力不足以振之。而懋學亦崛然必思有以自振，雖居當路强有力者，恒藐之不恤也。

一日告予曰：「成嘗登金山，眺吴門，縱舟西湖，觀潮淛江，思起古豪傑而上下之，呼酒放歌以盡東南之勝，不知者或目成爲俠。今成數益奇，諧益寡矣，然氣則益振，自分非師成者，不可以屈成也。聞自京師出居庸，踰上谷，入雲中，其山雄拔，其水悲壯，其人勇而尚義。將往遊焉，歷訪古戰場及虜所出没勝敗，或得其詳于退校散卒之口，其必有可喜可愕可頌可駡者，豈惟足以昌吾言進吾之所能？成異日不棄，獲進南宫、奉大對，當以紓胸中之奇以自效于聖代。然不知者又將俠成矣，成豈恤是哉？」

予奉使南京，既歸，則有見之於上谷者矣，久之，云已在雲中，凡文武鉅公開閫建牙其地者，争延致之，恒恐其去。然懋學性疎爽，不可拘縶，雖甚相好者，得其字什五，得其詩什三，得其畫什一，亦卒有不得者。其性然，非固閟以求售者也。

間一還京師，久之，又將北行，曰：「成志未愜，將極登覽以盡西北之勝。」且告于其所往還。維時仲秋，關塞早寒，禾黍既登，草木漸變。吾知懋學撫流光而飫大觀，其所蘊益充，所發益工，清曠之懷益浩乎其不窮，豈以一世之榮悴爲戚欣者哉？昔宋陳亮負才卓犖，俯視一世，雖遇考亭亦不爲屈，其後卒魁天下，而論者以亮經濟之策迄未得施爲深惜，士固不可知也。矧懋學近更其字爲敬學，益將歛華就實而慕爲處子拂士，不獨其製作然也。其所至，殆將有予不及知者乎！於是西涯學士爲作「北觀」二字于卷首，予特序之，而匏庵諭德諸君子繼聲其後焉。

贈工部主事程節之序

我文廟徙北都以來，國用悉仰給東南，河防之臣，每置司于要衝以專責之，濟寧其一也。蓋泗、沂、洸、汶之水畢會于濟寧而分流于南北，勝國時開會通河以漕東南之粟，永樂初從而濬之，置牐以畜水，時其啓閉，工費而事殷。於是工部都水主事一人受命涖之，兵民長吏有事于河者，悉受約束。牐壩庶官之進退，丁夫衛卒之發遣，湖泊津波之修葺，木石茭泉百需之歛散，皆受成焉。得其人則安坐而事集，非其人將委頓而事隳，故主事之涖濟寧者，必慎選也，而吾宗節之適受命以行。行有日，其鄉之仕者曰：「是可謂得人矣乎！」相率而請贈言于予。

予觀節之以春秋魁淛江，舉進士高第，通經學古，明于當世之務，蓋無官不宜，而況水部哉？節之以進士觀政于工部有聲，出其同行，奉使于畿北、于閩南、于江之西無虛歲，皆以公勤聞。蓋無施不可，而況河防哉？諸君子以慎選得人爲同鄉之光，是矣，乃諉言于同姓之鄙人，其何足副之！

雖然，予嘗往來河上，得河防之詳，成規燦然，可按而行，行之力弗力繫其人，不必論。然事有出河防之外者，不可不知也。中朝士之往來有事于東南者，南都及江淛、嶺海、閩楚、滇蜀之供奉于尚方者，貴倖勳戚之家貿易于兩淮、于三吴者，聯檣大舶，必駐濟寧，旗鼓相望，燁若神人，符檄追呼，急于星火，而有司之疲于應命，從可知矣。水部之臣，受命而中處，俯仰之間，毁譽乘之，榮辱繫焉。中人以下，能無動乎？處之難，殆有甚于河防之常者矣。節之行哉！先正有言：君子求盡其在己者爾，在人者所不强也。在己無愧，則人之譽者不足爲榮，毁者不足爲辱，將自治不暇，而又何暇于徇人也哉？以是心求之，慎選得人之慶，又豈直同鄉之光而已！

節之先世自新安徙淳安，與予皆出梁忠壯公之後，而予於節之行稍尊，竊意其名位所極、行業所就，當有亢宗之望焉，故不得以同姓之私而已于言也。

贈五官保章正周君序

古之傳經者有專門之學，故其業精可以淑人，其術良可以用世，豈若中世之剽竊緒餘、高自標榜，偃然當其名而不虞有識者之議其後哉！蓋經學之不克世也，久矣，縱有之，而上之人取士不以此，故經學益微。而經學之中有曆象、方脉二家，猶有克世之者，然上之人亦以此取士于二家，故曆象、方脉之術業，自國初言之，誠有其人。私淑之餘，引而伸之，或祖孫相繼顯于鄉，或父子相繼顯于朝，若周君良輔，則亦其一焉。

周君世家彭城，自其先公以明玄象曆數受薦而興，歷官欽天監副以終。君少而誦法于家庭，不自等于中世之士，殆其業不底于精，術不充于良，其志未已也。監試其所學，率中式。乃者五官保章正缺員，遂共以其名聞，詔可。拜命之日，親知之士咸以爲榮，其内之兄劉君佐亦予之近戚也，間請一言。

予竊誦四代之書，亦嘗反復二家之説，方脉未暇論，若曆象之學，豈易言哉？堯、舜之初政也，諸所未遑，而兢兢于欽若敬授之令，惓惓于璣衡七政之察，彼誠知所先務矣。我國家稽古正官，立欽天監以總曆象之事，有長有貳，其分涖也有屬，其受學也有徒，且著令「凡術業之在官者毋他徙，不在官者毋傳習」，其慎之如此。而保章氏，在周官則「掌日月星辰之變」者也。周君以世學膺慎選、承渙恩，是誠榮矣。不思有以副之，可乎？曆、象一也，而象爲重。象所以察天也，察其常以合于曆，則下有所據以興作于事功；察其變以麗于占，則上有所警以勉脩于德政。或舛之失次，或諱之取容，則職非其職而失其所以爲榮者矣。周君勖哉！曆、象之得失，固不繫君一人，然下淑其徒，上輔其長，益進于術業以求無玷其先，且勵志于古人而無勤于士議，庶幾足以稱朝廷選舉擢任之公，月課歲計而有成績不自已焉，將次第以進于長貳之列無難者，區區經生之談，又將不一書而已也。

贈葉君與謙南歸詩序

故吏部侍郎崑山葉文莊公之貴介弟曰與謙君，素以孝友聞，而又喜讀書，無紈綺之習。蓋文莊公歷四朝，出入中外三十年，奉親理家，皆於君是賴，而君亦能副公之託。公雖貴有勳名，手不釋卷，所蓄古書名帖，蓋不下鄴侯與歐公，且校讎如法，而文章製作，亦傑然高出一時。獨宗譜亡失未備，蓋嘗以屬君。君求之累歲，得石本于松江，由是闕者完，譌者正，而公久已下世，不及見也。乃者奉以入京，請題于館閣諸公。久之，以太夫人高年在堂，應例入粟賑饑，恩授承事郎以歸。國賓王公司言、都督袁公家器允功喜君之來而不忍其去，與交游縉紳繪圖賦詩以贈，諉予序之。

予聞昔郭有道隱不違親，貞不絶俗，雖不求仕而間至京師，憂人之憂，未嘗立異。千載之下，想其風采，蓋邈乎不可及也。君將志乎有道者歟？百世之譜，既失而復，以成文莊公之志，俾無憾于地下，又託名世之文以傳，此君之所以來也；高年之親雖無恙在堂，而定省不可久曠，又得官比于命士，足以慰親，庶幾如毛義者，此君之所以去也。所以來者，弟道也；所以去者，子道也。以是心推之，則獲乎友朋而受麗澤之益，濟乎貧乏而預活人之功，非有道者，不能也。隱不違親，貞不絶俗，吾又安得不以是期君也哉！

先少保襄毅公與文莊公同在諫垣，又並命爲參政于山東、西，號最相契。而文莊公尤爱予，每有奇書佳帖，必相視。顧予之鄙樸，不足以副其教，爲可愧也，故因序贈君之詩而述通家之好焉。

贈中書舍人楊君序

中書舍人楊君應寧官九載，上其績于朝，其同寅樂君之宦成，而君乃請賜假歸展其先壟，又不能無惜別之意焉，以予辱交于君，請言爲之贈。

於戲！仕必九載而後課其功者，虞周聖王之制，而秦漢以來，未之能行也。或一歲，或間歲，不覈其殿最而遷陟隨之，故士習奔競，治趨苟簡日甚。我高廟有見于此，慨然復虞周之制，爲著令。今百餘年矣，而久則勢不能盡然，於是才足以達變，力足以受知者，往往不俟考績而進，進且不次焉。惟侍從之臣，無事功得自見，而又慎靖謹恪，耻于自達，故九載考績之格，守之甚堅，罷常禄以俟後命，有至三四載者，勢固爾邪！

楊君與予少受國恩最厚，前後教養于翰林，又前後舉進士爲侍從之臣。而君學問宏碩，可以當師儒之尊；議論嚴正，可以受臺諫之託；才術優裕，可以備藩府之長。予蓋不及也。而君伈伈自守，夙夜在公，退與諸生講習不輟，泊然有足樂于其中，欿然無所暴乎其外，與布衣無異。而有識者固策其爲端人良士也，豈終于人下者哉？

雖然，枉尺直尋，大賢所戒；行義達道，君子欲之。君既上其績于朝矣，循資而升以晋于大夫之列，重其禄而責其成，君之所安也。有知君者，因其宦成相與昌言于上而有不次之擢焉，君亦將安所辭哉？傳曰：「本之大者，其實茂；膏之沃者，其光燁。」君之爲從官也久矣，閱歷之多、持守之確，爲士類之所拭目也深矣。掃松之後，式遄其歸，推所養以自樹立于聖明之時，不可失也。振士風而贊治功，固不繫君一人，脱君有焉，使人稱曰：「此朝廷涵煦作育而得之者，宜其過人如此！」豈不偉哉？諸君子亦寧不有望于楊君也哉！

太子太保襄城侯李公壽詩序

古之號良將而獲上壽者，若周師尚父、吴延州萊季子，當八九十歲時，或勝殷誅紂，或却楚救陳，千里將兵，一何壯哉！計其後皆百餘歲。漢營平侯趙充國，唐汾陽王郭子儀亦年皆八十餘而收中興之功，福禄榮名，與國咸休，至今想見其人，邈乎不可及。蓋四公合于孔子之所謂「仁人」，箕子之所謂「攸好德」者，其獲乎上壽，有以也夫。中世之爲將者則不然，相矜以權利而謂武人但取其材勇耳，他所弗計焉。其功固燦然照乎册書，其名亦喧然播于人口，其富貴尤赫然動乎一時，然較諸古之爲將者，其所得多寡，則不可同日語矣。若今太子太保襄城侯李公良用，其庶幾有志于古之所謂良將者與？

公世家和州，自其曾大父以鄉人子仗劍從太祖渡江，遂長燕山左翼之兵，其大父事太宗于潛邸，舉靖難之師，受封襄城伯，而公之考以世爵屢扈從北巡，歷仁、宣兩朝，總帥鎮山海者一，守南京者再，受知楊文貞公，而與黄忠宣公同典留務，實嚴事之，於祭酒四明陳公、司業臨川吴公皆執禮甚恭，其師友淵源所資既深，故名德勳猷所就甚遠，殆庶幾古之所謂良將者矣！公承世烈之餘，敦詩説禮，謙己下賢，而又嫻于武略，有祖父之風。當英宗時，嘗領宿衛，暨今上之初，遂受股肱心膂之託，入則總五軍預大議，出則佩將印攘四夷，進封列侯，上保儲極，勳望日隆，而心愈下，以寶貞道人自名，其繩武之志、許國之忠，概可見矣。今公年五十有一，歲八月之望，初度之辰也。儀賓王公司言於公有媚好，作壽意圖而聲之詩歌，將與縉紳舉盃相屬，俾走爲之序。

惟先尚書襄毅公夙與公同事西南夷，而走又承乏宫寮之末，故竊以所聞者爲公誦之。天眷皇明，必有世將之臣獲上壽，爲一代之慶，庶幾見之。而幸於公有世講，故祝之深，期之切，不自知其詞之費也。雖然，師保之職，茅土之封，比隆于尚父、季子、營平、汾陽者，公所有也。身膺百福爲國元老，由八十以至于百歲者，人所望于公也。乃若陳丹書以格君，聞六義而知德，陪廟謨則以不殺爲武，守爵禄則以不欺爲忠，增光前人，比跡四公而爲一時良將，使功垂竹帛，慶流子孫，非仁人攸好德者不能也。公豈可退託而不自力也哉？中秋令辰，壽燕伊始，敢以此先諸君子之作，南山之圖、崧嶽之章，嗣是而有不一之書者，當未艾也。

賀禮部侍郎康公序

於戲！天人之際，微矣。其職沿于羲和之命、重黎之司，其理出于禹箕之疇、羲孔之易，非賢聖之士，類不足與此。迨秦、漢以來，設專官而付之星工卜史，則僅傳其曆法、象器之遺，天人之理，知者益鮮矣。惟漢廣川董子對天人策以闡道原，宋文靖李公陳灾異章以匡君德，元魯齋許氏定律曆志以成大典，庶幾先王之世體用一原、顯微無間之學。惜乎當時不究其用，或用之而不能久也。乃若熒惑守心，變亦大矣，而進「三可移」之説；山摧孛見，天下旱蝗，災已極矣，而倡「三不足」之言。有道之世，願治之君，將焉取于斯人而用之也哉！

吾郡康公用和自其少時受學家庭，即熟于春秋災異，兼通易、皇極兩家，筮仕而爲監察御史，遂以經學才術見重士林。未幾，被詿誤出宰閩中，久之，聖天子經筵之暇，留意筮法，有以公名上者，驛召至京，累授欽天監正，力辭還江南。適有先大夫之喪，服闋，再被召，進太常少卿。一年，特旨進禮部右侍郎，皆仍掌監事。蓋公平素有志于廣川、魯齋之學，思上窺易、疇之旨以究天人之藴，辯博之餘，自不可掩。宜聖天子知之深、眷之異，而畀以羲和、重黎之舊任如此，豈輕也哉？

夫天下之治忽繫君與相，而尤繫欽天之臣。天有災祥，君相不即知，或知之而不以懼，則治忽從之矣。使如文靖李公者，日陳無所諱而疾視，兩宋之臣由是上思正體元之職，下思盡調元之事，六沴不興，天清地寧，兵可戢，歲可登，民無夭閼而躋于仁壽之鄉，欽天之臣之功，豈不大哉！反是，而求天下之治，未之有也。

或曰：「康公誠有志于廣川、魯齋之學歟？人莫得窺也。若文靖，則相也，公烏得擬之？」予曰：「不然。國朝以六卿行相事，今康公進位卿佐矣，聖天子用公之意、願治之心，不言可知矣。天下之治忽，殆繫公言。公言之而使天下蒙其福，且知儒者之效至于天人交孚，曆象可徵，非星工卜史可比，豈惟同鄉之光？天下之光也！」走將與鄉人舉酒爲天下慶，而此特發其兆云！

贈知易州羅君考最復任詩序

成化乙巳冬，山西太原民數百人具疏言：「知易州羅某嘗通判太原，得民心，願補我府正缺員。」易州民聞之，亦群然曰：「奈何奪我良守！」上疏請留。事俱下吏部，未報。適羅君以三載考績至，得書上最而還。易人大喜，惟時易人之在朝者，儀賓王公司言最顯且文，將乞縉紳之詩以贈君，屬予序。

予方嘖嘖羅君而莫能致其詳者，詢之王公。王公謂予言，羅君羅山人，起鄉貢進士，歷通判平陽、太原，督山場薪事于易州，有才而廉，常爲八府五州之冠。會我州正缺員，易人赴闕請畀君，獲命。當是時，易方苦于歲侵，而賦役、夫征、保馬三事，民患尤甚。君審于民而省常徭九之一，請于上官而減征夫之金五之二，又懇請于朝而蠲保馬逋負之徵五千有畸，由是易人少蘇，而君於他政始克次第爲之。勵生徒之業，戢戍卒之擾，申關市之禁，修廢窒罅，不遺餘力。抵兹三年，政以大成。往時僕以掃墓恩西還，始識君，得其政之大端，恒往來于心不能忘。又竊偲其有遷陟之命，而吾州弗克終其惠也。

予雖不及識羅君，然聞其所至得民，且因王公而知其名實相副如此。憮然曰：「於戲！今之爲政者，懵于舉錯而甘置其身于無聞之地，則幸而不爲其民之所賤詈者，亦已鮮矣。又其甚焉，怫民之性而一切以苞苴徽纆從事，則幸而不爲其民之所疾訟與瓦礫之所揞擊者，又加鮮矣。況能望其匍匐請留至再至三，至于兩境相争以不得賢守爲戚者，何相去之遠哉！若羅君者，豈非賢哉！」

雖然，「慎厥初，惟厥終」，終以不困。羅君之政，則誠美矣，使加以黽勉不怠之心而求進于西京循吏之列，將易人之感戴益深，朝廷之旌擢益至，或進守大郡、佐大藩，其名實不益孚而仁民澤物之功不益弘哉！王公以貴戚惓惓于故鄉，知其民瘼之所在而求諸君子詠歌其賢守，以比于鄧侯、賈父之遺音，尤可謂難者，故序其事而不辭。

賀順天府通判馬君序

京府通判，其禄秩雖與列府同，而禮體則甚異。蓋其入則懸牙符與朝臣序立丹陛之東，出則擁騶從與丞尹大臣聯署而蒞政，三載奏績，則受天子之勑命貤封其父母而及其配焉，視外臣之必俟九載乃得請而又有得、不得云者，獨非榮幸哉！吾郡祁門馬君汝才初以太學生屢試不偶，而考銓士第一人，廷授順天府通判，今三載矣。鄉人之仕京師者，相率請慶言于予，曰：「非是則何以勵宦成侈上賜，而爲里人之光邪？」

嗟夫！士讀書而有志于用世，居朝行者或閑逸而不獲自試以親民，處州縣者或困屈而不獲自致以近君，皆士之所不滿者。若夫有近君之榮而兼親民之拳，得行其志而顯有成績若馬君者，亦誠可慶哉！雖然，慶之而不有以規之者，市道也，非桑梓之義也。詩不云乎，「夙夜匪懈，以事一人」，又不云乎，「豈弟君子，民之父母」。斯士之法守而不可忽焉者也。夫近君而不圖所以致君則忠勤之道缺，親民而不圖所以澤民則公廉之行睽，皆士之棄也。

君寧有是哉！由韋布而積之以有今日，由今日而積之以至于六載、九載如一日焉，斯無負于士而慶可申也。抑孰有負經術如馬君，有治才而不怠如馬君，必俟乎六載、九載而後遷陟之也哉！

贈太學生郭君南歸詩序

郭君錬卿家蘭溪之靈湖，世以易學聞，其先多以是經取科第爲臺憲、部郎、中舍。至君獨早失怙恃，而奮志有立，亦思以是經發身。數奇諧寡，屢弗利于有司，其鄉之人鮮不爲君惜者。會河南大侵，始循例入粟賑飢得上太學。久之，以省親南歸，其友進士知莒州葉昌伯之子澤實君之婿，求諸縉紳贈行之詩，而以序請。

僕觀士之發身，不必盡同，要之，其出也有名而不戾于法，則其終之所成亦必有足見于世者，不可誣也。方邇歲之大侵也，陝、洛爲甚，民流亡相仍，守吏坐視莫之能救，主上有憂之，元老大臣不得已而畫理荒之策，由是諸生得入太學，亦備一途。則諸生之來者，豈有所自覬而爲是僕僕者哉！上以仁倡，下以仁感，雖非先王備災之政，而其情則有足亮者矣。彼唐、宋之季，士不知所法守而苟進趨，名挂于斜封，官出于内批，屢興屢仆而不爲之慚沮，卒并其所有者失之，其視君輩發身出于明詔所載而預有活民利國之功、養其才以俟用者，其相去豈不遠哉？

昔黄霸以入粟爲郎，至二千石，進秉國鈞，爲漢名臣，士固不可以例論也。矧未必恃此以終身而挾有志望者哉？郭君勉之，他日自太學生以世經取高第，繼美其先之人而以功名自見于盛時，豈不益有光于斯途而無負于縉紳贈言之意哉！中舍時頤力學好古，以詞翰妙一時，僕亡友也，故於君之行，序不以辭。

贈南京太常卿翟君詩序

成化乙巳冬，詔特以尚寶少卿翟君廷光爲南京太常卿。初，南京太常以留務簡，往往寘佐貳，未有卿，有之實自君始，豈尚寶之臣職親而地近，非遠外庶僚可比，故上屬意之深邪。於是同年友之在朝者，各賦一詩致慶餞之意，而退予序之。

惟今制，官至于三品則恩之所推上逮其祖、下延其嗣，出入肩輿，比元老。而飾終之典，賁其先以及其身，士一生所願欲而不可兼得者，至是可畢遂矣。夫其受之也深，則其報之也至，而況巋然被非常之恩，膺不次之擢如君之受知者哉！南京，我太祖高皇帝定鼎之鄉，陵寢在焉。而太常卿秩三品，實典祀事，君固不能不勉焉、惕焉以求所以副之者矣！仰惟高皇帝創業垂統，獎忠良、僇奸慝以追迹唐、虞、三代之治，法令昭彰，百世如新。苟勉於其所當慕，惕於其所當戒，則名與位亨，身與寵偕，天下臣工，宜莫不然。而官南京者，觀省過化，宜所先也，又況官太常握印章而歲時執祼獻之禮于橋山之下者乎！吾知君之所以副知遇者，有餘師矣。

君成化初舉進士即教養于翰林，文學之進，才氣之充，人率以爲遠器。已而給事黄門，益究心職務，章疏之陳，封駁之出，又足以裨闕政而樹成績。一遷鴻臚，再遷符臺，聖天子特超擢之而不與常命者等，固簡知之有素哉！君世家洛陽，中歲定居南京。君之兄廷瑞方佐南京大理，兹之往也，蓋有桑梓之榮，有塤篪之樂。然君子不以是取足于君也。年方壯，氣方鋭，士之所當爲者，宜有大焉。勵所操而慎所擇，理其所舊學而擴之，以古之名臣自期待，此有志者之所爲也。異時非常之恩、不次之擢，輿論又將歸之，而君亦且有不得辭焉者哉！竊不佞以是爲贈言者先，亦自附于朋友責善之道云爾。

校勘記

〔一〕太子少保禮部尚書昌黎張公之子兵部郎中忱　「張」，原作「韓」，據本書卷四十六資德大夫正治上卿掌通政使司事太子少保禮部尚書致仕張公墓誌銘改。

〔二〕方伯三山王公之子兵部員外郎政　「三」，北大、國圖、臺博、南圖本作「二」，當係底本泐損，據臺圖本改。

篁墩程先生文集卷二十六

序

陝西河東都轉運鹽使雷君贈行序

國朝以鹽法之重，置專官理之，秩三品，在列郡守之上，亞方伯一等。厚其禄以養廉，重其權以弹壓四方之富民與中朝貴人之骫法者。得其人，則可以收天下之公利，救歲凶，實邊廩，故鹽法清而國計充。舍是而欲歛一切無名之小利，以爲裕國足民之良謀，可謂「放飯流歠而問無齒決」者矣。故都轉運之官，常難其人焉。邇者户部郎中江陵雷君大亨以推擇爲陝西河東，輿論宜之，而同官者益以喜曰：「吾黨之光也！」欲相與致古者贈言之義，託汪君克容、趙君夢麟来屬之予。

予聞鹽之榷也，不見于三代之世，疑非令法。然後世事與古異〔一〕，井田廢而兼并之家興，車乘亡而府兵之制出，則鹽於軍國，實有賴焉。故其法最密且嚴，善守之則國裕而民紓，不善守之則國匱而民困，蓋鹽之有繫于國計民命若此。其甚也，承平既久，法玩而不行，將決其隄防而聽之出，乃責成于都轉運之一身，豈不岌岌乎難矣哉！則諸君子以爲君喜者，吾將以爲君之戚焉。

雖然，君起經術擢進士，不出户曹者十五六年，嘗奉使于淮東、于北邊，處錢穀嫌疑之中而行足昭其潔，當簿書倥傯之交而才足剸其繁，殆非無所試焉而倖以得之者，是固不足以戚君矣。謹之乎莅政之初，振之乎積弊之後，倡其同官相與守職而不爲有力者所揺奪，則國用可以漸裕，民力可以稍紓，雖有兇年不必鬻天下之爵而莩者以生，雖有邊警不必出内帑之金而戍者以飽。鹽法得人之明效，不至此乎。使他時課鹽最者曰：「陝西河東稱良計臣者曰雷君」，則庶乎朝家三品之禄秩所以畀君與君之所以圖報者，爲兩得哉！此贈言之意也，亦君之素心所欲勉焉者也。

贈苗君知合江縣序

天下之治忽，繫牧民者之賢否，而當今號牧民者，惟令爲難。蓋凡政之利弊，藩下之郡，郡下之邑，而邑不敢專；民之休戚，牧分之守，守分之令，而令無所諉。令之秩在人下，而其責恒在人先，此令之所以難也。雖然，令誠賢乎則於利弊得昌言之，於休戚得身任之，有所云而莫吾奪，有所建而莫吾撓，則牧守雖大且尊，如令何哉！夫如是，吾又見爲令者之易易也已。

苗君時雨之知合江縣也，其鄉之仕于京者周君麟榮君之行而欲致古者贈言之義，見屬于予。予不獲辭，則告之曰：士明經，孰不欲以致君澤民爲志？而或言盭其所行，政非其所學，何哉？利汩之也。利豈賢者所當齒邪？賢者正義而不謀利，則上之致君、下之澤民，皆恢乎有餘地，而天下之治可幾也，況於令乎！令之於民也最親，則賢者抱澤民之志，宜自令始。苗君行哉！推所學以試於百里之間，當不求所以副之者哉？蜀去京師萬里，而合江治瀘水之東，其境接牂牁，其民習于刀耕火種，更化百年，比于内地，而所以綏輯之、訓迪之，尤令之所當究心者也。苗君其足以辨此乎！天下之治，固不繫一邑，而士之志，亦未必安于一邑。政之所通不奪其公，民之所瞻不撓其廉，吾見上之爲牧守者，將大有合焉以福東川之人，而令之不難也，果矣。

君世家錫山，屢不利于場屋而卒業大學，學益老，行益堅，且明于義利之辨，久矣。其入吏部銓也，試在人上，崛然有聲，殆非悠悠者比。予故因周君以不腆之説爲賢者告，而終以遠大期之。

推府陳公考最榮還贈行序

嘉禾陳公明遇以成化辛丑進士擢推府于徽，三年，部使者以爲賢，俾奏績京師，吏部憲臺交以上最聞。廷謝之日，徽人仕京師者相與幸其邦之得賢佐以司刑而福民，請予言爲慶。

方陳公之下車也，予適居松蘿山中，聞人言：「陳公最名有經學，嘗與友人讀書其鄉之東塔寺，諸生從之，攻苦茹淡，不底于成不已。已而先後舉進士甲科，傳其學而待捷者尤衆。且出其所長，于詩典則而清新，三吳之工詩者或未能過之。此其人，疑不足于吏事者歟？」予曰：「不然。經、律之可相爲用也，久矣。『伯夷降典，折民惟刑』，而漢人引經斷獄。惟世之不可以兩有也，故或彼以此爲迂儒，此以彼爲黠胥，皆非也，烏有深于經而淺于律者哉？矧八音與政通，而謂詩不足以達政，豈知本之論哉？吾知陳公必將有闇然日章之實，固非若淺丈夫沾沾自喜而徼名于一旦者矣。子姑待之哉。」

久之，則聞人言：「陳公果有過人者。其性不忮以刻，其才不露以逞。其坐署也門庭肅然無私謁，其行縣也必以奉公自誓無後言。亮哉！其非深于經者，不能也。」則又對曰：「未也。易戒無恒，詩謹克終，世固有始雖明潔而中斯變焉者矣。子不更需其成哉？」蓋及今三易寒暑，其節愈峻而刑愈平、民愈孚，外之則部使者賢其人，內之則臺部大臣書其最，名通于天子，俾還蒞其士民，蓋經、律之相爲用如此，不誣也。邦人樂終其惠而慶之，宜哉！夫刑，國之所重也，刑清而餘無所難理者矣。廉閽于事與才蔽于私者，其爲民病恒均，世烏有庶幾兼兩者而向進不已如陳公者哉？近著令：御史缺員取具于府推。則公早晚必有還朝之命，而邦人求終其惠，將不可得矣。

東南僻郡號大佳山水者莫如徽，而公辱臨之，凡有所登眺與夫劭農問俗多寓于詩，每録以見示，藹然古風人之義也。別後再見，而公之篇章益富且工，則詩與吏事偕進矣，而其後之所至，又孰能禦之也哉！

贈無錫醫學訓科施君克文序

舊歲有詔求名醫于天下，畀有司禮送京師，而常之無錫醫學訓科施君彥清預焉。彥清既北，而無錫遂以訓科闕告。官吏相與議于公，士庶相與議于私，曰：「醫，拯人之疾病夭瘥以佐一邑仁民之政，其利害不小，況訓科之官，所以領袖諸生、取決群疑，其舉措尤不可不慎，而施之醫，無錫之望也，盍往求之？」得彦清之從子克文。克文業醫而善書能詩，益以孝友聞。於是自令以下聯檄署名上之吏部，吏部送太醫院而試之，良焉，乃廷授無錫訓科以歸。盛君舜臣方爲禮部官屬，於克文有親好，請予一言爲賀。

予每以謂醫之爲道，類出古之聖神，其書具在，其明之甚難。而後之學者若以爲易，列肆而居，執方而應，蓋不可數計。而人之遇之，其幸不幸，則亦有不可言者焉。予嘗過錫山，識彦清君于舟次。其在京師，益相還往，以爲清才妙思，固文苑詩社之英。而其醫尤不易得，本之素、難而参以守真、潔古、明之、彦脩諸家，推以治人，鮮不獲驗。蓋儒而醫者也。克文嗣其官矣，可不嗣其業哉！醫以「學」名，將以佐一邑之治；科以「訓」名，將以教一邑之醫。學非其學而訓非其訓，皆君子所不與也。克文歸哉！思古醫之難而以爲勉，睹今醫之易而以爲戒，他日起一邑而召入尚方，踵家世之烈而收醫國之功，斯無負上下之所望于克文者哉！予又聞施之先在宋有爲翰林醫官者，在元有爲南雄路醫學教授者，在國初有爲無錫醫學録者，蓋皆一時名流，必有著述存焉。而予素多疾喜醫學，倘因克文預見一二，又非快歟！

思遠詩序

宫保尚書大學士壽光先生之謝政而東也，門下士與鄉人後進仕京師者賦詩若干篇，將寄壽先生。而翰林編修敖君山題曰思遠，俾走爲之説。

走竊觀先生起進士爲文學近侍之臣，歷四朝，位元老，又實傅今天子于春宫，堯、舜君民之心，殆未始一日忘者，乃忽然上疏解組以去。又竊觀聖天子于先生資其啓沃，置諸宥密，將有太平之責焉，殆不可一日無者，乃居然從其請而去。何哉？走以謂天下之大美，必相胥而成。古之人，蓋有迫于衰莫貪進不止至於斥逐而後行者。先生年甫六十，去志堅決且久，視古賢不少讓。而聖天子於先生之去則有璽書之褒，有内帑之賜，有給驛之榮，有歲禄之贍，有公人之役，恩禮稠疊，度越前古。蓋去之者振廉耻之風，從之者篤始終之義也。君臣之間，相尚以道，而天下之美於是爲大矣。矧先生有父焉，年踰八十，無恙在堂，得歸而養之；有諸子焉，競爽並秀，而又多納禄以從先生之後，玉帶朱衣，照映門閥，杖屨所至，溪壑增輝，適慈孝之樂而並進于期頤之壽，使後來者仰前輩之高風以爲遠乎不可及，則先生之歸，在我朝一人爾！

雖然，先生齒髮未衰，精力方健，天下之屬望在焉，而古之賢相亦固有再入、三入者矣。聖天子重違舊學之臣而優遂其雅志于一時，然賜環之召，在前代以爲盛典者，有故事也。講而行之，非天下之福哉。若然，則醉白之堂、耆英之會，將不能久魏公于鄴都、終司馬于洛社也，可知矣。頌盛世君臣之美而致門生後進之思，此詩之所由賦也。

雲中寄興詩序

户部郎中瀛海戈君勉學之督軍餉于大同也，鄉進士寶應陶君敬學作雲中寄興之圖餽之。圖既精絶，而又重以詞林諸君子之詩，金春而玉應，疑不可措手矣。而敬學以予有同鄉之好，復請一言。

惟大同西北重鎮，古雲中地，歷代宿重兵以備虜。而我朝益嚴，常遣宿將建牙于斯，而軍實所需，必付中朝才諝之臣總之，俾以璽書從事，文武大吏不得干其間，爲法之嚴，在吾勉學者，蓋遴選也。夫塞垣非佳麗之地，計臣非逸豫之官，亦何興之足寄乎？而陶君圖之，諸君子歌之，何居？是不可以概論也。

方今聖天子在位，屢以偏師出塞，虜益北徙，而諸將亦屢以捷告。烽燧稍閑，牛羊被野，而邊人之晏然足食也，久矣。勉學職事之餘，輕駕徐出以按行其山川，考覈其營田，下馬而坐，展卷而賦，四顧悠然，景與情會而忘其一日之勞，固君子所不廢也。雖然，予則有進于是者。夫以吾勉學長身豐頤，氣度軒豁，有封侯萬里之相，而又當盛年，立要津，顧可以小就邪？昔張魏公幹辦公事于熙河，遍行邊壘而進其老校退卒于頽垣廢堠之下，相與覽觀形勢，指授方略，以詢夫戰守之宜與其前人成敗利鈍之故，後起疏遠而位將相，受鉞專閫于四方，區畫邊事，如指諸掌，卒以成攘夷之功而名後世。蓋古人之所謂寄興者如此，非徒流連光景以相慰勞而已。勉學其尚毋甘于自棄而以爲非我所及也哉！此贈言之意也。

應天府鄉試録後序

應天府臣以成化丙午南畿鄉試，前期請官主考，惟臣諧、臣敏政適皆承乏被命而行，以七月望前一日陛辭，八月朔濟江，七日鎖院，廿七日撤棘。蓋其在行也兼程，其在公也通夕，得士百三十五人，取其氏名邑里及文之優者與凡内外典事之職名刻爲鄉試録以進而傳焉。臣敏政竊書其後曰：

應天，古金陵也。我太祖高皇帝起而都之，遂定中原，掃胡孽，啓一代文明之運于萬億載而無疆，所謂清談之俗、浮艷之詞，浸淫于輔郡而雜出于偏安叔季之所尚者，蕩無餘矣。太宗文皇帝閔幽、冀爲元之舊邑，雖訓化之未孚也，思以南濟北，又徙都焉，所以建大中制諸夏。而南畿帝業所由興，比周豐鎬，士之應期而出者，固宜其盛哉！自洪武庚戌試畿甸之士于京府，迨甲子而養材取士之制益嚴以備，制純于經術而不雜，故士習正而儒效昌，非漢、唐可及者，百年于兹。

夫以聖化之所薰陶，命吏之所甄拔，名登天府而程文行四方，則凡有在録者，固一時之選哉！角海内之賢，奉廷對而服官序，寔昉乎此。然則宜何如其圖以副之？篤問學而以矜己嫉人爲大戒；慎名節而以貪得躁進爲大耻；安職分所當爲，而以矯情立異植群扇俗爲大戾。使文與行兼，名與實符，則庶幾乎天下士哉，豈直南畿之秀？益加勉焉，則雖進而爲聖賢之徒也孰禦，豈直科目之榮？

臣愚獲奉經幃及侍學春宫也久，仰聖天子求賢圖治克纘先猷，稽古右文，聿修家法，隆太平之業，以上躋于唐、虞、三代之盛，非士則孰與副之？士之出畿甸者，宜思其職以取先天下，誠不可苟于一得，負列聖作育之恩，而爲掄材者，咎且慚也。樂斯録之亟成也，僭爲之説，用相告焉。

贈應天府學教授黄君序

三山黄君思賢以鄉進士教諭河南陳留九年，其門人若户部主事馬輅輩則皆已先顯矣。於是吏部考其績，書上最，第其文，居首選，言于朝，進其秩與禄，俾教授南京應天府學。其友人太僕少卿王政夫輩又皆喜其進而惜其去也，請予言爲之贈。

惟士起儒生而至于教授，亦可以爲難矣。夫治莫大于政教，而教授與郡守分其責，是不難乎，而又況于京府哉？然教授九品秩，秩如彼其小也，食下士之禄，禄如彼其薄也，而責均于京尹；教施于都人，其終歲所瞻望而致禮者，非留後之臣則均逸之老也，寢廟之美、宫闕之壯、江山之佳麗足以發才氣而充見聞，非一藩方遠外可比，又與大司成同處乎都城之中，其師道可仰，而教條可規也。夫如是，則非上最首選之士，吾未見其責之足勝也。

黄君少學于家庭，有明經之譽，長官于庠序，有育才之功，試可而進擢之以補京教之闕員，誠莫宜于君者。然得于前或有所缺于後，長于彼或有所短于此，則夫秩小禄薄而求與京尹大臣均政教之責，思足以勝之，疑又莫難于君者，君可不勉與！昔宋起歸德建南京，亦號應天府，而范文正公嘗職教事于學官。其率以身，其所造就多名士，而其篤志苦節，見于傳記者，可考也。又況其平生以中庸之説啓大賢，以先憂後樂之心佐世主，誠有得于聖賢政教之大端，則今之以後學而領教事于舊京，所當企德而景行者，其不在茲與？

雖然，文正公百世士，孰不願立下風而求踵其後塵者，中世之所難也。與人言而不尚論古人以振厲之者，薄乎人也；不自力以跂望其一二焉乃至于自沮以爲不敢當者，薄乎己者也。

慶戚里張君榮授鴻臚卿序

成化丁未之春，有詔得興濟張君來瞻之女上配青宫。前期，特授君鴻臚卿。禮成，凡在君同鄉而仕于朝圖所以慶者，請僕爲之言。僕謹對曰：此豈直君一身之慶而已！竊聞張氏之先自河南徙山西徐溝，再徙河間興濟，君之祖知事公暨君之世父樂素先生皆以文學起，或贊政大府，或主教名邑。至君之兄都憲公來鳳遂以進士甲科顯于時。君承父兄之教，屢試秋闈，有聲太學。秀之所鍾，欝而未洩，篤生淑媛，以儷元良。其長厚之澤、詩書之業，培植豐而漸漬久矣。駿發其祥，益熾以昌，此非一家之慶邪？河間志載漢、魏之間母天下者，間有其人，然或出于追崇，或出于旁親入繼而致隆，未有光膺封册、視膳两宫如今日者。使山川改觀，草木增輝，一郡之慶莫加焉。

夫自文皇帝以來，聲容文物，備矣。獨青宫嘉禮，未之有聞，有之，實自今始。曠典之行，快覩彌月；流聞四方，忻忭無極。然則綿宗社萬萬年無疆之緒，亦自今始。請以爲天下慶焉！夫慶至于天下，大矣。本其慶源之所出，君亦嘗惕然求所以持之者哉！妙選德門，豈無弭貂列戟之族，而得之乎儒家；推恩近戚，豈無奉車驃騎之銜，而授之以禮官。是殆聖天子念承祧之重，嚴正始之文，顧非儒、非禮不足與言治者，君可不勖諸！以九卿之尊居戚畹之盛而能不忘于俎豆之故習，則豈直身家之榮？與國咸休，進進未已，凡椒房之親，將莫不退嘆而興起曰：「儒者之學，禮官之守，真檢身保族之規，而裘馬之娱、聲伎之耽、田園邸宅之競，誠有不足言者。」芳聲美譽，達諸宫庭，益進于儉慎之德以基王化于無窮，顧不韙與！

僕無似，備員宫僚今十年矣。嘉禮之成，實際其會。敬惟睿學日新，景福益臻，而又得外戚之賢如張君者可自輔也，樂與諸公致大慶焉，亦非直同鄉之好而已。

贈黄君宗鎮同知處州府序

邇者聖天子以爲政之在人也，而官人之效久未克臻，赫然思有以作新之。於是中外之臣無不祗畏澡雪，圖自奮以副德意。乃成化丙午冬十有一月，吏部銓人適當首選，而黄君宗鎮得同知處州府事，專董銀課云。處州在浙東，古縉雲之墟，領十縣，襟帶千里，而又有軍衛並處其間。以地言之，巨郡也。銀課所在，上有藩臬專官，有制使兼領，而同知位守之次，職五品，食大夫之禄，下之無敢均其責、預其事者。以官言之，上佐也。矧擇才更化之初，以四事考之而裒然在數百人上，名稱其實，無或異詞。以人言之，遴選也。當遴選之公、膺上佐之榮而臨巨郡之重，黄君之行，得毋惕然於中求所以副之者哉！而吾人則有以知君之足副乎此也。

夫銀課，有國之大利存焉。急之則失民，緩之則曠官，此有志者之所難也。而君治春秋之學，是非予奪，素有定論；義利之説，其見之必明。祁門黄氏世爲碩宗，而君之父封刑部主事舍諟先生操行甚高，教子姓甚嚴，故君之兄宗器今刑部員外郎起明經，取科第，刑書政典，具有家法，受父兄之訓非一日也，其習之必熟。君偃蹇場屋幾二十年，聞見廣而涉歷多，於世途險易、公務弛張，其慮之必周。夫其見之明、習之熟、慮之周，雖以之處天下之事將無難焉，而況一郡乎，況郡之佐乎？然則黄君雖若惕然於其初，而實有沛然於其間者哉！他日政成，播其績于一藩曰：「此吾屬之浙東良有司也。」又播之于一鄉曰：「此吾黄氏之佳子弟，而横舍生之經術有成者也。」又播之於四方曰：「此吏部擇才更化之遴選人也。」其旌之有誥命之頒，其擢之有晋秩之寵，其書之有郡乘之編、有去思遺愛之刻，則君之沛然於其間者，又將炳然於其後矣夫！豈不足以驗官人之説于上下哉！與人言而不以遠大期之，薄乎人者也；聞人言而不以遠大自期，薄乎己者也。於是監察御史謝君廷獻合吾徽之仕者相與餞君，而予爲之序如此云。

贈沙縣丞葉君致政南還序〔二〕

休寧葉君尚節以成化癸卯之夏用吏部銓廷授福建延平府之沙縣丞，丙午之冬，述職來覲，得致其事以歸。於是有以君爲縣三年，齒髮未衰、精力尚强而請去太早爲君惜者。予聞之，曰：「不然。士君子之處己也莫難於初，尤莫難於終，固不以禄之厚薄、責任之重輕爲前却也。彼讀書于庠校，勤苦終歲，日不暇給，有遭斥而不獲齒于諸生者。其得上太學，則以爲幸矣，然其勤苦益甚，有不獲一伸而終困以老者。其得上吏部，則加幸矣，然不勝其勤苦之甚且久焉，有請職名而去歸其鄉，迄不獲一施其所存者。視君由正途出佐巨邑，上官嘉其能，小民樂其惠，平生所學略見于用者，其初何如哉？矧入覲之臣，無論大小，固有以墨、以殘褫職而除名者矣。此猶置之。乃若平時藩臬大臣，固有不職而爲部使者之所劾，或吏民之所訟，至於身謫而名污者矣。此又姑置之。乃若平時臺省重臣，固有不檢以獲罪清議去國投荒，而甚之至于隸編氓、列遠戍求爲下官冷局而不可得者。視君之既壯而仕，其仕之小也易稱，未老而歸，其歸之健也可樂，且又以引年納禄爲詞，人無得而訾之者，其終又何如哉？予于是蓋爲君慶，而君之所以自處與人之所以處君者，亦不可不自慶矣。」

獨念正統中先尚書襄毅公以公務過家，實始送君入縣庠，俯仰今昔，踰四十年，而予復得與君握手都門預祖道之席，不能無感焉。故鄉山水，宛在目前，君之朋游計多無恙，社飲之行、鄉射之會，洩洩融融，其樂可知。而予方鞅掌于世故，瀾倒乎簡册，不能從吾人觴詠于一丘一壑之間，可歎也哉。故於葉君之行，序以贈之。凡鄉人在京者，悉署名其後，將以爲君之歸榮焉。

贈知松陽縣事謝君致政南歸序

祁門謝君文瑩知處之松陽縣事五年，端愨廉公，爲浙東諸邑之冠，旌擢之榮，可計日矣。而文瑩素恬靜，不屑宦走，慨然有去志。白于布、按兩司，兩司知其賢，留之。又白於監司，監司留之。既而以述職上京師，時文瑩之諸父知武陵縣事文英，諸弟鄉貢進士文温、監察御史廷獻知其志，微諷留之。毅然不可，以情白通政司，以上吏部。凡兩司之入覲者交留之，不獲。司銓者亦歎然曰：「知縣年尚壯而才，何決去如此？」於是文瑩得請而南〔三〕，鄉之士大夫相與悵然曰：「吾人之仕者，非無佐廟堂、列朝著，或貳藩臬、長州郡，求其性識操行有志鄉而不苟屈如文瑩，蓋不可一二。方覬其踐亨履要，以漸伸其所抱負爲鄉邦之光，顧力不可留也，奈何？」則相與言于予，請有以爲君之歸。

予竊聞有國者必以耻勵下，有官者必以耻自勵，則士風振、治道成，故孟子謂人不可無耻，而孔子稱鄙夫不可與事君，有以哉！丙午之冬，聖天子以士風不振，赫然下明詔，督察群吏，以圖治功。而述職之臣，猶有請託以冀倖免者，有自陳狀或隱其年之遲暮而願留者，有聞退報而失色或至于欷歔不自勝者。士風如此，宜上之人以耻勵之。而進有及民之仁，退有決去之勇如文瑩，何可得哉？然則爲鄉邦之光，又豈待位之崇、禄之鉅、勢之盛而後爲快哉？

予獨念古之君子，蓋未始以進退而忘世。文瑩本祁門碩宗，其高大父子温以儒行，號東野，汪環谷先生實友之。傳祖暨考，積累有聞，旁施遠紹，甲于他姓。凡爲族姻者，將於是乎考德。文瑩邃春秋之學，少舉于鄉，以儒飭吏而有成勣、無戮事。凡爲後進者，將於是乎問業。方壯而仕，未老而歸，其涉歷已多而聞見益廣，鄉射之行，必推尊焉。凡爲令丞與耆宿者，將於是乎訪政而觀禮。使從之者多好義知耻之人，而足爲盛世興道善俗之助，文瑩將無意于斯乎？請以是爲歸贈。若杖屨所經，林壑增輝；觴詠所加，魚鳥獻樂。此退居謝事放情適意者之常，殆不足爲賢者道也。

贈陝西按察司僉事潘君序

成化丁未之春，大理左寺正潘君世隆用吏部言，出僉陝西按察司事，其同寅評事汪君守貞輩相與榮君之遷，諸予贈之一言。予惟聖天子以臨御之久也，慮官弛而法隳，當天下述職之時，特下明詔，考覈之典，比舊加嚴。由是銓臣憲臣奉詔惟謹，貪莛不職與人望所不協之人，或罷或謫，庶位竦然，知上意所在，思自澡雪以圖報稱。既又選于中外，得才吏若干人以補諸闕員，而潘君與焉，誠可謂之榮已。

然比者關中大饑，民流亡相食。聖天子屢下賑恤之令，不足則遣大臣禱山川出内帑濟之，又不足至于鬻爵，而方面之臣多以病民停禄。久之，災患稍息矣，然屏鋤貪梗、扶植傷殘以還于舊觀，實有藉于按察之臣，則潘君之行雖榮，而亦豈可不加之意哉？

夫不以上之寬嚴爲敬忽，不以任之久近爲勤惰，不以地之難易爲前却，此人臣之法守而潘君之所當勖焉者也。雖然，君起進士甲科，筮仕大理，自左評事歷副與正八年，數奉命讞獄于四方，有賢稱而無訾議，久矣。膺遴選于考覈之初，當劇任于凋弊之餘，宜若不可易視之者。然本之素練之才，持之不懈之操，佐其長以舉刺其官屬、清雪其冤滯，使傷者以甦、仆者以起，用答一方之厚望而副聖天子綜核名實以圖治功之盛心，遷陟之榮，固將與功名偕進，豈止爲棘寺之臣增輝而已！

潘氏之先家錢塘，中徙京師。君父年八十有二，母年七十有五，聯德在堂。而子又克肖，能世其學以待捷于科名，人以是占君之持法本恕，而崇階峻秩當未艾云。

贈温州教授汪君序

祁門汪君秉忠以景泰丙子鄉貢士，凡兩上禮部弗偶，以天順庚辰就乙榜，得河南新蔡教諭去。去未幾，以外艱歸。久之，起補撫州金谿，再任台州臨海，以成化丙午升教授於温州。於是君走四方、守一氈，餘二十年矣。在金谿考順天、福建、山西鄉試者三，在臨海考河南、山東鄉試者再，門生不下二三百人，或取甲科入顯仕，而君之子浩，亦繼踵領鄉貢矣。受知巡撫大臣及藩臬郡守，或上奏牘以薦，或下公檄以委，一攝政于上饒，再攝政于樂安。

當歲荒吏弊之餘，而所藴亦略展布矣。然則當今之爲教官者，其負學之優、操行之卓、奏績之多，孰有過于汪君者哉！縣令之選、臺憲之擢，以君稱首，孰得議之？而又使之典教一郡，何居？予以爲不然。士學聖人之學，固將明體達用，而用莫大于政教。教一邑者，責均于令；教一郡者，責均于守；教一國者，責均于六卿。教之責，可謂重矣！而禄之崇卑、位之亨否，又非志聖人之學者所足計也。

汪君歷教三邑，號爲良師，薦者雖衆而不獲進于通顯，於君固無所損。縱使進于通顯而志不獲伸，乃與齷齪澳涊者並居而無尺寸功以自見，於君亦何所益？矧君讀聖人之書，尤邃于春秋，春秋者，聖人之用存焉。予奪之間，榮辱繫之，則其所自處者，審矣。吾知君欣然其行，而亦將隐然有憂其教之加難者矣。夫憂其教之所以加難者，責均于守也。然則如之何而可邪？

吾聞温州在宋有周行己先生者，程門高弟，舉進士爲本州教授，邑人始知有伊、洛之學，而汪君之官，亦教授也。又有林石先生者，當王安石新經盛行之時，獨以春秋教授鄉里，而汪君之學，亦春秋也。如周先生之探道原而不溺于詞華，如石先生之守遺經而不媚于時好〔四〕，庶足以成教而輔其守之政于一郡，無難焉。然亦豈非君之志，而吾輩之所望于賢者哉！

近朝廷著令，臺憲之擢取具于教官之有成績者。君之志雖在彼不在此，而禄之崇位之亨，蓋焉而來、坦焉而得，亦有人不獲辭者。予不佞尚與諸鄉人拭目以俟而預道之以贈焉。

雙桂堂詩序

句容之徐有號樗軒君者，及其配虞氏，名能教其子。子凡四人，多務學有立，而名在秋榜者兩人，曰玉琢之，舉天順己卯，才弗克壽；曰欽承之，舉成化丙午。鄉人以爲難，名其堂曰雙桂。士夫間多貽之詩者，承之請爲之序。

予讀之嘆曰：天下之爲人父母者，孰不願成其子？然子之才不才及受教與否，常不可必。苟得一人焉，則以爲幸矣，而況相繼舉于鄉爲其親榮若徐氏兄弟者哉！昔郤詵以對策當居首選，猶「桂林一枝」，蓋妄自侈譽之言，非出于鄉評。竇禹鈞五子登科，時人有「丹桂五芳」之句，然其得雋多在五季而入仕于宋，識者憾之。乃若樗軒君夫婦聯德高蹈于句曲之下，而兩子成名于盛世，其賢足以教，其才足以受教，鄉人榮之，士夫頌之，使登其堂有所慕，誦其詩有所興，其爲世教之勸，不既多乎？豈直一門盛事、一時美談而已？

丙午之秋，予實奉詔試士南都，承之之文校諸詩八百人最優，而不爲分考者所賞識，予得之落卷中，驚惜不已，擢魁其經。同寅汪公憮然曰：「非其先人有大積德，不及此！」既啓卷，則欽也，一堂閧然，以爲得士。久之，聞人言承之有至行，親喪廬墓，而又事諸兄極友愛，讀書攻文，不事口耳。蓋有志古人爲己之學，今取以魁一經士，宜哉！

予不及識其父兄，而每以不失承之爲幸，輒序而歸焉。承之後此學當益深，行當益堅，所樹立當益遠且大，而斯堂之名益顯矣。士夫之作，所以頌徐氏之先德而嘉予之者，亦將不止乎此，此特爲兆云。

奉送沈君出判徽州府序

仁和沈君文進初舉進士，歷刑曹，出僉江西憲事，凡十餘年，雖所職不出刑名家，能以洗冤澤物爲志，大有聲于搢紳間。既乃以詿誤左遷判郡于遠外，人有爲之嘖嘖者，君怡然曰：「求無愧于心耳，若民事則豈敢不勉！」今易地徽郡，徽、杭，近境也，知君特詳，則相與言曰：「沈君雖暫屈于是，然所以大伸吾人于異日者，將有賴焉。」又相與請言爲君贈。

予嘗以謂士力學用世，當以民之休戚爲己責，而禄位之小大前却，弗計焉。夫士固有宜于小不宜于大者矣，有安于大不屑于小者矣，若沈君則不然。君以易學起家，於人情物理、否泰屈伸之説，究知之甚明，故一出而官諸曹則有淑慎之譽，再出而專一道則有平反之績。其得之不喜，其失之不慍，非其中有過人者，不能也。矧今所佐一郡，郡不過六邑，非有遠邇圖回補罅苴漏之虞；所理一事，事不過閭巷田畒，非有舉刺禁詰周思叢委之難。然則號召之際、規措之間，固將有不勞而辦、不令而孚者，亦何藉于言哉？然徽，畿郡也，其地位隱然可敵一藩，其民之富庶居然可冠列府，則夫利有所興而爲吾人之休，弊有所蠲而不爲吾人之戚，亦不能無望于賢者。易曰：「官有渝，貞吉。」敢以是爲君誦之，可乎？

然予獨念君雖不以禄位之小大前却爲心，而士論殆不可釋。牽復之恩、藩臯之命，將擬其後，而吾人必有不得終其惠者。於是相與奉餞于禮部司務方君之宅，天氣清和，南薰伊始，酒肴維旅，情文两洽。吾郡之士在坐者，六曹两法司及宫僚近侍藩府州邑庶官略備，沈君欣然嘉其多士而樂其吏民之可與言治也，爲之盡觴乃散，而予竊序之以贈焉。

贈徽府儀衛副黄君序

黄君鐸近受命副徽府儀衛司，秩五品，視武略將軍之階與禄，得世襲，恩至渥也。於是廷謝將還，凡在鄉戚者思道其家慶而侈上賜爲府僚之榮，請予一言。惟君爲仁廟貴妃之姪孫，中兵馬指揮昱之子，神策衛指揮鍾暨秀王妃之弟，徽王妃之兄，駙馬鏞之從兄也。一門貴盛，甲于一時。而君又從王之國鈞州，入奉燕閑，出備扈從，甚爲王之所禮爱。久之，王爲言于朝，獲兹命焉。是雖聖天子篤宗藩之親，而君恪慎之將、撝謙之守、孝弟之修，則固有得禄之道而不可誣焉者矣。

黄氏世居徽之休寧，得山川之秀寔多且專，故生子爲奇男，生女爲淑媛，秉靈萃精，照耀後先，足以聯玉牒之書，備國史之編，蓋非特門閥之慶而已。然則諸君子本其先世敦德履善之裕，仰聖天子宏仁沛澤之施，榮君之還，勖君之行，以爲黄氏方興未艾之祝，亦非特桑梓之好而已。矧一府之中，文臣惟長史左右，武臣惟儀衛正副，皆號元僚，輔王之德義而掌其禁衛之防，所繫甚重也，以況義兼親賢而又出于天潢戚畹、連姻媲德之舊者乎！

黄君勖之！巽以持己而不矜，約以處家而不侈，勤以居官而不懈，親賢士、樂善言以自輔而不爲流俗之所移，使行與齒增，名與位升，斯無忝于家乘，無負于恩典而有得于鄉戚之贈言，金緋之榮，將儷美乎父兄之貴，盛于異時也，可前卜哉！予與君同鄉邑，嘗拜其大父于堂，既壽之，又銘之，故知其家世爲詳。而交君父兄間，非一日之雅也，輒序之不辭。

慶許孺人吴氏七十壽序

吾鄉之爲女婦者，其性行之美，殆諸方所不及。蓋其自少而壯而老，未始一日廢其紡績之業，而於倉囷之入、栖棚之養、中饋之治，督視惟謹，不敢以其身之貴、家之豐而少縱焉。首餙服御，樸而不華，有尚古荆布之風準。已嫁者，其足跡未始踰大門，近親至戚，有終其身未熟其面者。而獨惓惓于教子，隆師取友，不憚勞費。蓋勤于婦功，而刺繡剪製無吴、越之巧；恪于婦容，而粉白黛緑無燕、趙之都；謹于婦之德言，而應持門户陳詞理訟無恒、代之健。故宅里之旌，相峙于境；壽考之樂，相望于家；閨閫之譽，相高于族黨閭巷之間者，炳如也。若歙琶塘許君示惠之配孺人吴氏，則亦一人焉。

孺人性行之美，至于得舅姑而夫君以爲賢，教養其二子文昇、文瑾至于有立而知孝，家庭内外，肅如雍如。皆世之所難者。而孺人未始以自異，雖其子與其近親至戚亦且以爲常，豈非吾鄉之人安于善而不爲流俗之所變易有如是夫！成化丁未七月二十日，實孺人始生之辰，於是壽七十矣。其婿汪惟用走書京師，乞予言爲稱觴者先。惟聖天子以孝治天下，邇者恭上太母徽號，加恩寰區，俾老者有養，萬世一時。而孺人身際其盛，七十伊始。

吾知其心益休、體益康，享子孫之養益厚，踰八望九以底于期頤之算，有不難致者哉！雖然，孔子論壽曰仁，洪範五福主于好德，明壽必有所本而後爲足稱也。予故道吾鄉女婦性行之美，而仰窺盛世錫福之隆，書以授惟用之從子鄉貢進士祥，俾寓歸爲壽。予雖不及拜孺人，而祥於予子爲友壻，有親戚之好焉，是爲序。

校勘記

〔一〕然後世事與古異　「世」，原作「民」，據篁墩程先生文粹卷十二改。

〔二〕休寧陪郭葉氏世譜附録此篇署：「成化二十三年歲次丁未春正燈假日賜進士及第左春坊左諭德同脩國史經筵官兼太子講讀官同邑程敏政書。」

〔三〕於是文瑩得請而南　自「文瑩得請而南」至後文贈陝西按察司僉事潘君序之「而潘君與焉誠可謂之」，北大本闕，即卷二十六第十一頁，據國圖本補。

〔四〕如石先生之守遺經而不媚于時好　「石」，四庫本作「林」。

篁墩程先生文集卷二十七

序

贈李君知大名府序

成化二十三年春，刑科給事中臨汾李君廷玉出知大名府事。廷謝之日，多嘖嘖以爲李君起名進士，出入黄門青瑣間幾九載矣，内而封駁諸司之章奏，外而勘大獄于四方，必協諸公議，不苟止而妄隨也。維時給諫之臣當上意者，恒難其人，而李君積有年勞，無訾議，宜膺峻擢以勵一時，乃出之爲郡，疑未足以盡其才者。

予以爲不然。人臣之義，在書有之，「爲上爲德，爲下爲民」而已。郡於民最親，守也者，所以宣上德而爲民之師帥者也。責莫重焉，而輕視之，豈知類者哉？李君昔者以言爲職，凡群吏之廉貪仁酷得論列于上而舉錯之，民情之淑慝與其事之利病得進説于上而更新之。然獨言之云爾，執政之臣有可否焉，則其言之行也，豈可必哉？今出而專城，不言則已，言必見之于行；不行則已，行必繫民之休戚。吾知李君求舉其職之不暇，而疑不足以盡其才者，殆非所以重君也。然則律己之廉、恤下之仁，君之素志，不可渝也。興民之淑而懲其慝，講民之利而祛其害，皆君之所得爲者也，豈徒言之而已？然予知君之足辨乎此也。君爲近臣，則有成績矣，爲上爲德，恒恐弗逮，而況得可行若郡守者哉！

或曰：「大名，今輔郡，臺省之臣更迭出入以督吏治，郵傳旁午，文移山積，爲之守者，雖有爲下爲民之志，而不免于俯仰牽制之難，則所謂可行者，亦莫之可前必也。」是又不然。君子之居官，亦盡其在己者而已。在己者盡，則彼之賢歟固將善我以爲民福，彼之不賢歟亦將自恧反走不足以病吾之政，而又何私憂過計之有？大名在前代守者多明臣〔二〕，或起領大藩，或入贊廊廟，其遺愛具圖經而大節著史傳，炳如也。取而師之，則其功之崇、譽之興，將不儷美前哲而庶幾乎盛世之循吏也哉？於是李君行有日矣，其同寅趙君良度輩知予素善君，託鄙言爲祖道之贈。而予不得辭焉，輒次其説如此。

贈鄭君知臨高縣序

吾郡有負通才抱成學而久不獲見于施者一人，曰鄭君文振。其就試于南北也，人率以魁選目之，而君數奇，率不偶。非獨後進師之，同舍遜之，外而提學憲臣、內而大小司成老于文行而不妄許可者，亦相與惜之不已。非獨良有司禮之，寓公傳客過而訪之，外而分陝重臣、內而天子之元輔暨六卿之甄才好賢者，亦以遠大期之。蓋君學長于春秋，於古人高下得失及世務之成敗利鈍皆見之明、決之審，且以其餘力旁通諸家，若六書之法與方脉之象、堪輿、禄命之書。予嘗以謂若鄭君，豈待試而後見哉！觀其人可以得其中，聽其言可以知其能，惜吾力不足振之。而君年亦踰强仕矣。成化丁未之夏，合同志者入言于吏部，請得官遐方以自效。吏部爲言于上，許之，授君知廣東臨高縣。廷謝而行，予因禮部司務方君良弼於君有姻好，聞而壯之，曰：「昔人固有過邛崍九折坂畏乘其險而却馭者矣，有『持被入直三省』丁寧内顧『語刺刺不能休』者矣。夫臨高，雖瓊管之巨邑，然處南海島中，古遷客流人之遺蹟多在焉。君得之而恬然若無不可爲者，將藉是以發其胸中之耿耿者乎？才通而不伸，學成而不試，宜君之勇于行而不可留也歟？」

君世家歙之貞白里，其先曰鄭令君，當宋季以一言解屠城之師廟食至今；曰師山先生，以節聞，事見元史。君承累葉之傳，學術政典，具有家法，疑無俟乎人言。然君子不以其所能者自足，而忠告之言，又非其所厭聞者，君以爲何如哉？别利器于盤根錯節之餘，騁六轡于輕車熟路之上，毋遠外其地而忽其民，使循良之聲翕起于嶺海之間爲列邑之倡，大府書其賢，部使者薦其能，升佐一郡、長一州，其又甚焉，或進而官于朝，皆平日故人之所望于君者。君志固壯哉！

君從弟達，以名進士知浙之黄巖，方以才廉有聞，被召將至。異日二惠競爽以增輝于貞白之里，使締交聯姻者，預有榮焉，尚當執筆爲君續書之。

侍衛承恩詩序

國朝禁衛之制，凡諸將軍魁幹有勇者，别簡勳戚一人統之，入侍殿陛，出扈乘輿，率佩櫜鞬御劍以從。其職號最親且重，不輕以畀人焉。邇者闕員，詔遴選以充而得駙馬都尉洹溪樊公大振。受命之日，大夫士與公有文字之雅者相慶于其第，且爲之詩，而以序屬予。

竊聞有周盛時，在王左右者，自三事而下，莫要于虎賁綴衣之臣，故周公慎焉，必以庶常吉士處之，誠以君德所繫，必自近始也。今天子嗣世守文，比隆成、康，凡一材一藝之人，務盡其用，恒恐或遺，而況於侍衛之臣受簡知之素若樊公者哉！公雖以少年居戚里，然偉容脩幹，有老成夙將之風。劬書績文，有經生學子之志。知時達變，有謀臣策士之能。聞諸縉紳，蓋亦久矣。一旦而起驂乘之親，膺殿巖之選，當心膂之託，宜其播之聲詩，更倡迭和，以紀一時之盛爲邦家之光也。

古之聯姻帝室者，蓋更僕不可盡矣。吾於唐得一人焉，曰杜仲立。嘗一居衛尉，再領金吾，三進常侍，皆奉宸宿衛之任。史稱其居官精明，屢進忠益，大爲上之人所禮重。於宋得一人焉，曰王晋卿。以詞翰妙一時，而與蘇、黄諸名勝相友善，風流文雅，談者尚之。今樊公所任則仲立之官〔二〕，所負則晋卿之業，顧豈可居其有而安其常之爲得哉？必於其所任乎益恢，於其所負乎益崇，思上幾于成周吉士之列以無負今天子簡任之隆，則諸君子之詩誦而傳之，亦不徒以重交游、侈恩禮而已。

旃溪十景詩序

予素聞旃溪張氏所居當吾邑山水之勝處，相宅者亟稱之。蓋張氏之彦曰士貴始卜居焉，今四世矣。士貴之曾孫尚相以事來京師，因謁予，言：「所居在金山之麓，山秀拔不群，而徐谷之水出焉，其清可鑒毛髮。山之四直，其夷而可耕者，爲富疃。深窈而入可樵者，爲桑塢。蜿蜒若虹，有竹萬挺，可徑而陟者，爲横岡。循溪而行，出灌莽而升可與客徙倚者，爲荆臺。水沸而渟，有翠壁掎之可坐而釣者，爲亭潭。坻岸相峙，有松千餘，人行蒼翠中，雖盛暑可憩以風者，爲高港。山之背有峰如卓筆然冲霄〔三〕，使人望之不極者，爲瀛尖。溪之東層巒疊巘，若堆螺列障，嵐靄蔚然，使人應接不暇者，爲擁埵。蓋旃溪之景於是焉萃，而張氏盡有之。故嘗離其景爲十，且得搢紳大夫詠歌之。然未有序者，敢固以請。」

予不獲辭，則序之曰：旃溪之景，勝矣！然非其先世積德累善基之，其子孫績學砥行承之，則亦烏能樂此，而使夫山川人物之交重哉？張氏先居歙紹川，以殷碩聞，與宋祝半州等。曰光國者最好義，嘗建臨清橋以惠行人，結凝翠亭以甦喝者，構雙溪書舍以誨其鄉族子弟。蓋士貴之考也。而士貴亦能紹其父志，悉以先業讓諸兄，來居旃溪，爲遷善堂以自勖，置義田，立義倉，剏金山橋，與臨清功埒。至子以明、孫斯寬皆克家，益大捐金發廩，助有司，濟邊餉，遂爲挹秀軒盡金山之勝，鄉人取世義名其堂。而尚相復能襲其遺芳，以求亢宗而爲其山川出色計焉，豈非其地之靈足以産材之美、材之美亦足以昭其地之靈若此乎？是可傳已。

予又聞尚相築歲寒臺于富疃，闢瀟湘深處于横岡，園池之邃、亭館之幽，歲時觴咏之樂甚盛。予他日得謝事南歸，當挾童子、撈小舟訪斿溪而問焉。從張氏之老者尋盟于巖穴，濯纓于澗流，撫寒松而弄脩竹，與釣翁樵子、耕夫野人浩歌相答于清空寥廓之表，穿晴雲，步涼月，道荆臺而後去，則予雖病散，尚能臨風作賦以殿群玉侈張氏之勝，而此姑序其概云。

順德堂詩序

天之爲德也，有順而無逆，故人之有得乎天也亦然。順則爲君子而吉，逆則爲小人而凶。如水行地，逆之則湮；如鳥遡風，逆之則却。此不易之理也。然人之所得乎天，其順之大者，莫若孝弟然。故先王以孝弟爲順德，著于經，雜出于傳記。其大約則以謂孩提之童無不能之，而其效至于通神明、光四海，且深慮夫天下後世之能順者或寡也。

祁門謝君以敬嘗以順德名其堂，示箴警焉。跡其平生，奉二親甚孝，必得其歡心乃已。從其兄以美甚友，處六十年無間言。庶幾無愧于斯名者。好德之士聞而嘉之，多見於賦詠。其子文温奉以請予序。

予讀之竟而嘆曰：古之后王立愛敬以先天下而措斯世于大順者，蓋有道矣。司徒之職，有教有刑，而典樂之官所以惠迪乎斯人者，蓋無所不至。其見于詩則南陔、白華之篇，常棣、斯干之什，尚可考也。后王降德之典不作，人性益離而俗益偷。由是貴爲王公、名爲師儒誦其詩、習其業，知其爲感發懲創之地者或難焉，又何怪乎以德色慮父、以誶語對母而求食以紾其兄之臂者哉！然法之在朝家者不廢，而德之根于人心者未泯也。故夫不孝則望而知其爲可僇之人，不弟則坐而計其爲可敗之家，此人心之同也。惜乎寧蹈凶而不爲吉之圖，甘小人而不爲君子之歸者常多也，亦何幸謝君之出于吾鄉而予獲序其事哉！然則是詩之傳，豈獨以勵謝氏之爲子弟者而已？或風焉，或誦焉，使見之者慚、聞之者興，或有得于詩人之遺意而爲天理民彝萬一之助，不亦善乎！

謝君今享年八十有一，無恙在堂，而文温以春秋魁京闈主教長垣，所謂順之爲君子而吉者，此殆其兆也。然德之積也有漸，則其獲報于天也必厚且長，吾固知將有大焉者，擬其後而爲斯堂之光于無窮也哉！

却金詩序

故諸暨馮君履吉以鄉進士知沛縣，有介特之操，嘗疏便民十餘事于朝，多報可。遇疾痛、死亡、水火、盜賊、飢餓於其境者，未始不捐貲給之，雖傾橐弗恡。有俞繪者，落魄江湖人也，君廉其貧，以鎰金貸之，不質券。去未幾而君卒，俞亦登科，典教湖湘，不相聞者十五年。成化乙未，繪遣其子以金倍息來歸君之子朋玉。朋玉不知也，亟辭不受，曰：「先人未嘗以語我，且無券，君豈誤邪？」其子不獲命，則奠置君墓下而行。朋玉不獲辭，則以予鄉人之貧者。當是時，太平恒齋李君分教諸暨，其二子惟誠、惟敬與朋玉實同硯席，蓋未嘗不嘆異其所爲有古人之難者。然朋玉未嘗以自多，而人亦鮮克知之。於是惟誠兄弟相與謀曰：「使吾友之行不白于世，無以勵世之貪者。」乃繪爲圖請搢紳士詠歌之，而以序見屬。

於戲！自義利之説不明，世固有緣利而鬭且訟以至于離親悖交者矣，有僞相質券而誑人之有以自殖爲得計者矣，烏有拳義之所在有可受之理，而毅然固拒揮利而去之如瓦礫者哉？充其心而民風有不厚、官守有不廉者，寡矣！朋玉之所爲，與宋開封人讓寄金適相類，蓋去今四百年而事一再見，則士明于義利之説者，誠難也。抑朋玉豈故爲矯然不情之行以要譽一時哉？見義勇而燭理明，求不失其本心而已。惟誠兄弟篤友誼而汲汲乎張之，有相觀而善之益，諸君子之言本六義之旨，渢渢乎有挽頹波、振末俗之風，是誠不可無傳焉。

雖然，開封人史不著其名，得包孝肅、呂榮公表章之而事始白。若朋玉，則何患乎名之不著？予獨以爲官愈顯則責愈備而義利之辨愈嚴，其所以副友朋之望而取徵是詩，當有大者。若予言，則豈足爲士之重輕也哉？朋玉名珏，今刑部員外郎，分司南京。惟誠名贊，今吏部主事。惟敬名貢，今户部主事。皆起進士，方將以功名競爽于時。

贈甘君同知徽州府序

豐城甘君廷望起成化戊子鄉貢進士，凡七上禮部，皆弗利。乃上吏部，舉銓士首選，廷授同知徽州府事。於是徽之人客京師者謂君之拜命也宜慶，君之行也宜餞，慶與餞，皆不可無詞也，爰屬之予。謝不敏，不獲，則爲之言曰：

吏之治民也，猶醫之治疾。誦醫聖之書既精，而又見證多，用藥審，則疾之愈者十九；雖精于誦書，而恃其性之敏也，至以藥試證，其證素非所諳也，特以意料之而已，則疾之愈者十一；置書弗誦，而證與藥漫無所知也，聽其所如而妄意于幸中，則其疾之愈者鮮矣。彼治民者，何以異此？

甘君數奇諧寡，偃蹇于場屋，志愈厲業愈修，群銓士而試之經，莫敢爲之先焉，誦醫聖之書而精者也。君不獲伸其志于用者二十年，然偕君而升後君而起，固有大利達而名與之俱者矣，亦有碌碌于時而毁譽之不聞者矣，至於爲郡縣者或宜民或不宜民，某事之可法某蹟之可戒，皆君所目擊而非耳聞，見證之多者。兹之往也，因民之所欲興其利，因民之所惡袪其害，視有餘不足而損益之以無伐其天和，使病之仆者興、瘠者肥，變呻吟爲笑樂，將自此始，所謂用藥之審者，固君之能事也哉！

徽，南畿輔郡，處于萬山之中，其俗樸而不奢、簡而知恥，昔人恒以爲愛土。而吏治有善否，遂從而和之以爲難，徽豈難治也哉？夫天下之郡邑，固有坐視人之疾而不能爲之者矣，蓋得夫愈疾之十一者，幸焉，而況愈疾之十九者乎？此吾於甘君之行，竊誦所聞以告，而私幸夫吾人之有瘳也。

壽處士汪君廷悦七十序

歙西有地曰訊行，汪氏世居之。其地之原田甚腴，故汪氏之業甚豐，而人之生者甚盛。有處士廷悦君者，尤以樂善好施、敦族睦鄰見稱于一鄉。子二人，曰道銘、道常，又能勵行以承其業，致孝于其親。故君安之，無事物嬰其心，而居有滫瀡之奉，出有杖屨之適，不自知其歲月之攸邁也。於是壽七十矣，宗姻戚黨以歲之十有一月九日爲君始生之辰，舉酒升堂，以次稱壽，而徐君昊，其甥也，本二子之意，繪日出扶桑圖以致慶，請予申其説。

予聞「化國之日舒以長」，而古之稱孝者曰「愛日」，宜徐君有取于是以爲其舅之壽焉如此。夫日麗于天，明于晝，故取以名時。日之日而積之則爲月，累積之則爲歲，蓋日者，歲之所由起也。奉一日之養，則人子盡一日之心，況一歲乎？由一歲積之以至于七十，則謂之古稀，而致養者宜日嚴也。由七十而踰八望九以底于期頤，皆人子之至願。而況有敦族之仁，則族之人期之；有睦隣之義，則隣之人期之；有樂善好施之德，則一鄉之人無不期之矣！況徐君爲其甥而受其教育有子道者乎！吾知汪君心日益休、體日益康、壽日益增，將與康衢擊壤之老共樂于堯天舜日之下，正賓席于鄉飲、受命服于天朝也有日，又豈特一時稱慶之盛而已！

城北汪氏譜序〔四〕

徽郡惟汪氏姓最著、族最多，故昔人有「十姓九汪」之諺。然每族各以其居名，若休寧城北，其一也。其所出皆祖唐越國公華，公當隋末起兵拒亂，保有歙、宣、杭、睦、饒、婺六州之地。暨亂定，入附于唐，生胙土田，没享廟食，故子孫在郡最多。而譜不可無作也。舊譜稱越公之先出魯成公支子汪，食采潁川，至孫誦因氏以其王父名。誦二十九傳至文和，漢末從討黄巾，事孫氏，爲新都守而家焉。新都，則今徽郡也。文和九傳至叔舉，宋護軍司馬，又定居郡之登源。凡四傳得越公。蓋其先之可見者如此，疑魏、晋、隋、唐官譜之遺也。越公九子，皆顯。曰俊，右衛勳府參軍，凡十八傳至彦一，復還登源之梧村。彦一孫德彰，宋直秘閣，值咸淳、德祐之際再遷休寧，依外家曹氏以居，則今城北諸汪之所始也。直閣長子瓛，宋亡不仕，嘗建樓爲藏修之所，孫元京先生實記之。瓛曾孫群，亦儒者，有北莊集。而所續家乘，則陳定宇先生爲之序。群孫永昌，始以儒業醫，生二子，應麟、應鳳，益世其學。而應鳳五子，皆賢。曰克敬，隱居能文；曰克和，太學上舍，始以其暇日因克敬所續舊譜益修明之，爲兩卷，寄以示予，求是正焉。

夫譜也者，所以合衆體之離、昭衆名之晦而示夫衆心之勸懲者也。彼一飲食之譜闕則五味不可得而調，一草木之譜廢則群芳不可得而遂，一技藝之譜亡則百工不可得而理，況一家一族之盛又出于神明之胄、忠勳之傳、詩書禮樂之澤漸摩涵泳于數百年之久者哉！克和兄弟，蓋於是乎知所本矣。矧其爲法略所疏、詳所親，括之以例，證之以圖，附之以行録，開卷之頃，粲乎秩然，誠可以昭繼述于先世，示勸懲于後來者矣。予與克和兄弟交厚善，且器克和而逆其駿發于功名之場，所以光斯譜者，有大焉，故樂其成，嘉其志，特爲之序。

贈南京吏部主事吴君序

吴君一清以成化戊戌進士爲南京工部主事，未幾，以憂去。丁未春，用起復改南京吏部，合兩任爲三年，上其績于朝，得旨還任。於是禮部司務方君良弼合同鄉之士在京師者，謂一清之考最也宜賀，其遠别也宜餞，餞與賀必有燕，值國卹不可，請易之以言。

竊視我高廟定鼎南京，其即位以戊申之歲，所以開萬世太平者，實肇于此。惟今上以聖嗣統，改元弘治，而明年適當戊申。天運再周，庶政一新。薄海内外，引領嚮治，而況舊京之臣乎？相勉相規以興起衆功而爲天下倡，固士君子之素願也。然則賀一清而與之爲别，寧能已于言邪？

一清世居徽歙，其先蓋有守節之媛，有業儒之老，所以植而培之者甚深。迨一清益通經學古以承其後，以有兹顯融〔五〕，而今之考最也，昌其家則有貤封之寵，揚于廷則有遷陟之階，位漸以升，責漸以大，鄉人所屬望于一清者，固不但今日而已。惟高廟之垂統也，其教甚肅，其法甚備，聞之猶足以凛然。而南京臣民，誦習加稔。稔故宦成而寡過，爲一時良有司者常多也。一清在工部，預孝陵之役，嘗取材于兩川，歷馬湖、邛部諸險阻之地，竣事而還，卒其功焉。仰瞻太寢，思食其禄必稱其事，則所謂誦習加稔者，非其人邪？

予又見諸司考覈，惟南京南臺公論可畏，而端人正士以名節相高者，亦往往見之。相觀而以其可進者爲勉，相規而以其不若者爲戒，則吾一清之所成，必有過人者矣。夫恢弘治道以纂聖祖之謨烈，此上志也。中外臣工群起奮庸而副之雖不繫一人，顧才力所得爲者，在一清豈可後邪？上佐其長官，下倡其寮友，以古之忠賢自期待，將不有炳然出色于舊京郎署之中而名四方者哉？矧如是，又非特鄉人屬望而已。

贈豐潤伯曹公奉勑總南京操江兵序

自六朝、五季與宋之南皆畫江以守，而江防重于諸鎮。我高廟自淮西渡江，定鼎金陵，遂一中原，而江防視前代益嚴。每操江之日，舳艫相銜，旌旗蔽空，所以懾姦宄、奠南服者甚盛。故置總操江兵者一人，非世勳宿將，莫預兹選。或難其人，則勑南京守臣兼領，其慎之如此。弘治紀元之歲，今天子始朝群臣，以南京帝業所基，而操江之帥闕，用廷臣公議，命豐潤伯曹公，賜璽書以行。行之日，諸與公舊者相率餞于郊，且俾予贈之言。

蓋聞都南者莫利于舟師，都北者莫先于騎戰。我國家自文廟徙都北京，置三營爲居重馭輕之策，而南京操江之備，乃習故常，戰具弛焉莫之振，有識者恒以爲憂。先帝時，用南寧伯毛公，始克修復舊規，績用有成，進副居守之任。而曹公代之，公議所歸，殆不誣哉！昔漢穿昆明池以習水戰，魏作玄武池以肄舟師，勤遠略，圖非常，皆不足齒。惟我高廟櫛風沐雨以平僭亂，作生民主，爲聖子神孫立萬世之業，率用舟師，其遺蹟尚可考也。然則操江之任，重矣。矧今天子嗣大曆服之初，首以慎選而用公，當不求所以副之者邪？

惟公之考莊武侯在先朝顯有儁功，藏在册府，爲中興名將。而公以元孫敦尚詩書，克繩其武，居宿衛，典京營，積有年勞，非建功一時者比。吾知其往也，士心豫附，軍政修明，上足以答聖天子授鉞之心，下足以顯其先元戎登壇之教，使江防得人過前代遠甚，斯亦無負于故人之所以期公者哉！先少保襄毅公在遼東督餉時與莊武侯同事交好，公嘗受學館中，故予于公有世講之雅，獲預離觴之末，因序其事以贈。

壽蔣翁八十序

維成化丁未之夏，我憲考恭上徽號于清寧宮以隆大孝，推恩寰區，有耆年碩德者，賜冠紱榮其身，而吾鄉蔣翁廷槐與焉。越明年戊申，改元弘治，孟春之朔後一日，翁始生之辰也。於是壽八十矣。禮部司務方君良弼於翁爲近戚，且夙重其爲人，乃道其詳於予。

予不覺爲之嘉嘆曰：「是豈可無傳邪？」昔者有虞氏貴德而尚齒，箕疇五福，莫先于壽而主于好德，德者，壽之基也。然有剛柔之分焉。予獨怪世之論德者，必以其煦煦如婦人、伈伈如稚子，然後爲足當之，而祝其享脩齡、介遐福曰「此德人也」，而不知柔之不足以言德也。柔者，陰道也。彼其秉剛之德者，其性必果，其氣必昌，果而昌，則獲乎己者有嚮善嫉惡之公，獲乎天者有光前振後之懿，是豈可掩襲而爲之？剛者，陽道也。

吾聞蔣翁最孝友，而天資嚴勁，處己接物，公而不阿。郡守孫公俾聽一里之訟，一里之人怙然，則聞以一邑之訟委之，其操久而不渝也。又聞以一郡之訟委之，訟益理，人益孚。更龍公、周公、二王公凡四守，其委益不替，而翁則老矣。所謂秉陽剛之德，性果而氣昌若翁者，殆其人邪？是宜壽矣。使翁早致專于業儒，得少進而位乎民社，其所作爲，又寧止是邪？然膺霈恩于極隆全盛之時，獲與康衢擊壤之人爲伍，鄉射禮行，巋然賓席，衣冠與俎豆相輝，則受畀于天，亦侈矣！矧今上以聖嗣統，奮朝綱、開景運以躋斯民于仁壽之域，伊始自今，而翁誕辰實際其會，心休體豫，增重山林以迓夫方興未艾之福，固鄉戚之所望于翁者哉！

蔣本歙西舊家，其先居河南，有諱義者，宋翰林學士，其孫繼，爲歙縣令，始家黄山。至翁之祖擅，又遷山𡑞。殆其譜云爾。然翁有子五人，曰顯、曰耀、曰光、曰榮、曰巖，皆倜儻有父風，問業儒，謂將拓翁之所至而大之，以壽翁之名于無窮，人孰得而涯涘之邪？予於良弼亦託有姻好，輒本其志而序之以爲翁之慶焉。

奉使湖南詩序

聖天子改元弘治之春，詔遣勳戚文武近侍之臣告即位于山川、古帝王及宗藩、陵園。維時景帝儀賓王公司言實有事于襄陽、安陸二藩，諸與之厚者皆賦詩爲贈，而予特告之曰：「子少年美質，業進士舉將成而被選，得富貴，宜爲富貴人矣。然性之所便不出觴詠，故一時名流上自元老下至韋布多樂與之遊，宜其使命一出不十餘日而珠玉爛然盈卷，有他人積歲所不能得者。矧襄爲湖南重鎮方城，漢水之勝如故，而羊、杜之流風餘韻在焉。祀事既成，與其府僚寓公登臨懷古，厭飫其清淑之氣，而後放舟北歸，豈非平生之一快哉？」

公又謂予言：「憲家易水之上，而官京師甚久，幸今茲之行得上游。比日當順流而踰漢沔，下武昌，艤赤壁，扣蘇子之遺蹟；沿九江，汎彭蠡，訪白樂天聽商女歌處。登陸而道新安，出桐江，窺子陵釣臺。直抵錢塘，觀潮于海門，放遊于西湖。憩吴門，眺虎丘，循毘陵以止京口。登金山，酌中泠第一泉。渡江駐揚州，問瓊花所在。濟淮趨彭城，泝百步洪，上黄樓，過東兗，望尼山，以達畿北之境，乃入京師復命天子。然非故爲是汗漫遊者，道之所經便也，然亦豈非上之賜我哉！」

予聞而壯之，曰：「子志亦健矣。雖然，開明其心目，充拓其見聞，增益其問學，亦非直遊而已。子交游半海内，名能觴詠者，所至必將有遇焉。解歸橐而求之，視今之所得者，其多寡勝負何如？吾又將以此卜子之高興也。」

贈大理左寺副汪君歸省序

聖天子之嗣大統也，赫然思法祖以弘至治，去邪進賢，賤貨貴德，而闢諫争之途，庶政一新。小大之臣，無不思自進于圖回展布之列，而大理左寺副汪君守貞上疏乞歸省江南。或者疑之，以問予。予曰：「不然。君、親無偏重，随其勢之緩急而致隆，則善于忠、孝者也。守貞之考君既不幸，而祖母壽九十有一，母壽七十有五。蓋自其擢第時獲分禄以爲養，評事時獲貤封以爲榮，然不克燎黄塚上、稱慶膝下。且二母年高，日薄西山，勢無急于此者。能偃然無所惕于其中哉？」往時朝官非十年不得請假，自憲考推尊聖母，易六年歸省，爲著令。今上隆孝治以率天下〔六〕，而守貞獲先與焉，豈非知所緩急者哉！

守貞家新安，自唐越國公之後聚處婺源大坂，以忠孝相傳，凡七百年。以經術發身于近時者，後先相望。若守貞之從叔希顔，副憲八閩，大有聲稱，不久當進于朝列。族叔文粲、弟從仁，皆以御史直道而被黜于郡縣，計今次第收召矣。然則圖回其謀議、展布其才猷，以輔今上始初清明之治，在汪氏不爲無人，固不以守貞暫歸而加少也。守貞行哉！鱅溪之上，展墓之餘，綵服登堂，舉酒爲壽，親黨畢集，二母樂之，心益休，體益康，雖百歲無恙，可也。私情既盡，趣裝還朝，與諸父昆弟殫忠于盛時，以答聖天子教孝之恩意，爲桑梓光，是誠知緩急人矣。

守貞之弟、姪舉于鄉者數人：曰璽，與予弟有子女姻婭之好；曰儼、曰星，皆予主考所得士；曰嵩，亦善予。而程、汪世戚，又不但今日而已。故予樂守貞之歸，祛問者之疑，序以贈之。

贈推府李君之任徽州序

弘治改元之春，吏部始取成化丁未科進士請于上而官之如令，維時高邑李君相儒得徽州府推官，凡徽州之人仕京師者，例有贈言以致其私，而予承乏詞林最久，例必見諉，不得以鄙樸辭焉，則諗于衆曰：「李君以詩舉于鄉而上禮部，其得于詩教必深，其達于政也必易。進于大廷，又嘗取天下事極言之，上自廟堂，下及民隱，悉無所諱避，天子親第之以爲進士。然則徽州，一郡耳；推官，郡之下佐；所理者，一郡之刑耳。李君出其中之一二，固足以號能官，驚服其吏民，亦何俟于人言？獨以君先世出河北，中占籍遼東，而吾郡僻江南山中，民風土俗，或有所未諳，請爲君一言之可也。」

夫徽州者，程、朱之故鄉，而朱子之言曰：「山峭厲，水清激，食其土以生者，不能不過剛喜鬭，然君子務以其剛爲高行奇節，尤以不義爲羞，故其俗難以力服而易以理勝。」此數語者，殆不易之論也。而過剛喜鬭之言，後世遂以爲口實。夫徽州之訟雖若繁，然爭之大要有三：曰田、曰墳、曰繼，其他蒐瑣，固不足數也。其所爭或更大吏不決，或積數歲不決，若誠健矣。而其情則有足諒者焉。田者，世業之所守；墳者，先體之所藏；繼者，宗法之所繫。雖其間不能不出于有我之私，然亦有理勢之所不可已者。君子於此，盡心焉，則徽州之刑清而訟簡也，過半矣。夫以力服人者，私也；以理服人者，公也。以公滅私，雖以之聽天下之訟將得其平，而況一郡哉？然則朱子之言，固學者之法守，而官徽州者，益當服膺而勿忽之也哉！

令：推官有成績者，必召入補御史。御史，蓋分聽天下之訟者也。李君以經術發身，觀政于刑部，益稔于徽州，徽州之人當延頸企躅，以大被其洗冤澤物之惠而俟其勣之成、召之下耳，不敢淹君子之轍于山中以自幸也。

白太夫人六十慶序

宫保尚書贈少傅南宫白恭敏公以進士甲科歷四朝，出入中外，顯有文武之儁功，爲時名臣。然家政一出于夫人褱强孟氏，公不以自累也。在當時公卿間，率稱白氏爲有英配。暨公之没，夫人教育其五子，率能以材武繼戎功、以高文取及第，或待次于國學家塾之間。四女之歸，亦多取里之俊乂及朝之勳戚。外内僮僕，各職其職而莫敢逞，視恭敏時益備以嚴。蓋凡後公而興者，又相率稱白氏爲有智母。於是夫人壽六十矣。計其壯年翟冠霞帔，三受榮封，入朝太后及中宫，數霑恩賜。迨其老也，享文武之禄養而端居自適于高堂大第之間，有孫男女十四人環侍膝下，競爽玉立，人莫不爲太夫人榮豔歆慕不已。然太夫人終不以貴自高、以有自足、以婦業母功之過人者自多也。是豈常情之可及哉！

古者諸侯積行累功而致爵位，率本于内助之德，故鵲巢、采蘋諸詩首召南以爲訓，而洪範五福，壽莫先焉。然「攸好德」，其本也。夫德既崇矣，則壽益增、福益厚而慶澤益弘以長，皆理之必然者。若太夫人，非其人與？

走之先尚書襄毅公與恭敏同舉進士，晚爲同僚，若異姓昆弟然。故走於公之子錦衣鑌、太史鉞、上舍銓與其二季銃、鈁數還往，爲通家。每歲時拜太夫人于堂，窺其德容則充而腴，聽其教言則質而章，竊仰嘆曰：「壽徵如是！」矧今六十伊始，將階此而踰七望八以馴致乎期頤之域，黄髮兒齒，巋然無恙，使人因太夫人而思恭敏公之所遺與其諸子之所由成且未艾者，有所觀法焉，又豈直一家之慶而已！安鄉伯張公之子恂，公壻也，以仲春花朝節旦爲太夫人懸帨之辰，將合諸親長爲壽，而張公來，屬文以道稱觴者之意，走不獲辭。

奉使贈言序

奉使贈言一卷，諸搢紳大夫以餞尚寶卿李君士欽者也。士欽世家南陽鄧州，故少保吏部尚書兼華蓋殿大學士贈太師文達公長子，性明爽，喜問學，無紈綺之習。其才識可以與大政、當劇任，顧欿然安其職分，以躐進爲羞，樂交一時賢人君子以自益，而賢人君子愛重之，視文達公在時尤甚。蓋以門第入官謹操持負譽望者，士欽爲稱首。使命一出而獲贈言如是其富，有以哉！

士欽之奉使也，實以今天子嗣位告祭淮瀆及唐、鄭二宗藩。天恩汪濊，香幣有嚴，齊袚一心，以達聖天子之敬命，然後便道還鄧州，掃文達公之墓以展孝思，退而飲燕其宗族父老以修婣睦，公私交盡，勿淹其行，使人於天子禁近之臣、故家文獻之後歆其榮、嘆其知禮，豈不益有副于諸君子之厚望哉！古之人有過里門下車者矣，有俾縣令負弩矢先驅者矣，其賢不肖，固士欽之所悉，無俟乎云云。雖然，士欽老成人也，當憲宗時常持節一使于楚，再使于代，皆稱旨。不愆于禮度，其何有于今兹之行哉！予於文達公爲館甥且門人也，於士欽愛莫助之，而特引作者之意如此。

太叔父三處士士熙甫壽七十慶序

弘治紀元之三月二十九日，維我太叔父三處士士熙甫初度之辰，於是處士之壽七十矣。內外宗戚以其日維暮之春，天氣和適，最宜于老者之起居，咸舉酒稱慶。而小子不肖遠仕京師，不能操几杖、侍賓客，恒歉然于中不能已。然竊自慶我太叔父之獲壽如是，而未有發其所以壽者，則序其事，以附致稱慶之私于萬一。

自先高太父昌祐府君生丈夫子二人，其長爲先曾太父徵君，其次爲曾太叔父尤溪府君，最友愛。不幸徵君當洪武中以詿誤北遷河間，尤溪府君以才諝自奮，當永樂初，僅獲官尤溪縣幕，蓋吾家之中阨如此。徵君兩子，其長爲先太父尚書公。尤溪三子，其季爲吾太叔父。尚書两子，其長爲先少保襄毅公，其次爲先叔父明威使君。則吾家中更，一再顯矣。自成化以來，處于家、顯于仕者多已下世，而吾太叔父巋然獨存，端居自適，耳目聰明，爲一族之冠。太叔父两子，曰彦英君、彦華君，皆襄毅公諸弟，而能卓然有餘力亢其宗，增闢其田園，鼎新其居第，加葺其先世之祠墓以求不失文獻之傳。於是吾太叔父心益怡，體益健，樂其子之能養，而不知閲世之久至于四百二十有餘之甲子未艾也。然小子聞之，齒者，四代之所尚，而有虞氏主于貴德，德者，壽之基也。惟我太叔父秉性淳樸，涉獵書史，丁家之阨而志不隳，際家之興而心不矜，嘗再至兩京，一入八閩，持身有義，接人有禮。迨其暮年，韜晦里門，又庶幾古者退靖高潔之士，此其壽之所以過人而非偶然倖得者歟！

太叔父之配孺人出西門汪氏，以鉅家之裔來歸于程，今年壽七十有二，聯德偕老于一堂，可以播之聲詩，見之圖繪，傳之子孫，使有所企慕觀法而力于德善者，當謹俟于後來，歲一爲之祝。其踰八望九而茂臻于上壽之域，增輝于統宗之譜，豈非一家之盛事哉！小子何知，輒以蕪詞頌長者之行而忘其塵瀆之咎，觀者恕之而取其誠焉可也。

送禮部司務方君南歸序

禮部司務方君良弼謝事還新安，將行，爲其部之長貳及僚吏者慨然太息，以不能上書還君爲己責。憲臺諫院之持公議者憮然，謂君未可去，而去之何居？從君遊者索然，以爲誦業請益，將孰從而爲之所？同鄉而宦處于京師者惘然，以爲勸導規正與夫慶弔往還之節，將孰從而爲之倡？蓋凡有一面之雅于君者，率依依然有不忍遽别之心，則相過而質於予。

予曰：「不然。君子之出也，猶處也，不特以其富貴利達誇諸人而已！方君之出也最晚，其學最深，練達而不迂，和易而不回，故於事不爲則已，爲必有益于公家，有益于人己。將意其明揚顯擢在旦夕，或長一郡、佐一藩，其爲益且有大焉，忽以去告，故聞者駭、留者愧，相知者惜之不已如此。然君則豈以得失榮辱爲戚欣者哉？屏山、練水之間，昔人之所謂佳勝者，不改也。既壯而出，未老而歸，舍軒冕之累而得林泉之樂，比之據高亨大名不稱德，雖權勢可以動一時而爲人所指目者，其所得孰多孰寡，孰强孰劣，將不有能辨之而爲上之官箴、下之語柄者乎？」

君所居在歙巖鎮，出漢黟侯，遠有端緒，至君益思亢其宗。而人亦孚君之行也久，則凡有情事之未睦、禮文之未周者，必將於君乎決之。後生小子未底於有立者，必將執經問難于門下，以君爲歸。郡縣大夫有興道善俗之事，亦將咨君以自輔。中朝鉅公行部過郡詢吏治而察民隱者，亦將廉君而進之。吾又知夫君子之處也，猶出也，亦不特其嬉遊逸豫便其身之私圖而已。

雖然，諸君子贈言之意，則豈止於是哉？古人有言：「留不盡之巧還造化，留不盡之福遺子孫。」若方君，則誠後于世之巧者矣。然君二子師旦、師夔俊爽聰悟，學業並進，挺挺乎有揚芳邁跡之風，識者謂君食其報而未盡者，天將于是乎發之。推此以俟，則巧者豈能奪，而强有力者豈能遏之哉！予承乏史官，嘗於君有姻婭之好，然序其事而不以爲嫌者，亦非特有私於君也。

陽湖八景詩序

孫氏在江東者，率以爲出吴諸公子，各有譜，莫相通。若休寧陽湖者，其一也。陽湖之有彦曰公潤，嘗學于郡庠，雖不仕，重然諾，一鄉之是非，率參之，曰：「是當爲人解紛者。」有司亦進禮之。公潤有子曰用彰，年少而務學，間來京師，以其所居之八景者，請品題于搢紳大夫，乞予序。予蓋嘗過所謂陽湖者，今去之七八年，雖其景歷歷如目前，然其詳則不可得言矣。

於是用彰爲予言曰：「居之東有地十畝，繚以崇垣，襍植花竹，蔚乎爛然，爲樓焉以供眺望，曰萬春別墅。西南鑿池，引流爲亭焉，以事燕適，曰鑑泉幽亭。孫氏之居舊名王侯社者，遠自宋季，疑當時以孫氏爲烏程侯長沙王之苗裔，故定其一曰王侯古蹟，禮不忘其初也。居之中偏，别爲樓于長林古木之外，挹南沼、西澗之清，尤於賞雪爲宜，故定其一曰雪林清隱，景不以常，以其變也。居之西水滀有鋭峰，翠入雲表，水聲淙淙，與石相搏擊，繞峰而出，因以響山龍吟目之。居東南有七里墩相聯比，墩邊塘其深可漁，因以海塘魚躍名之。湖之中有洲，洲旁楊木三萬株，風清月明之夕，榜人櫂郎，欸乃相續，曰楊洲棹月。而居之前嘉畛良疇可耕者，皆孫氏世産，故以河田耕雨終焉。此其大略也，幸夫子一言，則弊居爲之改觀，山川草木，亦赫然增光矣乎！」

予聞其言，嘉之曰：「公潤有子哉！」爲之言曰：天下之景，蓋未嘗閟也，然有顯、不顯者，何邪？繫其人爾。彼酣于貴富者既不暇爲，累于賤貧者又不能爲，懵然于弦誦者又不知所以爲，此佳勝之地不幸而淪于荒煙灌莽之餘、不得揚厲洗濯以登于騷人墨客之場者，什九也。若用彰者，豈非賢哉！

雖然，謝康樂好山澤之遊，人以爲癖；李平泉酷于花木山石之玩，人以爲愚。蓋天下之事流而不返者，皆足以戒也。若孫氏生于斯，丘壟于斯，教子孫，業詩書，而無湛乎貴富，無戚乎賤貧，林壑之經行，樓亭之吟眺，取可適而已，不窮幽抉勝以爲癖；取可傳而已，不好奇貪得以爲愚。蓋吾鄉之大家碩宗，所自爲計者，類如此。歷世雖久，不匱也。孫氏有焉。此予所以誦其詩、想其景而樂道之歟！然則之八者，其焯焯乎四方，而公潤父子名與之俱也，可前卜矣。

壽吴節婦汪孺人八十序〔七〕

今天子嗣位之初，有詔命史官修先帝實録，徵事蹟于四方，凡士女之以忠孝節義聞者，舉得送官，備採擇。而吾歙溪南吴君仕榮之配汪節婦在焉。予時方承乏史氏，誦其名與其事之略而嘆羨之，猶以未得其詳爲憾。暨予被放南還，而溪南友人吴君巒數相過，道故舊。一日乃請予言，以壽其叔母汪孺人，則所謂節婦者也。爲之憮然，不能辭。

蓋孺人爲同邑潛川汪處士孟先之女，由處而嫁，兩族無少長稱其賢。初吴君以儒而疾卒，孺人年二十四，矢不再偶，獨與其姑居而教其子。時姑以老無他備養，孺人紡績織紝以爲家，而奉祭祀、供甘旨不懈益虔。既而姑以天年終，其子廣亦早世，葬之、祭之，各盡其禮，益撫其五孫而教之成。人皆以爲吴氏之宗祀不墜於後者，孺人培植之深也；吴氏之家業不替於前者，孺人綜理之勤也。今壽且八十矣，而無恙在堂，是歲三月二十有二日爲設帨之辰，凡在親族者，宜不可以無慶也。

雖然，世之人可壽其身而不可壽其名，可壽其名而不可壽其子孫，何哉？蓋有享耄耋、期頤之壽而名不齒于君子者矣，叨一善於一鄉、一邑之中而子孫已或不振者矣。孺人守志五十餘年，歷四百八十甲子，而抱終始之節，享康强之福，其名與行，播諸史、傳諸後，而孫、曾滿眼，振振且賢，必將有傑出以光大其門而彰其内迪之所成者，則巒之拳拳于孺人，豈直出於一時祝頌之常禮哉？然猶未也。我列聖以來，皆以美厚風化爲治本，故凡民間號節婦者，例有旌門之典。他日丹書賁臨，光耀里閈，雖孺人不以是自侈，然所以昭大閑、回末俗而有關于世教者，不亦大哉！予不佞輒書此以爲之先兆云。

校勘記

〔一〕大名在前代守者多明臣　「明」，四庫本作「名」。

〔二〕今樊公所任則仲立之官　「仲」，原作「中」，據前文「吾於唐得一人焉曰杜仲立」改。

〔三〕山之背有峰如卓筆然冲霄　「卓筆」，四庫本作「筆卓」。

〔四〕城北汪氏族譜卷首此序署：「成化二十三年歲次丁未秋八月朔賜進士及第奉直大夫左春坊左諭德同修國史經筵官兼太子講讀官同邑陪郭程敏政書。」

〔五〕以有兹顯融　「融」，四庫本作「榮」。

〔六〕今上隆孝治以率天下　「孝」，原作「考」，據四庫本改。

〔七〕此篇原闕，據國圖本補。

篁墩程先生文集卷二十八

序

贈刑科給事中吕君使安南序

聖天子既嗣統改元，遣使班恩四方，而安南素稱文物不與諸夷等，詔禮部上文學侍從之臣可使者，於是刑科給事中新昌吕君丕文、實副翰林侍講安成劉君景元，賜一品服以行。陛辭之日，或謚于予曰：「安南境越裳，古南交之地。雖世有文采足飾其國之遠陋，而其人實狡焉弗恭，阻海爲險，每偵中國之政爲向背。當周之盛也，重譯獻白雉；而宋之中葉，則人入作露布，以聲青苗、助役之罪。其所以爲向背者類如此。使其國者，不亦難乎？」

予曰：「不然。偵之而爲向背者，雖出于狡焉之戎心，然以德則服，以虐則叛，固夫人所同也。安南之爲國，在我朝最先内附，至文考、章聖以義滅之而以仁復之，今百年矣。懷德畏威之餘，雖有戎心，無自而啓。矧今天子初政，拔去讒衺〔一〕，登崇俊良，誅異端、屏婦寺而放斥貨利之臣。虚心聽納，以圖治功，不底于堯、舜之盛，不已也。慶澤之敷、刑書之布，如風行雷厲，兩浹旬而遍天下。天下之人，無不舉手加額，思自放于太平之域，而況交人之善于偵事者哉？吾知其有仰于聖德也，深矣；計天使之下臨也有日，拜跽頫伏，思傾其忠順之心以藉達于九重之聽也，審矣。然則吕君於使事之成也何有？

君通經學古，舉進士而官瑣闥之間，以端謹直諒聞。更化之際，數與同列進讜言以定國是，固有大於此者將屬之君，而況宣命下國哉？予獨聞之詩曰：『載馳載驅，周爰咨諏。』言爲使者非詢訪不足以副上命也。君自北而南，跋涉萬里，所過郡縣不下數十百，民情苦樂，吏治緩急，與其人之賢不肖，皆目擊而非耳聞者。比歸而告于上，弛張之，進黜之，豈不益有裨于新政而爲使華之重也哉！於是君同寅長洲陳君玉汝、廣陽趙君良度醵以餞君，而請予序其事以贈。

奉贈南京吏部尚書王公序

聖天子嗣統未兩月，首從廷議進户部侍郎毘陵王公爲尚書，蒞任南京，去未三月，復有詔進吏部，皆異恩也。然猶有嘖嘖于旁者曰：「王公當景帝初舉第一甲進士入翰林，歷英宗、憲考，爲太史，爲宮僚，爲學士、祭酒、卿佐于兩京幾四十年，負衆望而簡列聖之心，久矣。被召入朝，柄用漸隆，士方以爲慰，乃今一再有南京之命，何居？」

予曰：「不然。我高廟定鼎于南，文皇徙都于北，皆據形勝、臨四方爲萬世計，勢均體敵，不可以重輕。而南京，王業所基也，自高廟準周制，升六卿罷丞相之官，而尚書，政本所自出也。矧吏部，六卿之首，在周爲太宰，掌六典以佐王治邦國，周公之任也。而周公則嘗分陝矣。聖天子所以用公之意，不出于此乎？人固嘖嘖于公，而公未始不乾乾焉求所以稱上之眷任者矣。上之嗣統也，登英俊，放憸衺，而聽納忠言，斥玩好，屏異端，嚴宮府之禁者不少假。求治之心，若飢渴然。懷憂國致主之誠者，無不感説，思自效。而公碩學高文，卓乎不苟，必思起古人而與之上下其論議，赫然儒宗也。諳練當世之務，而宏才遠識足以濟其用，非嘗試以取倖一朝者比，隱然吏師也。則所以斡政本、振士風以比迹周公而仰成聖天子弘治之意，公能不中分其責哉！公豈若唐東都、宋西京之諸老以自暇自逸爲得者哉！」

户部尚書襄城李公、侍郎南海李公、淮陽葉公惜公之南不得共政，而又以首任異恩爲公之榮，請所以贈者。予不佞承乏詞林，實從公後，辱公之愛也深，輒以是爲説。若夫聖天子念均勞之義、徵夢卜之祥而引之以自輔，且有日矣，然不敢以之瀆公也。

半山亭後序

廬江丁君繼仁嘗卜居其縣治之西北一舍許黄銅山下，又自其山之西南循麓而升二里許得平石一區，兩山環其旁，嘉木蔭其上，雖盛夏亭午無暑氣，磵水潺潺出堰中，其聲鏘然若金石。君顧而異之，爲亭焉據其勝，又上而抵其顛，攢峰列巘，争奇競秀于遠近者應接不暇，以至于漁舟樵彴之往來，叢祠古刹鐘磬之隱響，互答轉盻之間，率有殊意。蓋攬之不能飫其清，圖之不能盡其妙也。君與客尚羊于亭，或觴或詠，往往抵日之夕而忘歸焉。因題其楣曰半山，志其地也；又副題之曰盛世逸樂，志其遊之所從得也。君之子鉷嘗居京師，以告搢紳士，搢紳士聞而嘉予之，得半山詩若干篇，俾予序其後。

或疑宋丞相王臨川自號半山老人，後世習稱之，而丁君之亭適與之同者。予以爲不然。古幽人韻士之所以自喜者，或觸景而得，或會心而名，是何必同也，而又何必其不同邪？彼臨川之學術相業，固在所不論，獨其罷歸築第蔣山，卒無嗣以守，至棄之寺，蓋顯而爲人之所呰議者，是一半山也。丁君生國家全盛之時，以布衣而享山林之福，無簪組之累，有子如鉷，足承其後而養其志，蓋隱而爲人之所稱詡者，是一半山也。亦何同之爲嫌，亦何必其不同之爲隘？又安知夫諸君子之詩不遂傳于後世，使此之或勝于彼者？是誠有不可懸斷者矣。

予往歲奉詔歸省，夜抵濠梁，問前途所如往，或請道定遠以趨巢縣，或請道滁陽以趨江浦，曉入定遠山中，甚愛其有臨觀之美，然非孔道，無以給傳，寓一宿返，趨滁陽，而定遠之山，固往來于心也。今觀丁君之爲亭與錤之所自叙，則盧江之林壑，誠佳勝矣！安得一往，登君之亭，從其山中人坐磐石、酌磵水而和小山叢桂之篇之爲快乎？

予不及識丁君，因吴地官彦華以識錤，知君蓋幽貞博雅之士，而錤亦俊穎稱其爲子，且又與予同出南畿，有鄉好焉，故序之不辭。

前御史劉君受封編修贈行序

士之出而仕也，行與世忤則遠謫不辭，事與心違則求歸不暇，夫豈使其身之私圖哉？不敢悖其所學故也。君子知其然，故於其遠謫也申救之，於其有所託而去也留之，夫豈有所私其人而爲之地哉？知得士之爲難，不敢不爲公家計爾。若劉君應乾之行，予烏得不有感於斯邪？

君巴人，取成化己丑進士，今二十年矣。中間嘗知餘姚、麻城兩縣，召入爲監察御史，奉璽書勾稽邊餉于湖湘，出按山東，以劾其長吏之貪縱者忤旨，謫判鬱林州。蓋其循良之蹟、激揚之風，無愧其所學，非便其身之私圖者也。今天子嗣統，澤霈四方，詔量移言官之被謫者，君進知新淦。未獲命而奉表入賀，得除目，喜曰：「是亦足以有爲矣，第某有七十之母在，去家萬里，不得朝莫膝下，乃更作縣以苟禄爲便私計邪？」再上疏乞歸養，不許。會君之子春舉第一甲進士，爲翰林編修，用徽號恩，遂就其封以歸。

初，君之就封也，鄉人多沮之者，曰：「若明於春秋之學，高才遠識，他日當有所樹立以見于世爲聞人，乃遽休焉，毋乃太早計邪？」然計不可留也，乃相與請贈言于予。予固惜君之行者，則爲之言曰：夫君之歸而承其親之懽也，享其子之成也，皆世之至願極樂而不可兼得者。然君子獨不爲公家計哉？天下之大，人才之衆，豈以君一人加少？而君則有所試矣。以有所試之人而去于群賢彙進之時，此予之所爲有感與。

蜀多佳山水，君方壯年，奉親之暇，日與故舊登眺飲燕自適于功名富貴之外，固可與厲世之貪得冒進者，則君之歸，亦無愧其所學哉！編修君清才妙器，屹然一時，其名位與日俱積，所以爲君之榮者，將有大焉，特於此乎昉之。蓋天之惜才祐善，每昭昭乎事久論定之餘，雖樸直者不可得而辭，巧力者不可倖而致也。

送邢揮使襲職還蓰嚴州序

我朝著令，凡武選，則都督府引諸武臣子孫陛見，請大將軍試其騎射稱比之能，試已，則兵部覈其世次勳庸，具等威以聞。惟時上御奉天門，召兵部于黼座下，面命之。是日皇城門西東，鼓樂喧闐，導蔭襲者歸第，儀從甚都。道傍觀者，嘖嘖嘆賞，以爲紆青拖紫，不勞而致，報功之典之盛如此。弘治紀元秋，當武選，昭勇將軍指揮使邢公子志尹預焉。

志尹世爲畿内良鄉人，其祖忠，歷武功至京衛千户，以才略出蓰嚴州守禦。正統中，從大將討閩寇，累進指揮使。既老，授其子尚義。尚義早以俊秀被選爲庠生，折節師友，謙恭若寒士，博窮諸子史而邃于詩。凡七上秋試，弗偶也。其治戎務，蓋不勞而辦，部使者每舉以勵人，爲稱首。晚被薦，總備倭之師于金鄉、海寧諸衛，以疾卒于軍。志尹亦自諸生起，無紈綺之習，而習于庭訓，有象賢濟美之志焉。

夫以朝廷歲武選凡六七，一選不下數百人，其受蔭之榮雖同，然克振前烈以不負報功之典者，寡矣。若志尹之先，祖父子孫，簪弁相承，悉有勳庸，册于天府。而櫜鞬之餘，不忘俎豆，庶幾説禮樂、敦詩書，慕古儒將之爲，則校諸當時，求之同行，尤可謂難矣。然則志尹得受代之命以歸，寧不惕然思自樹于功名之場以圖報國恩、篤世忠，使山城無宵警之嚴，營屯享歲成之利，以益大其鞶金襲綺之業而爲其先人之光也哉！

予家新安，每道出嚴州，尚義必迎候，觴詠之樂，往往傾倒。而嚴又有江山之勝，古名蹟居多，臨觀之餘，志尹方以子弟在侍。蓋與尚義别五六載，而存殁離合之感，有不勝其慨于中者矣。故因其鄉之仕于朝者請言以贈，兼致故人之私云。

英國太夫人稱壽序

太傅兼太子太師英國張公之母太夫人吴氏，世爲吴郡人。自其考君選侍晉邸，生太夫人于太原，明淑莊靜。及笄而事太師定興忠烈王，得古賢女奉君子之義。雖不及事其舅河間忠武王，然歲時奉祀執事唯謹。生今太傅，訓育兼隆，不底于德器之成不已。故今太傅奉慈訓以周旋而不敢失，簡知列聖，進總六師，陪廟謨，領國史，位冠元樞，寵兼懿親。識者謂河間王有孫，定興王有子，將足以昭前聞而名後世，使天下知本兵之重，四夷仰中國之尊，非天祐世勳，育秀毓靈，不能有此。而太夫人之功，於是大矣！

然太傅之事太夫人左右備至，雖壽已高，而心豫體康，比于壯者。蓋其揄揚閫德則有天語之褒，厭飫鼎烹則有宫膳之錫，輝煌命服則有内帑之頒。諸孫八人，自勳衛欽、錦衣千户銘以下，長者、幼者皆嶷然膝下，如鸞鵠之停峙，所謂稱其家者。然太夫人不以貴而忘謙，不以富而忘儉，不以有所恃而忘教，殆庶乎箕範之所謂好德，閟宫之詩之所謂純嘏者。其福又可謂盛矣。然孰不以謂太夫人之功以太傅之賢益著，而其壽以太傅之孝益臻可頌也！而予竊有感焉。

維昔二王當文考南渡及英皇北狩之時〔二〕，先後以忠聞天下。夫忠，人臣之大閑而不可一日忽焉者也。然豈仁人志士之所願見哉？天之祐之，有由然已。則今太傅之忠賢誠孝與太夫人之盛福遐壽，豈非其先王以身徇國之遺澤，食其報而不能自已者乎？夫其遺澤益長，則太夫人之壽益增，由兹而踰八望九以底于期頤之域，享悠久盛大之福不替而益隆也，可知矣！矧今天子嗣統，適國家太平極盛之時，貊虜向化，邊圉益寧，則太傅之所以圖養者益備；肖子哲孫，繼繼不匱，而益培其忠孝之業，垂之史編，知我朝有世臣如是，而太夫人名與之俱，豈特張氏一家之盛而已哉！

歲之九月二日，實太夫人設帨之辰，於是春秋七十有五矣。史館諸君若大理寺副于君淵、李君通，鴻臚主簿胡君清，光禄署正陸君華偕請予文，道所以慶之者。予久辱太傅知且善，故書之而不以鄙樸辭焉。

慶封翰林侍讀學士成齋李先生暨其配宜人徐氏序

憲考之二十三年，祗上太母徽號禮成，詔廷臣之有親者許貤封，不拘于常令。維時翰林侍讀學士李君世賢之父成齋先生夫婦與焉。暨明年，上嗣統之八月，綸命始頒。凡在令者，皆朝服拜受而出，雲錦絢溢于街衢，奎畫昭回于室堂，無不感激二聖之誠孝下逮臣隣，其輝赫若此。於是成齋先生自翰林編修文林郎進侍讀學士奉訓大夫，其配徐氏自孺人進宜人，誥詞有「敦德履仁，讀書尚義」及「勤儉孝慈，儀範閨壼」之褒。蓋嘉其行之成且克成其子云爾，豈非盛典哉！凡與學士君進士同年者，樂君之有親，歆豔企慕，謂小子亦在榜下，俾道所以慶之之意。

竊聞天下之事，恒以善而成，以不善而斁，故易稱積善曰「餘慶」，書稱作善曰「降祥」，皆先民成說，不可誣也。李先生世居海虞，以善聞其鄉，以「成」榜其藏修之所，用自勖焉。而又得慈賢靖淑之配若徐宜人者，相成于内，其致慶之與祥也，固宜。矧學士君清才妙器，博學高文，居法從甚久。上重其舊學而進之，俾長青坊、侍經幃、參國史，爲柄用之漸，推本泝源，恩典有加。而先生夫婦德善之素，又足迓承焉，實有如綸命之所褒者，豈非上得于易、書之説而不負其齋之所以名者哉！

今先生壽七十有五，宜人壽七十有一矣。目其子之宦成，則其爲善之心益力而體益康，由七十以並躋于期頤之域，受學士君之貤封益顯，以上底于六卿三事之列，巋然一鄉老成人。使海虞之士，覩先生夫婦之光榮，益思以裕其後；覩學士君之養志，益思以顯其親。成者法之，而歉者愧焉。且知夫致慶與祥者，非有聖天子御極歛福而弘敷錫之仁，則亦莫能自遂也。然則學士君又烏可不自力以助成皇德爲志，而求所以報稱哉！

記往時嘗爲先生解「成」字之義，請教于下執事，蓋二十年矣。其説滋驗，則今之所以致慶、考成于先生者，固當執筆而不可辭也。

慶太僕丞方君序

鄒孟氏之言曰：「人有不爲也，而後可以有爲。」蓋觀人之法，莫切于此。夫士居而學出而仕也，皆不可不以此宅心。不以此宅心，則一切以嵬瑣從事，所立者不定，所施者不良，而望其有爲，惡可得哉？若吾友方君維新，誠有可與者。

君始以戴氏之學當天順壬午舉于鄉，謂功名可拾取也。而君偃蹇不得意，凡六上禮部，未嘗少貶以徇人，其學益邃、行益篤，當成化戊戌始第進士于廷，其有爲之志若此。已而出知台之臨海，略以所藴施諸百里之間，凡所謂興學、劭農、舉利、鋤害者，無一不具，獨不能善事權貴人，至以事動君。而君泰然處、毅然應，卒銷其變焉。臨海之民，則仰君如慈母、如良師，有不可一日去者。台多聞人，若今黄侍郎世顯、謝侍講鳴治、故陳方伯士賢皆稱道君不置口，兩司之賢者報君之政亦必以「廉幹」爲詞，所謂有不爲而後可有爲者，觀吾方君，豈不較然出乎流輩者哉！於是君政成被召，有風憲之擢矣。會拘于歲年而止，論者必以部曹期之，乃進補太僕丞。

或有所不滿焉，予則以爲是何足介介者哉？士之居而學、出而仕者，固不以官内外、秩崇卑爲重輕，特視吾所立與所施何如耳。矧軍國重務莫甚于馬，緩之則責有所叢，急之則民不堪命。吾見太僕之難爲，而君之有所爲者，當復見於斯也。雖然，以太僕爲歉于臺部者，市見也。夫太僕秩三品，其丞必擇而後授，入朝遇大事則服緋，與省部大臣相鱗比。而結銜居署，則佐其卿据一堂之上，有事相可否，京府環衛之臣，悉聽約束。遇薦而升，非大府之長則巨藩之佐，等而上之，則次卿或都憲，可馴致而得焉。其視臺部之屬，分曹而署，抱案而請，言有所不得盡，志有所不得伸，則人之所願，亦固有在此而不在彼者哉！吾又見太僕之尊且重，而私爲吾方君喜之也。乃次其言，與鄉人在京師者致之君以爲慶，亦非特桑梓之好而已。君子將於是乎觀人焉。

送辨上人詩序

方外友辨公居京師隆福寺，十五年矣。開館授徒，以詩鳴叢林。予每見其服弊衲，行吟道間，遇友人輒出詩稿囊中，相倡和爲樂。暇日摘園蔬，手葅之爲食，品味倍于常時。分其餘以惠吾黨，吾黨食必相顧大噱曰：「此辨公菜邪？」其高懷雅韻，視世之紫衣玉食者，漠然若將浼焉。今年秋，忽動歸興，去主其故鄉頤浩寺。告别於所還往，得詩若干篇，屬予序。惟昔名僧之耽詩者若惠勤、參寥，皆號正眼法藏，而六一、眉山相與結翰墨緣于山水間，上下其論議，至今談者尚之。若吾辨公，殆將有慕于兩師。而予之荒謭，則豈足以副相託之意哉？姑序而歸之。辨公號如海，别號訥庵，嘉禾人，嘗住徑山。

瓜祝倡和詩序

西涯李學士賓之家有蔬圃，種絲瓜，歲結實甚盛。偶分以餽友人之未有子者，取「綿」之義而祝以詩。適友人得男，以瓜祝爲驗，自是凡未有子者，必徯其餽。石城李學士世賢適未有子，西涯餽而祝之，一乳兩男，由是益自神其瓜與詩。詩出，必要人和，不肯但已。時士友間相傳爲嘉話。而石城之卷，自西涯倡之，和者數十，其事在成化己亥、庚子之間。時予方抱憂居新安山中，不與聞也。癸卯之夏，予還京師，石城以序見屬。未幾，其兩男者失其一。予每撫卷爲戚然。久之，石城復得男，亦終未有以應者。

又踰年，予獲歸田屛居，暇日乃盡讀諸君子之詩而撫掌曰：「有是哉！絲瓜，蔬族之賤者，倏然品題而使之貴，則如獲拱璧，人有子否，何與于瓜？而祝之，孰不謂妄邪？閧然附和而使之真，則如合左契。其初本出善謔，推之世事，則夫貴賤、真妄之不常，可以愕然驚、囅然喜者何限？然烏特此哉，蓮之爲君子，槿之爲小人，其於世教何與？顧談者不敢廢，則又何嘖嘖于瓜祝之有？矧三百篇出比興者過半，瓜又綿詩所從出，事固貴乎有徵云爾。然則斯卷之傳，連類引喻，雖儗諸古風人比興之遺響，將不可乎哉？」西涯才名滿天下，經史之餘，時出善謔，最醞藉。一時名流多樂從之，瓜祝，其最雅者，因序而歸之石城。

金坡稿序〔三〕

昔者朱子謂歐陽公知政教出于一而不知道德文章之不可二，因筆之以詔學者，真不易之論哉！夫天下之理，一而已矣。蘊之爲道德，發之爲文章，皆是物也。而岐之，則爲異端、爲小技，學非其學而不得罪孔子之門者，幾希。我高廟以聖武起南服，滅胡元，還中國古帝王之政教于一旦，列聖相承，道化益隆，士習益純以備。自洪武以來，鴻生碩儒，後先相望。而鏡川楊先生起近代，文名滿天下，而尤以道德爲志，功名富貴，未嘗縈其心。

蓋先生世家四明，自其大父棲芸先生得慈湖心學之傳，至先生益大發之，遂取高科入翰林三十餘年。凡朝廷稽古代言之事，必與執筆，有諷有規，不爲諱世取寵之作。侍經幄則正言不諱，總史事則直言無隱，典文衡則因言考行，收士最多。而群從子弟得于家庭以經術發身，掇魁元、官侍從服金紫者六七人。先生退食自公，恬澹怡愉，日以品題風月爲樂，不自知其身之在散地、迫晚境也。遇今天子登極恩，始自學士進拜吏部侍郎，於是年六十餘矣。感上之知，首進讜言，屢騰辭牘〔四〕，上眷留之再三。人以是知先生之文，誠有志于道德而不苟爲空言者哉！

先生不鄙棄走，每有所得輒以見示。走實不足副先生之知，而先生以其所著金坡稿若干卷，俾序其首。走得而讀之，曰：「休哉！是所謂文焉者乎。」其體裁不一，一主于理，不求合于時好。蓋嘗僭評之：其論政也首格君，則可以位丞弼；其論財也究民瘼，則可以爲計相；其論兵也悉邊防，則可以督元戎；其論刑也務洗冤，則可以當士師；其論法也先去巉，則可以總憲度。誦其文而未識其人者，必以爲有魁梧不可狎之姿，有懸斡不可窮之辨，有横逸不可羈之才。而先生素多疾，鶴立蒼髯。山澤之臞，若不勝衣；靖默之性，若不能言；擇足而動，務合繩矩，若處子、若韋布之士。蓋惟德之飽而以道爲腴，故其所蘊者深而粹，所發者正而昌，視世之規規于求工以爲伎者，固霄壤之異哉！

今天子日勤聖學，益明習天下事，計當崇王道、黜霸功，使政教出于一，如古帝王之盛。而先生年益高，德益卲，位益尊，其文之所發，必蔚乎炳然于大制作、大政令之間，所謂道德文章之不可二者，行當見之，又不但如兹稿所存者而已。顧走方以庸猥見屏于時，其言不爲世重輕。而先生命序不已，然使異時讀者開卷之際，謂走以無似而知頌先生之文若此，德明才辨之士，鄉仰歆慕，從可知焉，則雖不慚而序之，可也。先生所著，别有諸經私鈔，皆擴前賢所未發，使及朱子之門，必有起予之嘆，後此亦必將輔朱傳行世，不在集中。

東軒十事詩引

隆福徵起宗上人自號東軒，列其日用起居之常爲十事，曰試香、曰品茶、曰勘書、曰課詩、曰臨帖、曰鑒畫、曰談棋、曰理琴、曰翫占、曰製藥，爲賦詠之者甚盛。然有疑上人爲西方不立文字之教，不宜如此多事者； 有因其事而爲上人道其本色語以調之者。 予皆以爲非也。 上人雖從釋氏學，然博通儒書，能文章，尤長于詩，視唐九僧、宋契嵩、惠勤之流，志將與之下上，則所謂十事之目者，亦將發舒其閒曠自得之懷，以愧夫世之沉酣于寵利、陷溺于葷飲聲色者耳。 吾黨或疑之，或調之，豈知上人者哉？

上人與予往還爲文字交深，以不得予詩爲歉。 顧予悟世網之不早，爲時所擯斥，方有愧于上人，烏能爲之賦？ 他日上人飛錫而南，遍歷名勝，得胥會于青山之中、澄江之上，相與話弛擔息肩之樂於掀髯一笑之頃，或當爲上人倚歌而和之，此姑與之訂約。

弘治二年己酉春二月望歸田學士程敏政書于潞河旅次。

葆貞堂序

予每過鎮江，率聞人道喜節婦事，心識之而莫與究其詳者。 節婦子春以儒爲醫，間因其所善識予，始克知而爲之贊。 久之，春奉其郡人丁易洞所立傳，楊石淙所爲葆貞堂記，附以諸君子詩，致書一通，請序之而傳焉。 未有所復也。 會予蒙恩去歸其鄉，道出鎮江，春復以請，則知節婦已去世，而旌門之典，亦垂下矣。

嗚呼！蓋棺事定，而況其行之焯焯不可掩焉者乎？共姜之節，風于詩人；列女之名，傳于劉向。中古以来，君子言壼事者，誦法焉。良以治化之成必自家始，好德之心，夫人所同，非盡出彌文以夸世也。若喜節婦事，班之乎一鄉，求之乎一時，又豈多得哉？諸君子詠而傳之，誠懼其名跡之或湮，而世莫與爲善者，雖間有所藉以副仁人孝子之心，然實有聞其風而激烈奮興，爲之執筆不能自已者矣。閭里有所倡而上其事以爲異，郡縣有所感而覈其行以爲實，上之人有所憑而旌其門以爲難。吾以是知節婦之烈足以自昭其德，而諸君子之言出于一時所謂好德者，固不可少也。

雖然，推節婦之平生而考其心，亦不過盡在己者耳，豈有所要譽規利而爲之？顧天之報施，炳焉不爽。予之子以興其家，予之名以華其躬，與之全歸以完其節，視彼行污而名隨之，雖或富有子且壽弗齒于人乃與草木同盡，則天所以厚節婦而爲世勸，亦昭昭矣。諸君子之言，於是益驗，序而傳之，豈獨繫其一家之私也哉！

節婦姓法氏，鎮江丹徒人。其先徙自大名，爲處士用寬之女。蚤有至性，隣弗戒于火，節婦方樓居，幾不免，有宋伯姬之貞；長適郡名士喜士華〔五〕，不及其舅，畢力事其姑，有柳家婦之孝；歸喜僅四閱歲而夫死，當是時，春方週歲，含悲茹苦，卒底于成，有曹令女之節；春嘗得遺金以奉節婦，節婦亟命物色還之，有崔氏母之介〔六〕。蓋其群行，多可稱述類此，而獨以「節」名，舉其重也。「葆貞」名堂，亦此意。而丁、楊兩君慎許可，其言當必有徵焉。故予不復致詳于堂事〔七〕，而獨取其大者書之爲序。

謝令君張公禱雨活民序

弘治己酉夏六月，不雨，稻之早者將敗而不實，晚者將萎而不秀，低田岸塘水以甦旦暮而塘以涸，高田龜拆，將遂不可以復拯，米價翔踴，物色憔悴。民老稺告急于令君張公，張公曰：「噫！是誠在我。」於是合僚屬、進吏民以是月十九日悉齋于公，禁市中勿殺以斆和氣，禱于山川之神，不雨，則又褫衣免冠徒跣行禱，以示罪己。越翼日雨，又越翼日大雨霶霈不止，遠近霑足，早稻遂登，晚稻勃興，塘水溢增，米價斗落，如戰北而勝，如病危而生。耆民金希傑等相與慶曰：「惟聖天子錫賢侯以福吾民，上天假賢侯之誠以活吾民，不可不知也！」請頌令君之德而責之予。

予方蒙恩被放還里中，蓋有耕鑿之役于令君之野，亦方以旱爲憂，乃更以雨爲慰，則爲之言曰：「天人之際，雖若懸絶，然所以感通之，則有道焉。不越乎心而已。心仁則天爲之昭假予之以福，心酷則天爲之震怒畀之以蠱，必然之理也。前代之爲令者，何如其人哉？

固有因旱而卧積薪欲自焚以捄民飢者矣，亦有指庭樹葉未枯而笞告旱者矣，此其心之所存仁酷之異，何啻霄壤？乃謂神理有靈否，民心有愛憎，或怨天而尤人，豈不過哉？若張公之所以假神感民，豈獨一時修省之誠而已？蓋其平日之心，思以仁民爲治本，求不負其所學，故其誠之所致，在天爲甘霖，在地爲嘉穀，在人爲豐年，如執左符，不約而同。吾以是知天人之際，可畏如此，而頌聲不作，其何以昭令君之功而爲長民者之勸哉！」

張公名錞，字汝器，定州人。起名進士，爲休寧。予不及其初政。暨南歸，而歲無麥，民以飢告。公親發廩以貸貧者，走四鄉，冒大暑，廢常餐，或篝燈呼召，至夜分不倦，惟恐畸人寡婦病翁弱子有一之失所。飢民歡呼，如得慈父。而公又勤於職務，日不暇給。方未雨之前，憂不及視政。既雨之後，常一日省遣八十餘事。皆予所目睹者。間嘗推其所學授諸生經，親督教之，當賓興之期，士之就試南都者作興尤力。蓋其教養兼舉，政刑兩優，當爲一時州縣巨擘。循良之旌、臺憲之徵，可屈指也。故因禱雨一事而並著之，以爲異日去思之張本云。

林泉養浩詩序

吾友汪思恭氏將壽其親家程景厚氏，迺爲長卷，題曰林泉養浩，乞諸名人詩之，而屬予言其故于首。予久未之應也。夫予與思恭、景厚皆夙相好者，顧豈有所靳其説哉？殆亦有不可易言者矣。夫林泉，士之適乎其外者；養浩，士之充乎其中者。有所適乎其外則官府之尊、市廛之富不足儗之，有所充乎其中則聲色之美、口體之甘不足動之。凡此，皆世所不能及、所不敢當者。今取而歸之一人，是豈可易言哉？既而思之，事固有不可執一論者。夫以聖歸之人，則孰不爲之駭視而却走邪？然能吟者謂之詩聖，能書者謂之草聖，能飲者謂之酒聖，則聖亦有時而可以歸之人矣。

景厚爲人豐斡而偉髯，敦實而謙虚，雖處闤闠之間，其所適者往往有林壑之勝。所謂充其中者，雖未敢儗諸孟氏之云，然仁者見之謂仁，智者見之謂智，其所有者，將不得比于詩聖、草聖、酒聖者之所謂聖哉？吾聞景厚明年壽六十矣，思恭以是爲之貺，其諸異乎人之所爲慶頌者歟？蘧伯玉行年六十而六十化，進德修業之心，不以老而衰也。于于而行，兢兢而言，雍雍而處，年與德俱，業與時亨，安知景厚之不有所進于浩浩者歟？

或者疑思恭厚于所親，予以爲不然。士初昏，用大夫墨車、奠雁之禮；士入學，歌宵雅鹿鳴、四牡、皇華之詩。蓋古之人忠厚，類多以遠大期諸人也。思恭之意，何以異此？矧詩人於魯公祝之耆艾而比之乎岡陵，豈真岡陵哉？欲其介壽而昭其德者也。思恭於景厚儗之山林而期之乎養浩，非欲其進德而致諸壽者歟？程、汪，徽舊家，予皆嘗序其譜，故於二氏家世之詳不復贅，特誦其詩而序之。

道一編序

朱、陸二氏之學，始異而終同，見于書者，可考也。不知者往往尊朱而斥陸，豈非以其早年未定之論，而致夫終身不同之決，惑于門人記録之手，而不取正于朱子親筆之書邪？以今攷之，志同道合之語著于奠文，反身入德之言見于義跋，又屢自咎夫支離之失而盛稱其爲己之功，於其高第弟子楊簡、沈煥、舒璘、袁燮之流，拳拳敬服，俾學者往資之。廓大公無我之心，而未嘗有芥蔕異同之嫌。兹其爲朱子，而後學所不能測識者與？

齋居之暇，過不自揆，取無極七書、鵝湖三詩，鈔爲二卷，用著其異同之始，所謂早年未定之論也。別取朱子書札有及于陸子者，釐爲三卷，而陸子之說附焉。其初則誠若冰炭之相反，其中則覺夫疑信之相半，至於終則有若輔車之相倚，且深有取于孟子「道性善」、「收放心」之兩言。讀至此，而後知朱子晚年所以推重陸子之學，殆出于南軒、東萊之右。顧不考者斥之爲異，是固不知陸子，而亦豈知朱子者哉？此予編之不容已也。編後附以虞氏、鄭氏、趙氏之說，以爲於朱、陸之學蓋得其真，若其餘之紛紛者，殆不足録，亦不暇録也。因總命之曰道一編，序而藏之。

弘治二年歲己酉冬日長至新安程敏政書。

水晶宮客詩引

吾邑汪君廷器自號水晶宮客，客多遺之詩者。間持視予，予觀諸詩人之意，大率以爲吴興苕、霅二水之勝聞天下，宋楊次公登明月樓，賦詩有「溪上玉樓樓上月，清光合作水晶宫」之句，吴興以此得名。至元趙魏公居吴興，又自號水晶宫道人，鍥之印章。廷器以嘗客於斯也，亦因以自名焉。

然予考之，水晶宫無所見，獨唐逸史謂盧丞相未第時遇異人，引入藥蘆中，若夢然，第覺，其身在碧霄之上，見宫闕樓臺，晃朗照耀，有女子曰：「此水晶宫也。」其説出乎怪誕，然唐人習言之，疑宋、元人所謂水晶宫者，當本於此。則因以詰廷器曰：「世之人以幻爲真，而或啓妄者之慕，倡隘者之争，子知之乎？盧相之事如此，魏公之號如彼，安知不有僧孺之紀、安石之墩啓而倡之，或慕焉，或争焉，真幻相尋于無窮，而子之所謂水晶宫者，將得爲己有乎？將不得爲己有乎？」

廷器曰：「不然。盧相所見者碧霄之上，吾所遊者罨畫之間，吾豈若僧孺之所謂慕者？矧魏公於吴興爲世家，吾於吴興爲旅寓，亦非若安石之所謂争者。且人之生也，籧廬天地，瞬息古今，亦孰非客哉？古之人固有居異鄉而自號曰蜀山，友先正而自題曰陶庵者矣。吾客吴興而曰水晶宫客，獨不可乎？」予爲之撫掌曰：「達哉！子之志可以語矣。」因讀其詩而序之。

廷器名鎰，喜書史，雖間出遊江湖，有鴟夷子皮之風。遇文人韻士，鑒别古法書名畫，觴詠竟日，惟恐失之。蓋其情致清灑，足稱其名，非盡出于好事之舉也。

新安送别詩序

臨川曹璡宗器以星命之學遊新安，三十年矣。其爲人内慧而外樸，有林野之風，其爲學兼通諸家，如詞翰之類，亦時能出其長與名士角，以故新安名世家多延致之。而與吾汉口宗人用光尤厚善，一日謂用光曰：「子之宗彦學士公運將晦而不佳，急爲歸計，庶其免夫！」聞者率咎之，曰：「公方嚮用于時，而獨爲此語，是不宜聽！」然用光雅重宗器，即具書勸予省人事、謝應酬，并以宗器之説聞。書未達，予果得咎，荷天子聖明，不加竄殛，畀去歸其鄉。出城三日得書，則爲之憮然曰：「中古以來，貢諛以內交，聞佞而自詡，有如用光、宗器爲人謀而忠者，豈可多得哉？」因賦一詩志喜，以報用光，然猶以未識宗器爲歉。既抵家，宗器來見予于南山，與之語，諒其爲有識之士，而用光之能審交也。

宗器將歸臨川，以詩贈予，謂且有後福。噫！吾方求入山益深、入林益密，事樵牧以畢餘生，尤懼側目者未已，而子乃云云。吾懼子之言將不驗於異時，并其前之驗者而棄之乎！因述其語以爲行卷序，宗器將有味于予言。

梁園賞花詩引

京師養花人聯住小城南古遼城之麓，其中最盛曰梁氏園，園之牡丹、芍藥幾十畝，每花時，雲錦布地，香苒苒聞里餘，論者疑與古洛中無異。成化戊子春夏交，予以詩約同寅汪伯諧、彭敷五、倪舜咨、李賓之、宋爾章五太史及同年張汝弼駕部倡爲兹遊。是日諸君子以予詩分韻，各當四章，而飲宴歌呼，相與竟日，故詩或成、或不成、或半成。既歸久之，而詩案卒不能了也。癸巳之夏，再往遊焉。會者同年商懋衡、陸廉伯、李世賢三太史，章元鎰、張天瑞二給事，復以向所零韻，各分四章，而詩之所得，略如戊子。蓋更兩會，卷弗克成，豈景物之都未易以盡，而亦出於休沐之隙，奪於匆遽之餘，將爲樂不暇，故莫能役志於斯邪？

弘治戊申冬，予被放還江南，束裝而得是卷，念當時遊者惟伯諧、舜咨、賓之、廉伯、世賢五人者在，而天瑞出佐外藩，敷五、汝弼、爾章、懋衡、元鎰皆已作土中人。感嘆久之，輒請五人者，或重書，或補作，而向之卷始成。蓋自戊子至戊申，俯仰二十一年矣。辛亥之夏，山居病起，因命童子曝書册，繙閱之際，此卷在焉。追想帝都風物之美與一時朋遊之盛，不可復得，而予之去國，又三年矣。撫流光之易邁，嘆佳會之不常，序而藏之，姑紀歲月云爾。

是歲五月二十有一日留暖道人程敏政克勤書于水南山房。

竹洲文集序〔八〕

昔我兩夫子倡此道于河、洛間，門墻之士，比于鄒、魯。蓋自龜山三傳得文公朱子，自上蔡三傳得南軒張子，而東萊吕氏自榮公以來，世受程學，一時及門者與河、洛相望，若吾邑竹洲先生吴文肅公，其一人焉。

先生初在太學，即有志當世，而於俗學之陋，蔑如也。龍川陳公、稼軒辛公咸奇其人而友之。先生蓋不以自足，又與止齋陳公、水心葉公、石湖范公上下其議論，而參請于東萊爲歸宿，遂舉紹興二十七年進士第，歷官知邕州。時南軒方經略嶺右，而先生獲受教焉。既終更，南軒薦之朝，手書論語之剛、中庸之强、孟子之勇三章爲贈，又以胡子知言相付，曰：「此程氏正脉也。」先生之當對也，即上論天下大計在恢復，朝廷大事，在近習不當與政。其言甚壯。南軒書報文公，稱其忠義果斷，而文公亦曰聞其對語不苟，真不易得。然獨恨世之不能盡所長而用之也。晚見知孝宗，寖鄉用矣，先生以親老固請爲崇道祠官以歸，築室縣南竹洲上，學者雲集，先生一以所聞于南軒、東萊及文公者轉相授受。蓋自南渡以來，號多士必曰乾、淳，而左右私淑若先生輩，實與有力焉。

先生既没，曾孫資深始裒其遺文爲二十卷上之，得易名之典。兵燹數更，板刻亡矣。今十世孫雷亨始取家藏本嗣刻之，俾其從子俊來屬爲之序。走觀其間彙次欠審，恐不足以盡先生之大致，因重加校訂以授俊而序之曰：

嗚呼！是豈可以才人韻士之作例視之哉？本之嚴正之資，濟之明碩之學，故其見于言者，皆民彝物則之餘而無枉己徇人之意，蓋其所得于先正者，粹且深矣。先生之道既不獲行于時，地遠位下，又不獲登名史册，獨其往返之札、稱許之詞見于考亭諸書者，昭如日星，不可掩也。四方之士，取而讀之，因其言語文字之所存，考其師友淵源之所自，使河、洛之墜緒可尋，而斯道不爲空言于天下，則如先生之文，亦何可少哉！雖然，今去宋遠矣，文章道德之士與先生相後先者，計多有之，而不得如先生有賢嗣人引其遺響于無窮，不又可慨也哉！走程氏遠裔，幸與先生皆出文公之邦，而於斯文獲與討論之役，不揣蕪陋，僭書其事以諗觀者如此。

先生初名偁，字益恭，以避國諱更名徵，世居休寧上山。其兄俯，字益章，仕至國學録，亦有文一卷，附其後云。

校勘記

〔一〕拔去讒衺　「衺」，原作「袤」，據四庫本改。

〔二〕維昔二王當文考南渡及英皇北狩之時　「北狩」，北大、國圖、臺博、南圖、嘉靖本皆漶漫，據臺圖本補。

〔三〕楊文懿公文集卷首此序署：「弘治二年歲己酉春正月下澣賜進士及第中順大夫詹事府少詹事兼翰林院侍講學士致仕新安程敏政序。」

〔四〕屢騰辭牘　「牘」，原作「櫝」，據篁墩程先生文粹卷十二改。

〔五〕長適郡名士喜士華　下「士」字，底本漶漫難辨，據臺圖本補，嘉靖本、四庫本作「一」。

〔六〕有崔氏母之介　「有」，底本漶漫難辨，據臺圖本補，嘉靖本作「育」。

〔七〕舉其重也葆貞名堂亦此意而丁楊兩君慎許可其言當必有徵焉故予不復致詳于堂事　「重」、「貞名堂」、「致詳」，北大、國圖、臺博本皆漶漫難辨，據臺圖本補。

〔八〕竹洲文集卷首此序題作「重刻竹洲文集序」，署：「弘治六年癸丑春正月四日賜進士及第中順大夫詹事府詹事兼翰林院侍講學士同修國史兼經筵官同邑後學程敏政序。」

篁墩程先生文集卷二十九

序

新安文獻志序〔一〕

新安在國朝爲畿輔，踞大鄣山之麓，地勢斗絶，視他郡獨高。昔人測之，謂其地平視天目尖。而水之出婺源者西下爲鄱湖，出休寧者東下爲浙江，其山川雄深若此。秦、漢以來，多列仙，意猶不足當之。於是我開府忠壯公及越國汪公前後以布衣起義旅，坐全其土地民人于禍亂，没而爲神，千餘年不替益靈。迨中世，則休寧之程北徙洛而得兩夫子，婺源之朱南徙閩而得文公，嗣孔、孟之統而開絶學于無窮，其人物卓偉若此。一時名公碩儒與夫節孝、材武、遺老、貞媛之屬，文焕乎簡編，行播乎州里，而紀載之書，散出無統，有志于稽古尚賢者，蓋屢屬意焉。然或自秘而失于兵燹，或據所見而爲之詳略，讀者不能無憾也。齋居之暇〔二〕，竊不自揆，發先世之所藏，搜别集之所録，而友人汪英、黄莆、王宗植暨宗姪隱、充亦各以其所有者來餽，參伍相乘，詮擇考訂，爲甲集六十卷以載其言，乙集四十卷以列其行。蓋積之三十年始克成也。

嗚呼！宣子聘魯而嘉周公典籍之大備，孔子説二代之禮而嘆杞、宋之難徵，則生于其地而弗究心于一鄉之文獻，非大闕與？凡吾黨之士，撫先正之嘉言懿行萃于此，發高山景行之思而日從事乎身心，由一家以達四海，使言與行符，華與實稱，文章德業無愧前聞，又進而誦法程、朱氏以上窺鄒、魯。庶幾新安之山川所以炳靈毓秀者，不徒重一鄉，將可以名天下；不徒榮一時，或可以垂後世，而此編亦不爲無用之空言也哉！

重恩堂詩序

古之賢者受賜於其君，必有所志以昭不忘。其意以謂吾之所爲，盡心于職者，臣道爾；上之人顧以爲功而嘉賚之，其何德以堪？於是退而銘諸器物，或號其室堂，使後之人嗣其志以圖報稱，非欲誇世而已。一時君子聞而詠歌之，則亦以其事也繫勸懲焉，亦非欲侈其榮而私其所厚者也。予讀濟南李公重恩堂之卷，爲之歛衽。

李公起國學，知慶都縣，不一歲徙龍陽，有捄荒活民之勣，又治隄以捍患，紓財以濟公，戢過兵之譁者以保境，事章章播人口。以薦得旌異，受敕階文林郎，封贈其考妣若室。進同知常德府事，政益修，施益溥。中一署長沙府事，嘗督民兵與靖寇辰、沅，總餫武崗諸州，餉足而民不困；監造上供，幣費省而事給。復以薦得旌異受誥，進奉政大夫，加恩其考妣若室。蓋民之望公方深，而公去有決志矣。

里居之暇，爰作堂，奉綸命題曰重恩，以不忘上之明賜焉。跡其所以圖報之心，殆未始取足于是，而復以望其後之人也，豈非賢哉！今之令一邑、佐一郡號循良者，固不謂無其人，然僅僅自保求不失其禄、戮其名者，則已難矣；進而被旌異之典，荷汪濊之恩至一再，又獲引去，俾民有遺思而不能忘若李公，詎非千百之十一哉？公之心雖不以誇世，而芳聲茂實，自不可掩，宜諸君子有作，使賢者勸、不及者懲而加勉焉至於盈視而傾聽如此也。

公有六子，皆克家。次子宗仁舉進士甲科，歷監察御史，直亮有名。而與時忤，謫徽之績溪，復以卓異聞。值更化初，起知宣城，進知徽州府事。未三歲，行臺者兩旌異之。蓋名堂之意所望于其後之人者益驗。綸命三錫，金緋在躬，則詩人之詠歌益盛而堂名益顯，觀風者有采焉。昭聖明待下之恩，表循良世濟之美，比隆西京而陋近代，豈直一家之榮而已！走不佞歸耕之明歲，太守公適來，胥會之頃，出卷相示，俾有所述。不敢讓，則著其大者如右而并論其世云。

休寧志序〔三〕

安城歐陽君以成化辛丑冬來知休寧縣事，明年春以縣志爲屬。會予服闋將還朝，久弗克成也。乙巳秋，掇拾而成焉。蓋書之爲圖者一，爲志者十有八，文之附者十有六，詩之附者四，總之爲卷三十有八。君得之，又大加蒐輯而校刻之。刻成，以監察御史召，故書雖就緒，而其間字之譌者未整也。乃復以摹本來，俾有所是正而後印布焉。戊申冬，予以斥歸田，君亦出按于蜀。庚戌秋，則又以書抵予，與繼知縣事中山張君請卒其事。值予病中，不能執筆。明年夏疾少間，而張君復有臺憲之徵，始克繙繹舊本，則知張君嘗以其暇日重加校閱，可傳矣，乃爲之序曰：

古者地里有圖，有志，蓋周官職方氏與小史、外史所掌而道以詔王者，非徒以飾吏事、廣人之見聞而已。計田賦而知公歛之厚薄，因物産而知民生之豐儉，察宦迹而知吏治之得失，按人物而知士習之浮正、俗尚之澆淳，其於政乎繫焉若此其大且要也。

休寧，徽屬縣之一。其境據鄣山之麓，而浙源之水出焉。在前代爲郡治，又嘗析其境爲縣者三，曰黎陽、歸德、婺源。自後郡徙治歙，而省黎陽、歸德來入，則是縣也，故郡境也。且民風土俗，見于朱子所記新安道院者，今二百年，道化之所漸，其人當益醇。更代以來，徽爲畿郡，被聖治之澤最久且先，其俗當益美，則所謂圖志者，可取足故常而漫弗之省哉？

然予於是竊有感焉。自丑抵亥，十有一年矣，歐陽君之惠政如昨日，而張君當績成就召之際，取是編而繼圖之，俾無遺憾，則天下之事無巨細緩急，類不易成如此。顧以病夫退士，於賢令君何能爲役，而獲挂其名於圖牒之上，分尺寸之功焉，獨非幸與！歐陽君名旦，字子相，辛丑進士。張君名錞，字汝器，甲辰進士。是爲序。

城北查氏族譜序

休寧邑中所居大姓以十數，查氏其一焉。其先曰長史昌者，南唐時居歙篁墩，生工部尚書宣公文徽，遷休寧瑞芝坊，遂大顯江左。尚書生五子，曰宋殿中侍御史元方，生龍圖閣待制道，子孫再遷泰之海陵；曰元規，生秘書少監陶。陶生職方郎中兼權中書舍人拱之，葬縣北朱紫巷，則今查氏所從出也。拱之傳十三世至惟聰，當元季爲一鄉之望，學士風林朱先生亟稱之。惟聰生三子，曰德軒、怡軒、介軒，皆以材傑能值其有家，爲肖子。一女，適萬安汪德玄，遂及事我高廟于龍興初，保捍其井里。而德軒子繼祖從學汪克寬先生，號藏密，以殷碩長區賦。繼祖生允中，洪武間起太學，歷官兩淮運判，有能聲。介軒亦嘗一徵覲京師，不樂進取，蓋嘗有志續先世之譜而未竟也。介軒子招祖，生道蔭，道蔭生思靜，最名有齒德，中以介直爲耆宿，人敬服之。其子以華始取宋開禧、元至正二譜，大考其承傳之緒、遷徙之由與其内外履歷之詳，葺成巨編，奉以請予序。

予於以華往還甚稔，且愛其簡厚誠慤而御族之有道也，則告之曰：「夫譜有本、有文，皆不可闕者。蓋凡所以别親疏、序昭穆，謹先祠、祖域之守以增夫衣冠閥閲之輝者，文也。而行，則其本焉。然行豈待於外求而後得哉？」考查氏之先若龍圖母病，冬寒思鱖羹不得，泣禱于河，鑿冰取之，得鱖尺許以饋母，母疾遂瘳，其孝如此。尚書聞人之困乏，雖不識必濟，坐貧不悔。而龍圖當赴試，時假貸三萬錢，道中值故人有母及兄之喪不能舉，將鬻女以襄事，即傾橐與之，罷不就試，其義如此。秘書與龍圖極友愛，士族流離者，聚食常數百人，得任子恩以與族人，無親疏之間，其厚如此。

夫孝義忠厚，士行之常，宜無難焉者。然自途人可以至堯、舜，推一身可以準四海，即凡民可以通神明，皆不出是。而世常忽之以求甚高難繼之節，或輕之而有取于富貴利達之人，斯愚之甚矣。予觀查氏譜，得其先烈，爲之歛衽焉。故輒書其端，俾其子孫者思自立以圖無愧于祖德，庶有光于斯譜，且不負以華君尊祖敬宗睦族之心，將益衍益盛，流聲實於四方，非特名一邑而已。否則，爲彌文取觀美，豈故家文獻敦本力善者之所欲哉？

應詔揮毫詩序

惟我憲廟以天縱之資篤意經史，凡稽古禮文之事，必遴選儒臣討論刊定，而於燕閒之餘，游心釋典，雖考閱繕寫之責，亦不輕畀。迺一時供奉之臣，仰副淵衷，多克以材藝自見者。若今僧録左善世皚東白，亦其一人焉。

東白世居蘇之嘉定，以儒名家。其從父當宣德間仕爲刑部郎中，郎中之弟實生東白。東白之生也不樂葷娶，因從釋留光寺。景泰中入京，禮右講經古儀縉公爲師，而縉則左善世玉磵清公高足，内典之學，具有家法。然東白猶以爲未足，復從游駕部東海張君汝弼，授儒書攻古律詩學楷行書法，業日以進，同行者，率自以爲不及。成化初被選入大内漢經館書文，光禄給饌。凡朝廷有禳禬禱祈之舉，東白必與焉。丁酉歲晏，上閲法華經而説之，命近臣下經館擇能書者。近臣悉以其名上，御筆獨標定皚第一人，命率衆書法華經，又奉詔書金光明最勝王經。朞年事竣，授階左覺義兼主香山永安寺，仍在經館，被賞賚甚厚。癸卯，進左善世。弘治初罷寫經，尋復召入供奉如故。而其高足左覺義鏜振威代主香山，則來請曰：「吾師被遇先朝，在内經館幾二十年，中朝縉紳不鄙與吾師還往，自東海而後，若今庶子匏庵吴君原博諸公，每每有詩相贈遺，集以成卷，將題曰應詔揮毫而虚其首，願得一言序之。」

惟古釋之以詞翰名者若陳智永、唐懷素輩，蓋非獨出其儕行，雖號儒生者或歉于斯，殆其志專而業精故也。夫歉、不歉未暇論，乃若其徒在後世有所遇以克成名于一時者，亦固難其人焉。則東白之所遇，斯不謂之隆哉！諸公之詩，雖以爲東白而作，然本經幃之餘力以及梵典，而用人集事至于無一材一藝之遺，則先帝之霈恩餘澤在人者，其何可忘哉？東白號梅樂，又號游幻道人，奉清公居都城北隆福寺。予每過之，必觴詠竟日，恒愛其豪放有藏真之風，而又好儒書，達世務，議論侃侃，不落人下，凡釋政多取決。蓋方外之偉人、騷壇之佳友，視世之嵬瑣者，殆不足道也。

毅齋熊公夫婦輓詩序

輓詩之作，昉于中古而莫盛于近代，蓋有不待其人之相知及其人有可悼、可慕之實與否，或請爲之，或代爲之請，至以所得之多寡矜孝心之厚薄。以是知天下之事無鉅細，未有久而不至於湛可歎者，豈獨輓詩哉？若毅齋熊公夫婦輓詩一帙則不然。蓋毅齋之子實甫爲令于歙，有子諒豈弟之政，子視其民，故歙之人頌其政而不已，上及其親，皆誠之所孚，非有出於請焉應之者也。烏乎！是亦可謂僅見者矣。毅齋之葬也，吾友太史張君廷祥實誌之，張君以正學聞天下，慎許可，其稱毅齋諱楷，字爾機，世居豐城。其先有世基、世琦兄弟，蓋嘗受學朱子。曾大父曰荆陽處士，大父曰樂泉君，父曰植桂翁，咸世其業。而毅齋克承之，早孤有志，以孝友敬義聞其鄉。又得聶、蔣二孺人繼爲之配，内外肅雍，成諸子以植有家至於今兹，蓋誌云爾。烏乎！是亦足以傳矣，而又何假乎輓詩之作邪？

雖然，述德以詔後者莫如誌，風德以感人者莫如詩。詩之體有風、有頌，頌毅齋以風人之父，頌聶、蔣二孺人以風人之母，頌實甫之克肖以風人之子而因以感夫他之爲令者，則是詩也，雖出于一邑之人與一時寓公之賢者，音調體裁不能皆一，然要之，則未爲無補于風教，而實甫之政爲有本，益於此乎徵焉。是豈湛而可歎者哉？

實甫通經學古，起鄉進士，以清簡爲政，確乎有守，淵乎有見，不求赫赫之名，殆昔人所謂日計不足、歲計有餘者，雖目之爲古儒吏，可也。行臺憲臣特請旌異于朝，蓋繼此而毅齋夫婦當受綸命、膺顯爵以賁于九京，又不但下之人風頌之而已。然予聞之，子之於親也，永懷其德而莫可與言報者，則惟欲顯其名于罔極焉爾。上之人知其然，故於臣之有勳庸者，不特禄其身，必貤之恩，體之至也。下之人於長人者之有惠利於我也，亦不特頌其身，必推其先之人，愛之深也。秉彝之心，上下攸同，自不能已者如此。傳曰：「事父孝，故忠可移於君」，「居家理，故治可移於官。」聖師之言，不可誣也。然則讀是詩者，尚知此乎！儒學生汪祚從予游，奉其帙來請，吾是以序之。

歙江村江氏族譜序

江村在歙西北，江氏世居之，故因以姓其地。歲久族蕃，有耆而文者曰思尚君，始倡族人續其譜，請予序，蓋十年矣，未以有應也。暨予還山，恒抱疾，不能親筆札之事，然君每辱過，必以序請，久而不斁。會予疾少間，乃克繙閱一周而書之曰：

江氏之族，可謂盛矣！自伯益之裔玄仲受封于江，其爵子見於春秋曰江人，後并于楚，廢爲濟陽郡，即今陳留考城、圉城地。其顯于漢曰轅陽侯喜，顯于晉曰散騎常侍統。統與其從子侍中逌之後並從晉東渡，居山陰。統六子，其顯者，郡功曹儼、國子祭酒霦。霦三世生宋太子洗馬僜、吏部尚書湛、侍郎智深。湛死凶劭之難，贈開府儀同三司，謚忠簡，以子恁爲駙馬都尉。智深以女孫后贈金紫光禄大夫。僜生法成，法成生子一、子四、子五，並以梁將死侯景之難。子一贈侍中，謚曰襄。子四贈黃門侍郎，謚曰毅。子五贈中書侍郎，謚曰烈。儼再世生左衛將軍淹，封醴陵侯，謚曰憲。恁生齊秘書監斆，贈太常，謚曰敬。斆生四子，其顯者秘書郎蒨、驃騎諮議參軍禄，蒨贈光禄大夫，謚曰肅。生陳孝子紑，紑生隋上開府總。蓋濟陽之江，名見史者凡十人，計其爵禄榮名實與六朝相終始，而江村之江，則出億長子法存之後。

法存生建德令道興，始别居清溪。道興生護軍將軍世源，又以仕開化家於衢。世源傳十有一世生唐衢州節度同討擊使中軒，中軒再生第十軍事押衙仁揆，仁揆生吴越侍御史景房，即世所傳有沉籍之功者。景房生宋兵部侍郎用晦、都官郎中用仼、職方員外用圭、大理寺丞用之，分甲乙丙丁四房，其胤彌盛，而江氏遂望于三衢矣。用晦三世孫基以贅居番陽，傳五世生丞相萬里，國亡死節，贈太師，追封益國公，謚文忠。用仼生鎬、鎔，鎔生枚，枚生汝剛，仕爲歙州倅，卒葬雲嵐橋，因家橋子培，生嶧、岍、岩，而岍則思尚之所自出者也。鎬生揖，揖生汝言、汝爽，汝爽九世生司經局正字秉心，仕于國初，終襄府紀善。汝言九世生監察御史弘濟，與予同舉成化丙戌進士，嘗爲言三衢諸江之詳。蓋自魏、晉、唐、宋以來，家牒具存，而迪功郎仲長、泉州倅師心兩譜，則稡甲乙丙丁四房而一之者，請予校刻，不果。若思尚此編，則雖惓惓于本宗，實欲合衢、歙兩房而一之者，其心可謂厚，而其力可謂健矣。

烏乎！大家巨族之所貴乎譜者，豈徒矜閥閱、聯昭穆、紀其名與字而已哉？因將曰亢宗紹德之爲難爾。考江氏之先而論其世，蓋有危身之忠，有顯親之孝，有戡亂之武，有華國之文，有利人之功，有惠民之政，其巍然可仰、凛然可畏者，非獨可以儀其家，實足以憲來世。況筆之有原、承之有緒而丘壠如故，文獻昭然者乎？不求所以紹祖風而亢其宗，以自立于吉人君子之域，則閥閱雖美，昭穆雖盛，亦何有於譜哉？思尚之弟昌方以鄉進士知攸縣，其族人之服章縫而業詩書、隱林壑而篤行義者，往往不絶。矧譜書既修，則宗盟益厚，廣孝敬、崇禮讓而不伍于流俗，使江村之派與三衢相望，不替而益隆，則庶幾此譜之足貴，而思尚君尊祖敬宗睦族之心力，亦於是乎爲不負矣。

江氏舊譜序記之文，若吾宗老宋徽猷待制北山先生、元翰林修撰張公子長及我朝學士承旨潛溪宋公輩，皆一時名筆，而予之譾才末學，乃踵爲之，其何足以副仁人孝子之心而爲斯譜之重也哉？

篁墩録序

程之先聚居歙篁墩，有遠祖晉太守府君及梁將軍忠壯公之賜第，廟食存焉。然莫知墩之所以名者。閭考之家譜，云墩本以産竹得名，至黄巢之亂，所過無噍類，惟士名「黄」者斂兵不犯。當時居人因更「篁」爲「黄」，以冀免於荼毒，習稱至今。走閲之而心動，以爲是不可但已，因請於先尚書襄毅公而復之。又告於當世縉紳君子而得記、賦、銘、詩若干篇。

於乎！名實之不相副，久矣。以吾墩論之，則篁其名，而性可以耐歲寒，節可以比君子者，其實也。巢賊之亂，吾竹之名可污，而吾竹之所以爲實者，孰能爲之加損哉？彼槿籬棘圃而盗夫伊、周、孔、孟之美名，固士之耻也，是則君子一惟務實之可貴，而名之污隆，曷計焉？然名之污者有時而見雪于君子，豈非天理之在人心者，終不可泯邪？若吾墩是已。

雖然，事必久而論定，又必得君子之言而後足以取驗於人。使當巢賊肆虐、傷人害物之時，吾人或難之曰「是不當污墩之名」，則固異於孔子危行言遜之旨，亦安能弭夫亂臣賊子之不致人于虀粉哉？然則諸君子之言雖假寵程氏，而所以抑邪與正者，豈直一丘一壑之幸邪？因命工人梓以告我族人，使爲士而學、爲農而耕者，知徇名責實之可畏，而無忘於君子之公議，庶幾比德於竹，爲此墩之幸民，豈徒譊譊然與彼沙蟲鬼蜮輩校得失于一旦哉？

丘先生文集序〔四〕

文之説何昉乎？蓋嘗考諸古矣，凡物之粲然可指者謂之文，文者，道之所在也，故見于上曰天文，見于下曰人文，見于世焕乎其有迹者曰文治、曰文教，非若中古以來指操觚染翰者謂之文也。夫文固非操觚染翰者可盡，然詩、書所載詞命之作、雅頌之篇，類非偶然卒爾者可辦。而孔門亦有文學之科，蓋道術未裂，言與行俱，本厚而末茂，詞出而文成，正大光明，敷鬯條達，見于治則民格，著于教則民孚，所謂「吐詞爲經」，而文之盛不可及也。

漢毛公、董子之徒始以經術名，而鄒陽、枚乘之流乃專以文顯，遷、固亦岐而稱之。蓋以操觚染翰爲文而别於經術昉此，日寖以盛而瀾倒乎隋、唐之間，雖一二名世鉅公知文之不止乎是，亦略見道之彷彿矣。顧一時談經者專訓詁，爲文者尚聲律，而上之人又以經義、詞賦更迭取士，其遠于道，一也。至宋而程、朱大儒者出，斯道復明，曉然示人以徒文之不足濟物。然不得任道揆之重于斯世，則亦安能盡刊其故習而卒反之一旦哉？蓋經術、文章之流弊，甚矣！不得已而爲説以通，則若之何？亦獨曰爲毛、董而不爲鄒、枚，爲韓、李而不爲燕、許，爲歐、曾而不爲楊、劉，爲陶、杜而不爲徐、庾、温、李，則亦庶幾可以廣道術，求不倍于孔門而後可乎？

走不佞嘗以此質之瓊山丘公先生，先生是其言，以爲知道，然走實不足與于斯也。先生門人翰林吉士蔣君冕及其嗣子太學生敦輯先生平日詩文爲若干卷〔五〕，間奉以視走，請序其首簡。走讀之累日，得其大端而嘆曰：「何其養之深，而出之霈然一至此哉！」先生嘗爲走言：「世之作文者，類喜煅煉爲奇，不究孔子詞達之旨；或剽竊以爲功，不識周子文以載道之説。雖有言，無補于世；無補于世，縱工奚益？故予平日不欲以詩文語學者。」其言如此。蓋先生懼學者之無本也，則有學的之編；懼學者之不知變也，則有世史正綱之作；懼學者之明體而不適于用也，則有大學衍義之補。其言鑿鑿乎必可見之於行，行之必可以興文治、洽文教而致吾君于堯、舜、三代之上，流聲實于兩間，作楷模于來世，使道不爲空言。蓋先生之志如此，而文亦足以發之，不可誣也。顧此集雖出於所學之緒餘，然閎肆而精醇，明潤而雅潔，究本之論、扶世立教之意郁乎粲然，將上班于毛、董、韓、李、歐、曾、陶、杜之間，視世所謂訓詁之陋、聲律之卑，殆將揮遠之而以爲羞道者矣。所謂一代之豪傑若先生，豈多得哉！

先生名濬，字仲深，世居瓊山。起進士甲科，歷官翰林學士、國子祭酒，累進禮部尚書掌詹事府事。名位之崇，聲華之美，固不可謂之不遇，而士望猶未滿焉。然則天下後世求以知先生者，著述具在，而此編輔行，亦不可少也。走辱知先生也深，又同事經筵史局，獲副詹事與僚宷之末，故因冕與敦之請，序先生之集而極論文之所以爲文者如此。

公餘愛日詩序

高邑李公相儒以進士甲科廷授徽州府推官，三年，儁爽之資，介特之操，明決之才，見重于僚宷，下孚于吏民而上達于部使者，久矣。然公有父年八十餘，無恙在堂，每言及之，則悵然興懷，或至泣下。見者咸以爲若李公者，真孝人歟！府學訓導進賢艾君英，實公之子師，請諸縉紳大夫詩若干卷以相贈而題曰公餘愛日者，本公志也。不鄙來休寧山中，請序其首。

顧不佞以多疾不能應酬諸文事，獨於李公喜爲之執筆焉。憶當天順初，先少保襄毅公以都憲之節東巡視師錦州，識李公於童子中，選入衛學，且戒其守將，俾善遇之，曰：「此遠大之器也！」蓋於今三十年。而李公果以經術致身，爲時聞人，且得晤語於山鄉，叙疇昔，又因以知其孝之感人若此，而先公不及見矣。於戲！不可得而久者，事親之謂也。故揚子以「愛日」爲孝。夫孝，百行之本也，以之事君則忠，以之撫衆則慈，以之處友則睦，以之莅官則敬，以之治獄則平。古之人善推其所爲而有孳孳不已之義者，豈不以此哉！宜諸君子於李公之事歆動之、詠歌之而不能已邪？

竊聞之，李氏世居真定高邑，自公曾大父伯居中徙遼東錦州，生子榮，早逝，而其配梁氏，以節聞。梁之子克明，則公之父也，雖當播遷之餘，惇本力善，所蓄甚厚且久，故於公乎發之。而公又能奉其先訓以底今日，旌異之上〔六〕，臺憲之擢，不日有焉。吾知其嚴君之心益恬、體益康、壽益增，獲貤封之恩以昭其子之孝也益大，所謂公餘愛日之詩，宜隨所處而益富，豈直此而已？然此其發軔也，是不可以無序。

靜軒序

人之爲德也靜，然後可以制天下之動。故求入德者，學必自靜始。夫靜則心恬而不競，志定而不惑，神安而不躁，以一身應萬變，有所恃而不舛。禮曰：「人生而靜，天之性也；感於物而動，性之欲也。」易曰「吉凶悔吝生乎動」，是知動者靜之隨，靜者動之基也。苟役其心於遠外而置其身於棼糾庬錯之場，方且舞其智力與世之人角一日之勝以逞，則雖語之靜，而能識其爲何説者，寡矣。

歙雙橋鄭氏有恒性其名、存良其字者，以重厚聞其鄉。予嘗過之而悉其世風焉。蓋其先有令君之仁，有貞白公之廉，有師山待制之節，鄉人誦而傳之，類皆自靜學得之。至存良君席先世之烈，益讀書知大義，奉其父士賢處士甚孝，與其弟袁州倅守道甚友，教養其五子昌、澤、禄、育、冠甚力，又遣禄爲儒學生，嗣其文獻之傳。而君方以尚質好禮、周貧睦隣之爲務，見鄉族人厭靜喜動而有所未慊於中也，復以「靜」題其軒，端居以自怡，而春秋則六十矣。八月十九日，其懸弧之辰，子壻汪椿氏求予文以壽君。峻辭不獲，則序而告之曰：

聖門示教，不出動、靜二者。然謂智者樂水而以動屬之，動不失正，動斯樂矣；謂仁者樂山而以靜屬之，靜而有養，靜斯壽矣。存良君知靜之好而世故莫能嬰其心，將嗣是以往，心恬而志定，志定而神妥，可以膺不騫之壽、享無競之樂，使鄉族之人見者易其行、聞者企其德，遂以爲一鄉之彦、一徽之耆俊而播嘉譽於四方，遺茂實於子孫，豈非靜德之所致哉！予屏居山中，疾疢相仍，近方獲愈，冀他日杖藜躡屩訪君雙橋之上，登君之軒，相與問靜之説。君儒者，當有以告我，夫豈若老氏之玄默，釋氏之空寂而遂至於嗒然者哉！

紫陽紀别詩序

新城李公宗仁受命守新安之明年，予獲觀其尊府常德同守公所得制誥二通，蓋旌異之典也。而吾徽之人愛戴今太守公者，亦不啻湖湘之人，爲之嘉嘆不已，曰：「有父如此，宜其有若子邪！」又明年，同守公之次子宗德自國學需次來省太守公于郡齋，居數月，驩如也。而宗德喜問學、負才器，持之以不矜，識者蓋策其遠大而知其得諸父兄師友者固如此也。同守公以今歲壽躋八十，無恙在堂，而宗德不能久于遠外，乃束裝東歸。歙學教諭宋君昉、司訓涂君耿繪紫陽紀别圖，合能言者賦詩餞之，而遺諸生吕佐、程永延來請序。

予不佞退耕于新安之野，太守公慰藉之甚勤，有知己之辱焉，故宗德過山中，言款彌日，亦不予棄也。然則贈言之道，雖不敢齒于仁者，亦豈能默然自已哉？夫有所贈人以言，亦必有所擇於其言，擇於其言，豈能外仁之一語哉？夫孝弟，行仁之始也，諸君亦知夫宗德之平日所爲致力者乎？方趍于功名之會而篤塤篪之好以來者，弟道也；未厭乎臨觀之樂而急綵侍之養以去者，子道也。一去來之間，倫理繫焉，宜諸君之扳留不得而形諸毫素、播之聲詩，有以也。夫豈特出於敬兄之心而已？古語云：「事親孝故忠可移於君，事兄悌故順可移於長。」言家國一道也。士君子抱體用之學者，宜亦不出此矣。然則宗德異日捷高科、躋美仕，與太守公競爽于盛時以增橋梓之輝于家乘，豈有他哉？亦推其所爲而已。

紫陽山在新安城南歙溪上，以朱子益名于天下。凡禮送行者，必載酒其麓，覽觀勝蹟，上懷古人，足以脱塵氛、振遺響，發志士之氣。然則宗德行李之暇，撫景而吟諷其一二，將不南望悠然有慨於中曰「此吾兄之所治者，此吾兄之仁政所漸被而及於我者」也？將益勉于進修，以紫陽夫子爲師而求無愧于洙、泗之邦人，則吾人之所爲贈言者，有責善之道焉，亦不特惜光景叙離合而已。

湖上青山詩序

中世以來，大道隱而人慾滋。士之高者或汲汲乎貪生，其卑者乃戚戚于身後，死生之際，蓋不足齒。於是有幽貞之士出其間，服韋茹素，終其身不褻其所有于己者；視死生爲旦暮，全而歸之，不私其所受于天者。若晉陶淵明自爲輓詞，唐司空表聖預作塚棺，歌飲其中，而宋林君復亦有「湖上青山」之句。其迹若奇，其人若達。然高風遠韻，流傳至今，殆庶乎古之所謂逸民者，豈常情之可識哉？

越之山陰有隱君王晉庵和甫，當正統甲子之歲，放遊鑑湖上，得佳境于亭山朱家塽之原，布席而偃卧其地，曰：「樂哉斯丘！」命其子鑌之曰：「死必葬于是，仍用和靖詩語題諸墓，曰湖上青山，小子識之！」明年隱君卒，奉以窆焉。鄉人士多詠歌之者。後四十餘年，中子侍御君明仲舉進士入官于朝，得貤恩贈隱君文林郎監察御史，所謂湖上青山者，煒然有光矣。既又請于縉紳，續書其事，凡得若干篇，而吾友定山莊君孔陽序之。侍御君恐久而散軼，因刻梓以傳。值方奉詔董學政于南畿，行部至新安，復以序見屬焉。

烏乎！聖賢遠矣。其學百出，而有所成以自見者，蓋不能盡同。要之，其生也不以外物動其心，而死不失正焉，固士之難得者與！隱君之少也，以父疾而輟舉子業，存致養，没致禮，斷鄉曲之訟而斥餽金，不孝者見之改行，而餘慶足以成其子，其所學固善，而所養不亦充乎！原其始而不貪生以自愚，要其終而不畏死以自訹，有以哉！淵明、表聖之節，偉矣！君復生侈靡之鄉，操可以富貴之具，乃退然與寒梅野鶴自放于湖山，而求和答于樵人牧子以爲樂，其人品高潔，宜爲一時諸公所敬屈，而況學聖賢之學者哉！

隱君系出侍郎凝之，書得永和家法，更喜吟詠，而獨愛君復之詩。其所成者，計將由是而與表聖、淵明神交百代之上，用以愧夫沉酣世網、詩道以濟其慾者，則夫幽貞之士世豈可少，而此詩豈可以無傳哉！雖然，湖上青山固隱君之身所託以存者，侍御君清才碩學，歷官有聲，不愧瑯琊世胄，而後此所立，益遠且大，是又隱君之心所託以傳者，故誦其詩，尚論其世，爲群玉之先驅焉。

絃歌清政詩序

學古入官者，令必以絃歌爲首事。然其流或至于上迂而下玩，何哉？「君子學道則愛人，小人學道則易使」，其所謂道，非特不事事而已。德有剛柔，政有弛張，故禮嚴而泰，樂和而節，使爲善者覬其惠而不善者服其威，其爲易使，一也。中古以來，乃誤以柔弛爲德政而不復事事，其不底于迂且玩者，幾希。

歙在徽爲鉅邑，且附郭兵民雜居，事劇而訟繁。令于是者，往往號難理。劍江熊君實甫居三年，有治行，行臺薦之朝。予嘗聞諸歙人曰：「熊令君慈詳，視百姓如子，然其用法嚴。」予心識之，曰：「是服其威而憚于不善者也。」或曰：「熊令君惡乎嚴？其爲人純然儒者，事審而後決。」予心識之，曰：「是感其惠而樂于善者也。」有志于學道而愛人者，君非其人歟？是豈曰德政德政，莫知其流于迂者歟？

徽郡儒學生汪祚從予游，則以告曰：「熊君將入覲，我歙之人頌之不已，播諸篇章，題曰絃歌清政，乞先之一言。」則以復曰：「絃歌清政，不可尚已。世之以德政藉口者雖流之迂，然其政也恒寬，寬直事之不集耳，民固無損也；一切以德政爲不足恃，視民爲龍蛇而起圖之，故其政也恒猛，猛則不勞而事辦，若可喜然，然民則有不堪命者矣。上求于武城之政以爲師，以剛濟柔、弛張合宜而不敢私焉若熊君，豈非令之克持者哉？」

熊君治歙，事多不能紀，其平大獄于累歲不決之餘者一二，尤嘖嘖在人口，可書也。然君治劇而不衒其才，律己而不矜其廉，惠人而不有其功，君子人也。入覲之際，其功與名必黯然以章，勃然以興，雖欲自晦，不可得也。諸君子之詩，頌之無愧詞，期其來而有企其圖終之心，殆出于學道而易使者之緒餘固應爾邪？學道易使而以德政爲可玩者，未之有也。「難以力服，而易以理勝」，先正之所以論吾人者，可徵也。是不可不序之而使其有傳焉。

松蘿山遊詩序

松蘿山在吾休寧縣北十五里，號幽勝，予十年前嘗一遊焉，每以爲未愜。暨南還，值抱病連歲，不克往。弘治壬子春，鋭作一行，而雨連月，亦不敢必也。莫春廿一日忽霽，天氣清和，人意甚適。乃以詩約縣庠司訓黄倫汝彝、鄉進士張旭廷曙；而同遊者五人，陳榮天爵、詹貴存中、胡昭靜夫及族人正思用禮、天錫敬之；侍行者三人，弟敏亨及子壎、姪塏也。或馬、或輿，聯翩出松蘿門而東。折北過石羊干，崇岡複壠，麥香襲人，桐花盛開如雪，而紅紫則不可得見矣。行七八里，松蘿水一脉，演迤南出，兩山夾峙，盤迴斗折。入益深，境益奇，每一折即古松盤踞、怪石錯立，飛泉淙淙，水禽交交，蔚有殊意。疑所謂蘭亭、武夷者，正復如此而已。行又七八里，抵山麓，古佛庵在焉。與客小憩，解衣登山，引矚四望，聯峰屬巘，杳莫知其所窮，第聞樵斧聲丁丁，與磵谷相應，而畊者、漁者隐顯出没于煙雲虚落間，相顧恍然，疑與世隔。乃據松下盤石而坐，呼童子掘筍作茶供，聯句一章。還飲小閣，心㦤神洽，如有所得而忘其登陟之勞。酒半，限韻各一章，興發而別有所出者不禁。已而夕陽冉冉，過山背，汪氏亭子適當路中，復邀飲數行。日益下，乃出山。途中有作，或和或否，亦各取適而已。惟汝彝遊最勇，詩最工，予輩不及也。

昔羊太傅鎮襄陽，病不得謝，每至峴山至於泣下，然有所如往，賓佐皆從，笳鼓載道，貴而好遊者也。柳柳州在謫籍，搜抉巖藪，幾無遺勝，其序所會者，謂皆太半不遇之人，困而好遊者也。予不佞挾册入官，所典者冷局，得早休自適，無羊公之顯；且絀吏議，荷天子恩不加竄殛，而遊不出其鄉，所與遊多一時寓公、里族之賢者，子弟相從，爲樂孔嘉，無柳州之困。則斯遊也，亦不可不自幸也。

雖然，子朱子平生好佳山水，嘗請納官于朝，願爲白鹿洞主，領泉石，是豈直遊而已哉？遠眺望以玩心于高明，法仁知以適情于壽樂，皆自山水發之，則吾之遊也，方自此始，觀者無誚其荒于嬉而不足與進于聖門也哉！遊之明日，書倡和詩爲一卷，序而藏之。

送汪承之序

新安郡學生汪祚承之從予講學南山精舍，其資蓋可進于道者，將赴秋試南京，壎子與之聯研席相好，請一言道其行。

予因取案上一卷書謂之曰：「此予所輯道一之編也，子嘗誦習之矣。然則吾之告子，庸能出乎是哉？夫尊德性而道問學二者，入道之方也。譬之人焉，非有基宇，則無所容其身，終之爲佃傭而已。德性者，人之基宇乎！基宇完矣，器用弗備，則雖日租于人而不能給，且非己有也。問學者，人之器用乎！蓋尊德性者，居敬之事；道問學者，窮理之功。交養而互發，廢一不可也。然有緩急先後之序焉。故朱子曰：學者當以尊德性爲本，然道問學亦不可不力。其立言示法可當，審矣。中世以來，學者動以象山藉口，置尊德性不論，而汲汲乎道問學，亦不知古之人所謂問學之道者何也。或事文藝而流于雜，或專訓詁而入于陋，曰我之道問學。如此，孰知紫陽文公之所謂問學者哉？尊德性而不以問學輔之則空虚之談，道問學而不以德性主之則口耳之習，兹二者，皆非也。噫！其弊也，久矣！此吾所以拳拳于學者而犯不韙之罪于天下不得而辭者歟？子輩勉之，庶幾吾紫陽文公之道所望于後學者，將不淪胥以斁而莫之振也。」

壎子曰：「祚也將上其藝于有司大人，以是發之，何如？」予曰：「小子烏足以知之？道固無往而不在也，象山於白鹿洞開講之言曰：名儒巨公多出科舉，要之，『其志之所向，則有與聖賢背馳者矣』。誠能深思利欲之習，怛焉痛心而專志乎義，因是而進于場屋之文，必能道其平日之學、胸中之蘊而不詭于聖人，由是而仕，必皆共其職、勤其事，心乎國而不爲身計，豈得不謂之君子乎？我紫陽文公深取其義，刻之書院以示來者，斯豈非今之學子所當從事者哉！」

於是祚起謝曰：「先正所謂道問學而發其所蘊不詭于聖人者，正惟尊德性爲之本耳，謹受教而行。」於是乎叙。

校勘記

〔一〕新安文獻志卷首此序署：「弘治三年龍集庚戌春二月丁日賜進士及第中順大夫詹事府少詹事兼翰林院侍講學士同修國史兼經筵官休寧後學程敏政序。」

〔二〕齋居之暇　「之」下，原衍一「之」字，據新安文獻志删。

〔三〕休寧志卷首此序署：「弘治四年歲次辛亥秋七月朔旦賜進士及第致仕中順大夫詹事府少詹事兼翰林院侍講學士兼修國史經筵官縣人程敏政書。」

〔四〕瓊臺類稿卷首此序署：「大明弘治己酉仲冬穀旦賜進士及第中順大夫詹事府少詹事新安程敏政謹序。」

〔五〕先生門人翰林吉士蔣君冕及其嗣子太學生敦輯先生平日詩文爲若干卷　「士」，原作「事」，據篁墩程先生文粹卷十三改；「翰林吉士」，瓊臺類稿作「内翰」。

〔六〕旌異之上　「上」，四庫本作「典」。

篁墩程先生文集卷三十

序

心經附註序〔一〕

西山先生真氏文忠公嘗摭取聖賢格言爲心經一卷，首「危微精一」十有六言，而以子朱子尊德性之銘終焉。走每敬誦之，蓋儼乎若上帝之下臨，聖師之在目也。然尤疑其註中或稱西山讀書記，而凡程、朱大儒開示警切之言多不在卷，意此經本出先生，而注則後人雜入之故邪？齋居之暇，謹爲之參校，且附註其下而識其首曰：

嗚呼！人之得名爲人，可以參三才而出萬化者，以能不失其本心而已。顧其操縱得失于一念俄頃之間，聖狂、舜跖於是焉分，其可畏如此。古之人所以爲涵養檢防之計者，至不敢徹琴瑟而廢箴儆于左右，使體立用宏，顯微不二，用底于希聖希天之極功，有以也。聖學不明，人心陷溺。寄命于耳目，騰理于口舌，狂瀾莫回，變怪百出，將有淪于異類而不自覺者，此先生之所深悲而心經所由述也。然則學者宜何所用力而後無忝于人之名哉？蓋嘗反復紬繹，得程子之説，曰：天德王道，「其要只在謹獨」。又曰：「學者須是將敬以直内」、涵養直内是本。朱子亦曰：程先生有功于後學，「最是敬之一字」。敬者，聖學始終之要也。然則是經所訓，不出敬之一言，故附注之中，特加詳焉，豈敢以是求多于先生之書哉？圖置心于聖經賢傳之中，爲研窮熟複之地云尔。

追惟先生生宋之季，時方以心學爲僞，乃獨與鶴山先生魏文清公慨然以程、朱爲師，直探此心于千載之上，得之深，居之安。嘗爲大學衍義上之講筵，思格君心復隆古之治，志弗克遂，而前此論者至有真小人、僞君子之目，蓋道之不幸如此！雖然，先生之心雖不白于當時，實有企于後世。若此編者，豈非障川之柱、指南之車、燭幽之鑑，大有功于斯道，而造次顛沛不可忽焉者哉？晚生末學，何所知識？輒手録成帙以告同志者[二]，願相與畢力于斯。

慶致政同守李公八十壽序

無所積而獲聲實于天下，烏有是理哉？積土而爲山，積流而成川，積德而獲壽與福，一也。世豈無壽與福者，而不必其德之能積，則予之說，將無窮乎？是大不然。山必積土而高，水必積流而深，人必積德而高壽遐福從之，常也，君子之所貴也。突焉而山于平地，潰焉而川于大陸，見者必駭之以爲怪也。惟壽與福之於人也亦然。幸焉得之而不思，偃然居之而不慚，是豈足貴於君子哉？若常德同守李公之獲壽與福，可以驗理之必然矣。

李公世家濟南新城，其先之所積甚遠，至公以經術發身，知兩邑，佐一郡，急公家之務而利惠其民人。其心甚仁，其施甚博，雖古之循吏，不是過。於是奉檄署府事者一，被薦而受旌異之典者再，年未老而幡然乞身，思以其有餘者遺後人，蓋逍遥林下與造物遊而不自知其壽之八十矣。若李公之所積，豈淺之爲丈夫者可得擬哉？

公有子六人，其仲曰宗仁，起進士甲科，歷監察御史，以忤權貴人被謫不屈。值今上更化初，迭起知徽州事，存心制行，一以公爲師。而宗仁之兄爲醫，喜濟人。其弟齒胄監，負才氣。其餘之爲昆季者，皆各有所立，以並承于公之後〔三〕。則其所積者益衍而益長，譬之山焉愈積則愈崇，將極于天；譬之水焉愈積則愈大，將匯于海。由是毓靈秀以蕃衆植，普潤澤以惠下土，皆理之常，不可誣者。吾知李公由兹以進于期頤之域，享諸子之養而膺金紫之封，見之者興起，聞之者企慕，將有不一之書，使人知實厚而聲宏見貴于君子者，在此而不在彼也。

噫！積善之語，著于大易，積功之説，周典載焉，人豈可不力于善而自處于無聞之列哉？今太守公將入覲于朝，公之誕辰在明年正月九日，便道山東，上堂稱慶。而不佞於太守公有一廛之惠，故緣其請，論其所積以壽公，而因以爲世之勸焉。

壽吴君世美六十序

予嘗過歙之溪南，見其山秀而水妍，其間土田沃衍，園池宅榭占幽而擇勝者，巷陌相望，蓋吴氏世居之。吴之彦曰世美君，尤以勤生植家、亢宗睦族著令聞于其鄉。時雖不及訪君，然心識之甚久。迩者北歸，道清源，因識君之從弟以時及君之子本中兩人者，率以鄉人子弟禮予，言温而貌恭，業商而好儒，有大家鉅族之風矩。以時嘗得詩若干篇以壽君，請予序，蓋諾之而未及爲也。乃歲之己酉五月十三日，實君始生之辰，而其壽則六十矣。於是以時復以書來速予，不得辭焉。

夫古之人以百歲爲上壽，八十爲中壽，六十爲下壽。蓋人至六十始足言壽，顧豈可以無慶哉？卿大夫因射而行鄉飲酒之禮，則六十者坐，五十者立，示尊于一鄉，不特一家也；先王因視學而行養老之禮，則五十養于鄉，六十養于國，致優于一國，不特一鄉也。然則壽至六十而人之所爲致賀者，非彌文；己之所爲受賀者，非侈心：皆古之道也。予雖不及悉君，顧因其弟以占其兄，因其子以占其父，知君之壽必且有大焉者乎！

然竊有進于君者。古之人，豈徒壽之云尔？年彌高德彌劭，則由六十而踰七望八以底于期頤，巋然爲溪南之望，則地益勝而族益華，予言將益有徵焉。蓋不必貳膳常珍，而三賓之尊、六豆之奉，卿大夫之所舉行者，今猶古也；不必養于學、杖于朝，而肉帛之賜、命服之華，聖朝曠典所以申稽古養老之令者，亦時見之。予不佞輒先爲之執筆如此，而與鄉人共拭目哉！

程氏節壽堂序

凡吾族之老而壽者，必需予文以頌；孀而節者，必需予文以白。蓋壽者人之大慶，節者人之至行，故有求者，必欣然應之。然壽者什九，節者什一，節而壽者，益加鮮焉。是豈可不頌而白之，以爲吾族之勸哉？

槐塘族人泰亨甫之配朱孺人出于堨川右族，年十六來歸于程。門内之事，無不盡禮，而又有高見遠識，舅姑奇愛之。其大者，則捐己之奩具以助夫子復祖壟之見侵者，族人迨今能道其事。不幸中道夫客殁于廣，孺人誓死不貳，教育其四子一女，皆克有立。而今則年六十矣。四男者，曰輪，亦早世，曰恩，曰輸，曰軾。一女，適岑山江氏之子。諸孫繞膝，而輸爲邑庠生，力學亢宗，業將有成。恩、軾協心以植其家，而業以裕。由是族之老者無不稱其爲婦，少者無不敬其爲母，乃以其設帨之辰在二月九日，將合慶之，以文見屬。

噫！壽出于天而不可必，節本乎性而不可渝，惟其渝者多，而後有不可必者矣。節而壽焉，豈非天之有可必者乎？槐塘之族與予同出梁將軍忠壯公，其族又得宋丞相文清公，而重昆弟子孫，號爲四府。泰亨出舊府之後，予嘗過之，文獻之風、慈孝之澤，百世如新，蓋有非他族所及者。然則朱孺人之節行雖本諸天性之美，由于姆教之素，而名門碩宗家規閫範之懿相胥而成，相觀而善，豈得謂之無助哉？跡是以往，由六十而耄耋底于期頤，年益高，心益休，體益强，德益劭，享瀡瀡以爲養，撫曾玄以爲樂，一鄉慕之，六親宗之，將自兹始。蓋仁者必壽，作善降祥，天道之公，不可誣也。頌而白之，豈直一家之私言而已！

慶封監察御史謝公壽序

尚齒與養老之禮，蓋通于四代，由朝廷達乎里閭，故當其時禮行而俗厚。降及後世，先王之制泯焉，其所見者，鄉射而已。然里閭間相與爲壽，則情殷而義縟，豈非老老之道自古已然，而禮之在人心者，自莫能已邪？

祁門謝公之壽七十也，其子壻休寧李瓊於予爲同邑，請一言以壽公，予不獲辭。蓋嘗聞祁門之謝出晉太傅，遠有端緒。其在元季有玉泉先生俊民者，一時宿儒，予每誦其遺詩，知其爲志士而阨不及伸者。至公復以簡靖之資、敦樸之行嗣其世風。而公之子監察御史瑩，又於不佞有友道焉。爲之嘉羨曰：七十之年，昔之人以爲古稀者，豈不誠然哉？《禮》：仕者七十而致事，休者七十而貳饍；燕享之則七十者養于學，優崇之則七十者杖于國。蓋所謂尚齒與養老之禮如此。若今謝公，雖不必仕于朝，而天爵在躬，被恩封之典，豸冠繡衣足以輝林丘而重門閥；雖不必養于學，而禄養之榮，比于貳膳；雖不必杖于國，而行坐先一鄉，足與正大賓大席。則公之所以致壽與瓊之所爲壽公者，雖曰親黨之私，而於勸善敦俗之助，豈不兼有所得哉？自今以往，公心日休，體日康，侍御君之清才儁望，躋華履亨，日遠以大，則恩封之來益崇，禄養之入益豐，常珍之所以待八十、六豆之所以奉九十者，公雖欲避之，而有不能者矣！雖然，祝其年者非有以致隆，則不足以盡老老之意。《禮》稱百年曰期頤，蓋人壽以百年爲期，而老者飲食起居動作，無不待於養也。綺席肆陳，春酒在酌，惜居異縣不得預稱慶之末，輒援古典而以是期公焉。庶幾瓊之情爲能有以盡其萬一者乎！

公名用和，其所居之地曰賜原，其大父曰贛州知事子周，其父曰處士顯光，其弟曰武陵縣尹用傑。公之先配曰章君，繼配曰王君。章有子三人，其長侍御，其次曰光、曰甦。有孫二人，曰鳳、曰鸞。公始生之辰在歲之三月十有二日。瓊之所道如此，是爲序。

慶雲溪孫君復興六十序

中世以來，凡遇人始生日，則相親識者必有慶，慶其人之有身昉此也。夫人之有身昉此，而身之立、不立，存乎人焉。大足以名天下，小足以名鄉黨州閭，而慶隨之，可也。或歲爲之，或間爲之，繁簡不一。而吾鄉每以十年爲期，六十始慶，七十再慶，遠至于八十、九十以逮乎期頤也亦然。蓋考其成而致其漸云尔。予家居，念老老之義，凡以壽事請者，必欣然應之，其所見老者，亦多鄉之名流，若雲溪孫君復興，則亦一人焉。

復興之父曰竹隱翁，實以齒德名一時，受恩命，得冠服。而君在兄弟中，素以孝敬聞。其壯年樂遊四方，友賢豪，充柘其知識，爲翁所奇愛。晚隱雲溪上，闢一轩以自怡，曰皆春。伉儷與俱，兩子競爽，諸孫亦多嶷嶷然有穎脱之意焉。君之壻曰石門程宣祺，於予爲族姪孫，間來請曰：「外舅氏以今歲壽六十，十月三日，其始生之辰也，願得文以爲慶。」予嘗一識孫君，知其有立而足名一鄉者，矧其號曰皆春，則其心廣而不閡，體順而不悖，氣和而不盭，非其德之恒而壽之徵乎？慶之宜哉！又吾鄉之俗，凡翁之禮壻也甚恭，恒置上坐，不敢齒諸子。故壻之報翁甚隆，每誕日，捐金張讌，備物爲養，走遠道，丐名筆，以揄揚其德美，雖所生者，不啻過焉。皆厚之道也，非他郡之所有也。歲晏時豐，塵鞅遠屏，舊竹森然，與喬木相映帶于高門華屋之間，釀雲泉、歌白雲以爲君壽。君顧樂之，將由六十以漸而升，用底于七、八、九十，庶幾乎百齡，撫曾玄而友偓佺，所立于世益大，則禮于朝而獲恩杖于鄉而爲賓，考德稱壽者，將有大書之文，予言豈足以重君也哉？

慶雲源王君夫婦六十序

徽居東南萬山間，自中世以來，不大遭兵燹，故邑多舊家，能保其族至數百年者，蓋他郡所未有也。凡舊家率以其地顯，名邑中，邑中人問而知其爲某氏。大率其長者尚樸而不華，少者勤力而不墮，求所以保其族而不衰者又如此，亦他郡之人所未有也。

休寧東南曰雲源，王氏世居，歙之西南曰篁墩之程氏世居之〔四〕。王氏之老者曰泰民君，其從祖亞仕至陝西參議，以才行聞于時。其祖均輔、考棣芳，皆不樂進取，以隱德重其鄉。泰民君事父甚孝，與從弟思仁甚友，謹厚淳愨，一鄉之爲善者歸焉。其配曰孺人程氏，蓋篁墩之遷率口者，賢才勤儉，以佐夫君。其子三人，曰政、鼎、齊，咸皆與肖其德而拓其產。有女三人，其長之壻曰程音灝，蓋篁墩之遷長翰山者。音灝以王君所生在七月二十日，壬子之歲，壽周六十，而孺人所生在十月十日，壽先一年，夫婦偕老于一堂之上，思有以樂其心志者，謂非繪事不足宣其美，非文字不足以侈其盛。而雲源舊多佳山水，有八景者，鄉先生范平仲嘗爲均輔處士序而傳之。音灝乃重作是圖，分韻賦詩，奉以爲壽，請予序。

予聞孔子有云：「知者樂水，仁者樂山。」又曰：「知者樂，仁者壽。」蓋山水之有資于壽樂，尚矣。而人之所以致此壽樂，則有間焉。昔龐公夫婦躬耕遺安，可謂賢矣，然疑其或有憾于養志服勞之子；向平畢婚嫁自放于名山，可謂達矣，然不著其有齊眉偕老之樂。由是觀之，宣王君天婦之美而侈其盛，豈不宜哉？風日暄妍，親黨畢集，長者奉杯杓以升，少者操几杖而侍，絲竹喧闐，魚鳥翔泳。仰而看山，則曰：「此雲峰北嶺，昔之人所指以爲不騫之壽者也。」俯而臨流，則曰：「此南塘煙澗，昔之人所取以爲無競之樂者也。」歌遊仙之章，侑沙溪之觴，王君夫婦將心益休、體益康，由六十而七十以底于耄耋期頤之域，而遂爲一鄉山川草木之光乎！予於王君生同邑，於率口、長翰山之程皆同宗也，故聞其德風而序以張之不辭。

慶寧國葛君廷馨六十壽序

寧國縣之西安樂鄉百二十里曰鳳山，葛氏世居之。歲久族蕃，因姓其地曰葛陂。在宋有千一公者，以隱德聞。相傳丞相王文公嘗過其家，留題有「主人胡不歸，爲我炊香白」之句，人習道之，而葛氏之名益彰。自宋迨元，有拱辰者，爲賢令君，其族益盛。在近時曰桂廷馨君，尤明敏端恪，能振其宗，産恢業閎，甲於其鄉。而君年亦一周花甲矣，十一月廿九日，其始生之辰，前期邑人周武嵩、茂嵩奉其父命，介予鄉人汪昌氏請言以爲慶。

予不及識廷馨，而兩周君走數百里抵休寧，其意勤，其禮恭，豈非葛君之行足感於人而然哉？是不可辭矣。予聞之，葛氏其先若玄、若洪，俱習知長生久視之説，踵而爲仙，載傳記者甚詳。則壽，固君家物，又何旁求遠取之有？然壽非難，有以致壽之爲難。顧世豈無壽幾乎仙者，而弗齒于君子，奚貴焉？洪範五福，主于好德；仁者必壽，宣聖有言。德固壽之本歟？

葛君生有至性，事其祖慶童處士及其父志元公甚孝，與其配胡孺人甚睦，教育其子仲芳、仲茂、仲美甚肅。閭里之不平者，諭之道，俾兩解；貧乏者，推其餘以濟之，數不厭。跡是觀之，葛君之所積，厚矣。其躋于壽，甚宜。然則由六十而耄耋，與安期、羨門相揖于期頤之上，殆未可知也。周君不遠而來，求所以壽之，豈非出於尚齒貴德之心不能已焉者哉？

予十年前嘗奉詔歸省，自宛陵過湖樂站，遂由叢山關入新安，愛其山幽而深，水清而駛，林木蔚然，雞犬相聞，耕者、漁者皆陶然聚嬉，有物外自得之趣，蓋武陵、仇池不啻過也。意其中必有隱君子居焉。簡書有程，不得一叩爲歉，乃因周君而知葛陂者，正在湖樂之境，則葛君之慶，豈非樂道而喜書之者哉？然予於是復有感焉。屏居以來，多病日甚，恒思葛巾杖屨，歷選名勝以自適于塵壒之表。矧宣、徽接境，若東西家然，他日或能訪君葛陂上，和半山之詩，尋炊香之盟，而叩長生久視之萬一自葛氏者，輒書以壽君，且以訂後會之張本云。

慶鮑君時瑩六十壽序

凡近世人之相壽者，在江北則每值其始生日一爲之，其禮數而簡；在江南則每十年一爲之，始于六十，其禮疏而豐。然古之人以六十爲下壽，八十爲中壽，百二十爲上壽，則人至六十始可言壽，昉此乎？慶之而加豐焉，豈不有得于禮之意哉？

歙棠樾鮑君時瑩之壽六十也，其壻曰江村程約於予爲族孫，俾其弟庠生縉來休寧請一言，申所以慶之者。予蓋嘗過棠越，見鮑氏之居櫛比鱗次于青山喬木之間，其長者少者或耕或讀，淳然有古樸之風，故每有愛乎其人。又嘗觀于郡乘，知其先在宋有父子被難，争致命以相全者，當時旌其門曰「慈孝鮑氏」。自後累累有聞人，若元山長伯源，國初太史尚褧，燁然爲一時碩儒，故每有羨乎其族。夫其人淳然之可愛也，其族燁燁然之可羨也，則時瑩之壽，固宜有所發以爲之重而不可辭矣。

縉稱時瑩之爲人，敦本好古，沉靜寡默。事其太父伯齡、父萬春甚孝，奉其兄時泰、時敏、時雍甚友，與其配王氏甚睦，教其子勵之以儉勤，遺其女訓之以敬戒。由是其二子光雄、光弼皆克承其緒，而女之長者適溪南吴氏，次者適江村之程氏，亦有嘉聞焉。蓋時瑩之大致如此，其壽，宜也，非老而無所自見者也。洪範五福，壽之爲先，謂人必有壽然能享諸福。以理觀之，豈獨享福之爲得哉？固將備諸行之爲貴尔。孔子由十五以至七十而未始自逸；蘧伯玉年五十而知非，六十而化，矧下于聖賢者哉？故曰：「君子進德修業，欲及時也。」若鮑君之行，所以淑其身、成其家而無訾于鄉評者如此，豈以壯而健、老而弛者哉？鄉飲之禮：六十者坐，五十者立，六十者三豆，以漸致隆，至九十而後六豆，此壽之見重于鄉黨者。養老之令：七十者而肉帛之賜，八十、九十者錫冠服榮其身，此壽之獲通于君上者。吾知鮑君由下壽而中壽、而上壽，爲大賓于一鄉，又進而膺天子之榮賜以名于一時，使人稱之曰：「此棠樾里人賢而老者。」又稱之曰：「此慈孝後人老而賢者。」每十年一爲之，亦且有不一之書，豐其禮，致其壽，烏覺其時之爲疏乎？予自江北還江南，其所以壽人者蓋不可以數計，然實無奇語可以爲稱觴者之重，特申其禮意云。

壽意圖慶髦田吴處士及其配汪孺人序

吾新安之人，僻處而好古，俗簡而性樸，凡一切慶事陟于紛華者，皆不行，獨以壽爲禮。禮之甚勤而恭，蓋子弟之於老長與夫宗族鄉閭親戚友朋，自六十始，必一爲之。其爲之，又不以幣、不以酒肉而以文，重其文之致慶也；以詩、以詞而不足，則以序、以記、以傳；又不足，則以圖。壽至於以圖而副之文焉，其爲禮也，斯不亦勤而恭乎？自予南歸，凡以壽請者至無虚日，蓋應接不暇，而其情則有不能終拒者焉。

弘治辛亥冬，歙長翰山族孫曰啓者嘗詣休寧，告予曰：「吴處士正芳世居髦田，其配汪孺人世居叢睦坊，啓之外舅姑也。處士孝友而淳碩，以善人稱于時，孺人媲之，聯德偕老，二子曰普康、普助，皆勤慎克家，而一女歸于啓焉。孺人設帨之辰在歲之二月四日，處士懸弧之辰在歲之六月廿六日，於是皆年週一甲矣。啓無以爲禮，則託諸繪事者爲壽意之圖，願得宗長之文以張之。」久無以應也。壬子春二月三日，予在南山精舍，啓復來申其請甚堅。夫壽，固人之所欲，而不可必得者也，惟其欲而不可以必得，則隨其老長之所至而致隆愛之至也。愛之施，必由親始，外舅姑，有父母之道焉，宜啓之爲斯圖而有請于予也。

雖然，東王公、西王母與古安期、羨門之儔，壽之出于人者也；勾曲之山、方壺之水與凡丹砂石髓之流，壽之出于地者也；青霞絳雪與夫沆瀣之氣、弧南之光，壽之出于天者也；青鸞白鶴以曁蒼鹿玉蟾之屬，壽之出于動物者也；喬松慈竹與夫後凋難老之木，壽之出于植物者也；蟠桃肉芝與夫青精胡麻之饌，壽之出于飲食者也；華陽之巾、紫銷之衣與夫星冠鶴舄之類，壽之出于衣服者也；鸞笙鳩杖以及藥籠茶竈之輩，壽之出于器物者也。凡世之所謂壽者，舉而付諸一圖，則啓之所以致壽于處士孺人者，可謂至矣。予復何言？雖然，德者，壽之本也。洪範五福，先壽而主于好德；孔子論壽，歸之仁者。壽而有所歉于德，亦奚慶之云？惟其德也，而後慶之者非溢美，當之者無愧色。若處士孺人之所爲壽，與啓之所爲圖而宣之者，予烏得靳不一言以爲之重哉？

吴之先出番君，孺人之先出越國公，其流澤甚遠，兩族相高而子孫多賢者，若處士孺人，可見矣。他日由六十而七十、八十、九十以底于期頤，所以慶之者益勤且恭，當有名繪筆以暨巨公之文重一鄉而鳴一時，又不但如此而已。

槐堂程處士慶七十壽序

成化壬寅冬，予以服闋將入朝，吾宗居歙槐塘有世徹處士者，年開六袠，一宗之人，相與請予言壽之。維時處士之族弟儀、轍，族姪陽、寬或舉于鄉，或肄于庠，奉觴稱慶，聞者嘖嘖。而處士一子曰浩隆，兩孫曰希聰、希明，皆克家爲養，見者又無不謂處士淳樸之行有于躬，平直之譽昭于人，勤儉之操成于家，故樂有壽年而爲一宗所敬禮如此。

今弘治壬子，處士壽開七袠，而大理汪氏以姻好，復相與來請予言，蓋十月四日，其始生之辰也。因竊嘆之，人生穹壤間，年不能無老壯之漸，情不能無離合之感，跡不能無顯晦之異。予昔壽君而北上，今被放南歸而復壽君，則上下十年矣。昔之舉于鄉者，若儀，今爲朔州守，若寬，今爲光山令，肄于庠者若陽，今升爲國學，若轍，則新得雋于南畿矣。昔之爲子若孫者，少而壯，壯而老，少者有子，而壯者亦抱孫矣。惟處士巋然一宗老成人，齒髮不衰而益健，行譽不替而益隆，門閥日益新，貲産日益拓，人之敬禮而壽之者日益衆，予雖欲已於言，烏可得而已哉？

予昔壽君，謂六十者壽之始也，以處士之所積，固將踰七十而八十、九十以臻于期頤。以今觀之，略驗矣。年愈高而德愈進，德愈進而年愈高，所謂八十、九十以臻于期頤者，將次第驗之於後來，使見者愛慕、聞者興起，將不有甚于今兹者哉？予不佞荷天子大恩，復見黴，不免與處士一再別矣。然樗散之資，何補于世？終當乞身與田翁、漁子尋樂于水雲山月之間，則後來爲壽者，安知不仍有取于不腆之詞以叨醉于槐塘之上哉？年之老壯、情之離合、跡之顯晦，固不足較也。

處士名正福，字世徹，其先有宋丞相吉國文清公爲重，故所居稱正、舊、上、下四府，子孫不下數百人，衣冠之盛，甲于歙中。處士所居曰舊府，出丞相弟元吉之後。予屢有文字記之，蓋更僕不能盡云。

送浙江大參陸公還昆山詩序

走被召北上，以弘治癸丑春二月十日道出富春門，述職報下，浙江大參陸公文量將歸崑山，所部吏民咸相訝不懌，疑以爲未然。明日，至杭城，首見公，問故。公靦然曰：「是矣。某起書生，位三品，歷宦途幾三十年，所以圖報上者，惟日不足。顧其髪種種、齒力憊，予獲與計偕，門户丘壟，無可藉而理者，去志十九矣。乃今遂其私，甚善。」因賦一詩以識別，無幾微不足意見詞色間。走不覺悚然曰：「文量之所養，粹矣！」

又明日，方伯劉公時雍合同寅諸公餞走西湖上。酒半，起曰：「以陸公之學識行能，宜遠且大，而遽去。友朋僚寀間，所以惜睽違而感疇昔者，不能不見于言。先生於陸公，同年友也，宜亦不能忘言。」走起對曰：「諸公之所存，厚矣！顧在匆卒中，淪落以來，舊學廢荒，其何足爲文量之重而當諸公之託哉？」於是劉公遣人尾舟至嘉禾，以必得爲請。則爲之言曰：

古君子之學，爲己而已，在人者，不與焉。故進不以喜，退不以戚，其喜與戚，在吾學之力弗力、行之修弗修爾。學力行修而世不見與，其責豈在我哉？進必有名，退不以訟，如此而已。若吾文量，非嘗究心于爲己之學者哉？崑山視杭，東西家爾，以一舟載圖書順流而下，不日可達。問某水某丘而登涉焉，燕其父老，進其子弟，相與考德訂業，期有聞于斯道以成後學而振頹俗，使人知士之進退皆有裨于斯世，其遠業至樂，豈常情之可及哉？諸公惓惓乎惜睽違而感疇昔若不堪者，豈直出于一時友朋僚寀之私而已哉？因書以復劉公，亦豈直同榜交承之好而已〔五〕？

贈浙江按察使閻公赴任序〔六〕

弘治六年，當天下藩臬郡邑官入覲之歲，聖天子慨然思復祖宗舊規，公黜陟之典，蓋自大吏及庶僚，或既黜而留，或既留而黜，一惟公論是從。海内小大之臣，竦然退聽，知上之不徇于一偏以建大中而興治功，咸思激昂以副德意，千載一時也。既而吏部以藩臬之長員闕聞，有詔揀任，務出至公，蓋有一再進擬而未當上心者。

惟山東按察副使關西閻公首被旨〔七〕，進浙江按察使。方是時，閻公奉勑督兵備于臨清。詔臨之日，其吏士相與慶于官，其商農相與忭于下，曰：「朝廷用人，公道若此！」我新安之客臨清者，視他郡爲多，又聚謀曰：「公不遠外四方之人，矜其羈孤，戒飭其弗率，爲惠甚公。而不敢以私瀆，盍贈之言。」值予被召北上，尾舟以請，予不得辭焉。

惟浙東西地數千里，財賦之殷、士民之秀、兵甲之富，爲天下第一。按察分五道以覈其政之仁暴、民之枉直，與其吏之廉貪勤怠，然必總于使而後決，使之責，重矣。而近者歲大侵，主上不能無南顧憂，至臨遣大臣出内帑以惠待哺之民，則今之爲使者，不加難于往日哉？或以爲歲侵救荒，有司職也，非憲司所得預。是大不然。夫刑以輔治也，祛政之暴、雪民之枉，而律其吏怠且貪者，然後惠政可施而瘡痍之患可復，孰謂憲司之一于刑而不關于民命哉？

閻公起進士，爲侍御數年，直道正言，無所比，見稱士夫間甚久。臨清當南北之衝，公治之又數年，操愈勵而盜弭訟平，有成績焉。兹之往也，仰聖政之公于用人而喜，念聖情之軫于恤民而憂，益將以大公倡其屬、弘其施、拓其所素蘊，而求以副上下之厚望也，必矣。不腆之言，其何足爲公之重哉？獨念予於公之兄大參公有一日之長，公不棄而禮予良厚，公之從子侍御君又嘗同處詞林，契誼之深，殆非一日之雅者比，故於公之行而不能已於言若此，亦豈特一鄉人之嘗儌惠而已哉！鄉人之請予文者，爲吴恕而下若干人。

贈王君寧之知交河縣序

王君寧之將赴任于交河，以歲晏冰合不可行，小俟于京邸，而以今仲春就道。凡我新安人仕京師者，相與醵而餞之，又請予言爲之贈。

予觀王氏居祁門之安定都，曰大獻者，唐季爲兵部尚書，有保捍鄉井功，人至今德之。

其後遷邑之查源，而族益盛。至君之父以善士聞，昆弟同居甚睦，蓋碩宗也。君少入學爲諸生，業春秋有聲，以成化丁酉領應天鄉薦，凡六上禮部，弗利，而學益邃。乃以弘治癸丑用吏部銓，授知交河縣事，蓋老生也。夫以老生而出于碩宗，斯其心不鶩而持己廉，其才不匱而慮事審，以筮仕而得一縣于河北，殆易易爾，亦何俟于人言？

然竊聞之，交河之爲縣也，境狹而土斥，役繁而民勞，蓋恒惴惴然有不堪其命者焉。矧舊歲來，夏暵而種不入，秋潦而實不收，冬大雪而凍殍盈路，不可數計。其官帑之虛實、民力之窘紓，不問可知也。然則以下邑而當大侵，雖不滓之廉、不羈之才，將何所施而後可稱其責哉？是必有道矣。天下之事成于勤，毁于怠，遂于漸，斁于迫，凡有官者皆然，而郡邑則有甚焉。君之往也，推所學以施于有政，政之涉利害者次第爲之，積吾之誠以孚于上下而不敢自放于一日，使民之勞者蘇、飢者飽，夭瘥者獲更生，流亡者復故業，則將處困而亨，易歉而豐，凡一郡二州十六邑之良吏，必推王君曰碩宗老生，有人焉。旌擢之典，將自兹始，豈不足爲桑梓庠校之重哉！

交河之前令爲歙洪君克毅，近以異政召還，將有臺憲之擢。王君實代之。兩人者，皆與予同故鄉，而河間又予中世之所家也，故於君之行，不能不有言以致愛助之意。

贈張君廷曙知孝豐縣序

成化甲午秋，應天府鄉試報至京，云有徽之人魁一經者，詞林諸君子笑顧予曰：「是必春秋魁邪？」意我郡人素多以春秋名者。予笑應之曰：「安知非他經也？」已而張君廷曙以易經魁多士。由是君之名一日聞四方，論者以爲當復魁南宫。而君數奇，凡屢上不第。弘治癸丑夏，始自史部銓，廷授知浙之湖州孝豐縣云。

君平日慎操履，有識見，遇事可否、人誠僞，即以言，或規之。其爲學博而知要，古文詩賦皆能，亦恒有奇語。予被放里居，與君家相近，每好天日，必出尋勝處，相遨嬉嘯詠山水間，不復問世事。每數日不覺，必相招致，傾倒乃已。既而君入京師，予亦被召北上，追惟曩時遊從之樂，有不勝其惘然者矣。君將赴孝豐，過予曰：「先生獨無一言以教我邪？」予不覺憮然曰：「誠無可以益君者。君家世易學，則凡所以居官事上處己涖人，豈有出於子之易者哉？湖州，古吴興郡，有佳山水可樂。而孝豐，實新刱縣，民未孚，事未集，亦大有可虞者。取子易之一二，引而伸之，使暴者馴、棼者理、困者紓，則庶乎子易之不爲空言，而儒吏之效可幾也。夫易，聖人之所以決民用而謹幾微，其大要主於中正而已。如以中正而治一邑，則將無往而不吉，其何有于新故哉？雖進而一郡，又進而一藩，入佐天子而澤萬民，亦何加焉？此吾之所望于君，亦君之所自負者，餘不足道也。」

予家中世自休寧播遷河間，君父教授公舉正統辛酉鄉試，嘗以河冰登陸過焉，先曾大父尚書喜相語曰：「吾家一孫亦新舉子！」呼使禮賓，叙鄉誼，即先少保襄毅公也。其後君弟復聯姻程氏，而予獲友君，情好孔篤。今一旦遂遠去作縣，其能不概于中邪？雖然，士之所志者遠大而不安于近小，蓋其上道德，其次功名，緬仰古人，炳然在目。君能不勉焉求無負其所學而增光于桑梓也哉！是爲序。

贈進士汪君知永新縣序

弘治癸丑之夏五月，吾郡汪君仲深受命出知江右之永新縣。既廷謝矣，進士程君良輔嘗從游仲深，謂宜有贈言爲君之益。以予方被召入詞林，因見屬焉。予固辭曰：「是將何以爲君之益哉？君，邛守時夫之嗣子，起歙儒生，志鋭而學顓，遂得雋南宫而入對天子之廷，天下事，蓋嘗極言無所隱，一時賢豪，計無所與讓，其何有于一邑？而鄙見亦何足以益君？」良輔固請曰：「是鄉曲之義，不容已者，宜無辭焉。」則爲之説曰：

士爲學出身，蓋莫榮于進士。彼位承弼、佐化理而澤民生，固鮮有外此選而來者。父之於子也，思其成之難而企其爲顯揚之地者，亦莫先焉。然則因其選之榮也而持之勤，本其望之深也而守之慎，則德日以崇、業日以廣，而器之至於遠且大也，不日可冀乎？且君昔之所策于廷者，言爾，未見之行也；所以昭其庭訓于一時者，名爾，未既其實也。今焉以命吏而司百里之民，則凡可以見之行而責其實者，將何所諉哉？行之力足符其言以上無負于當宁，忠之成也；實之孚足稱其名以下無負于卬守，孝之徵也。夫忠、孝，士之大端，其能有諸己而不失者，非勤慎之謂乎？相若周公而勤不遑，聖若孔子而慎不忘，跡是觀之，則吾曹之所宜究心者，從可知也。

贈工部主事張君序

江寧張君廷獻以弘治庚戌進士第，銓授工部都水清吏司主事，往莅清江提舉司營造。永新在江右號文獻之邑，能與民同好惡而溥其澤下之仁、謹其事上之禮，固其守身之節，吾見他日起良吏號能官而被旌擢之典，入憲臺肅王度以大其春秋之學、爲桑梓之光者，非仲深而誰屬乎！敢以是爲贈，用自附于直諒之義。

事。其友進士鄭君嘉言與同鄉士賦詩餞之，而以序屬予。

夫士爲學有志當世，蓋無非己分内，則無一事不當究心焉。故出而爲世用，則凡禮文、法刑、泉穀、軍旅，一聽其所以用我者，取吾學而施之，無徇時，無私己，要不失吾之所志焉爾。今君筮仕而以水部涖清江，若無足展其所藴者。然君子之學，豈以小大而難易、而漫弗之省哉？世固有易其事之小而至于債職者矣，亦固有不敢不慎諸小者而卜其可大受者矣。君何擇焉？

清江提舉司在國初固一遠下有司職爾，其何煩于王官出涖之而規規于末利哉？蓋自我文廟徙都于北國，賦一仰東南，轉漕之粟，凡四百萬石，漕粟之舟，亦二十萬艘，恒命文武大吏建節淮上以中制之，由是清江提舉之職始重，遠下有司，豈足當之？而水部之臣，不得不遴選以行焉。蓋其利博則其責不可不專，其責專則其人不可不慎，理勢然也。張君豈可諉以爲常選而易視之邪？提舉司之日所歛于民者幾何？日所給于兵者幾何？歛之過則民病，給之寡則兵疲，二者將安所折中哉？是必有道矣。士平日所學者，其志固將大有爲于世也，況一有司之職哉？昔明道程子以御史裏行出監洛河竹木務，考亭朱子以直秘閣提舉浙東茶鹽，蓋用王官出涖有司，自宋已然。然以兩大儒而領竹木、茶鹽之職，不以不屑而盡厥心焉，則君子之學，誠不以小大爲難易也。張君勖之。

君之先伯祖士謙先生起永樂進士，歷官翰林學士典機務于内閣，爲時聞人，代有宦業。

至君益負志力學，以衍其文獻之傳，於斯行也，將必有卜其可大受者矣！予不佞承乏詞林，於士謙先生爲後進，竊景慕其人；君與嘉言，又予丙午秋闈所得士，愛莫助之，而特以所聞序其詩，俾觀者有徵焉。

校勘記

〔一〕心經附註卷首此序署：「弘治五年壬子七月望後學新安程敏政謹序。」

〔二〕輒手録成帙以告同志者　「輒」，原作「輟」，據篁墩程先生文粹卷十三改。

〔三〕以並承于公之後　「之」，原作「然」，據四庫本改。

〔四〕歙之西南曰篁墩之程氏世居之　中「之」字當衍，據前文句式，此句當爲「歙之西南曰篁墩，程氏世居之」。

〔五〕豈直出于一時友朋僚宷之私而已哉因書以復劉公亦豈直同榜交承之好而已　「直出于一時友朋僚宷之私」、「好而已」，底本殘損，據國圖本補。

〔六〕贈浙江按察使閻公赴任序　「赴任序」，底本殘損，據國圖本補。

〔七〕自「當天下藩泉郡邑官入覲之歲」至「惟山東按察副使關西閻公首被旨」　「官入覲之歲」、「大吏」、「竦」、「出」、「西」，底本殘損，據國圖本補。